• 康熙大阿哥胤禔

• 康熙二阿哥、皇太子胤礽

• 康熙三阿哥胤祉

• 康熙十三阿哥胤祥

• 康熙四阿哥胤禛

• 康熙十四阿哥胤禵

• 康熙八阿哥胤禩

• 康熙九阿哥胤禟

• 康熙十阿哥胤䄉

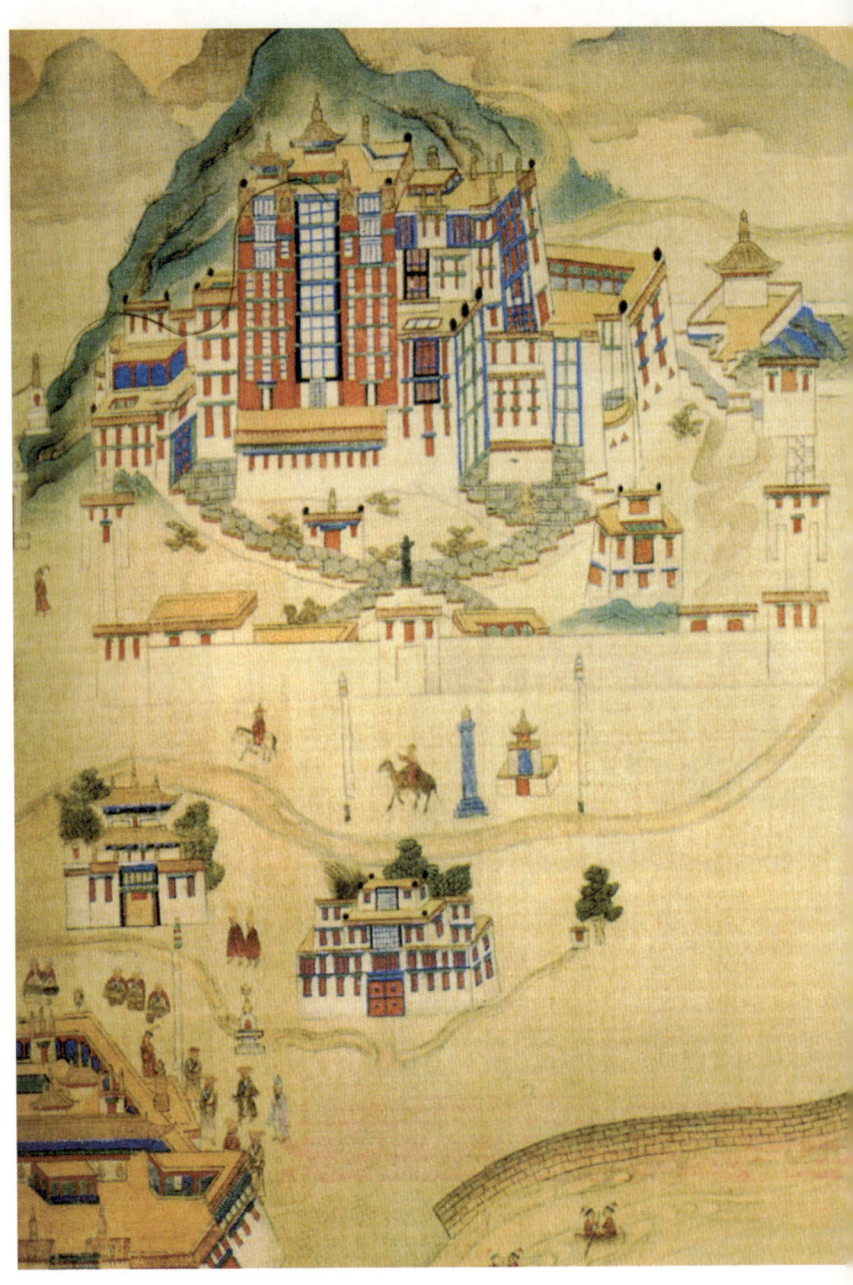

• 抚远大将军西征图卷·进入拉萨

● 抚远大将军西征图卷·强渡拉萨河

• 康熙帝朝服画像

· 《康熙帝半身像》轴

•《康熙帝便装写字像》轴

•《老年康熙帝像》轴

•《雍正帝行乐图》1

• 《雍正帝行乐图》2

·《雍正帝行乐图》3

• 《胤禛读书像》轴

• 雍正朝服画像

《美人图·品茗》

《美人图·观鹊》

《美人图·持表》

九王夺嫡

Nine Princes Snatch the Throne

江左辰 著

辽宁人民出版社

© 江左辰　2024

图书在版编目（CIP）数据

九王夺嫡 / 江左辰著 . —沈阳：辽宁人民出版社，2024.5
　　ISBN 978-7-205-11005-5

Ⅰ.①九… Ⅱ.①江… Ⅲ.①中国历史—清代—通俗读物 Ⅳ.① K249.09

中国国家版本馆 CIP 数据核字（2024）第 015196 号

出版发行：辽宁人民出版社
　　　　　地址：沈阳市和平区十一纬路 25 号　邮编：110003
　　　　　电话：024-23284191（发行部）　024-23284304（办公室）
　　　　　http://www.lnpph.com.cn

印　　刷：河北朗祥印刷有限公司
幅面尺寸：145mm×210mm
插　　页：8
印　　张：8.5
字　　数：198 千字
出版时间：2024 年 5 月第 1 版
印刷时间：2024 年 5 月第 1 次印刷
责任编辑：赵维宁　姚　远
封面设计：人马艺术设计·储平
版式设计：一诺设计
责任校对：吴艳杰
书　　号：ISBN 978-7-205-11005-5
定　　价：78.00 元

序　言

谈起清王朝的"九龙夺嫡",想必人们都有所听闻,但"九龙"指的是哪九个人,还是一种泛泛称法,你可曾清楚?

其实,九龙夺嫡未必指的是九个人,而是泛指很多皇子参与,但如果仔细观察康熙晚年诸位皇子夺嫡事件,可以看到大皇子胤禔、二皇子胤礽、三皇子胤祉、四皇子胤禛、八皇子胤禩、九皇子胤禟、十皇子胤䄉、十三皇子胤祥、十四皇子胤禵参与的身影,或单打独斗,或结成小团体,刚好有九位皇子很明显出场,参与到争夺储位之中,因此,也符合"九龙夺嫡"之数。严格地说,"九龙"的说法不算太准确,因为他们都是皇子,只有皇帝才能叫龙,而皇子都是王爷,所以叫"九王夺嫡"似乎更合适一些。只不过大家习惯了"九龙夺嫡"的说法,故而一说这个词,大家就知道是什么事情了。

但在这个争夺激烈的"九王夺嫡"中,尽管影视作品出现很多,却都很难描绘出雍正的真实面目。他是神秘的、沉默的、冷酷的,在人们印象中,不如康熙的温文尔雅,不如乾隆的风流倜傥,甚至谈到清代,必提及康、乾,宛如没有雍正一朝般,雍正一朝近乎暗淡无光，无人关注。

雍正执政年限只有13年，与父亲康熙、儿子乾隆相比，没有二人60余年的丰富执政经历，也没有在即位后，担任皇帝期间，四处出巡游历，在民间留下正面戏说的亲民形象。关于雍正的野史记载，都是一些"残暴"的形象，杀父逼母、残害兄弟、兴文字狱，等等，这些不过是朋党争斗中，一些故意抹黑和误解。

实际上，这些负面评价与雍正帝在清代历史的地位是不相符的，也与胤禛的雄才大略、铁骨柔情的形象不符。

真正的四阿哥胤禛，是有大智慧之人，在夺嫡中一直势力单薄，如履薄冰，甚至没有人看好他的前景。不论太子党、八爷党根本没有把胤禛当成竞争对手，但正是这个在人面前与世无争、喜欢礼佛的富贵闲人，一直不显山露水，却在康熙驾崩当夜，完美实现了逆袭上位，力压众多皇子，巧妙布局，在波谲云诡的朝局中，争夺到了皇位，惊掉所有宗室大臣的下巴。

胤禛即位为雍正帝之后，在他统治的13年中，他每日兢兢业业，勤政图治，坚持改革旧制，在实施政策的时候，各方面都极具个性化。如摊丁入亩、耗羡归公、清查隐田、创军机处、清理积欠、整顿吏治、改革旗务、改土归流、实行养廉银、健全密折制度，等等。不管国家事务、社会问题、民间生活、雍正都是按自己的意愿去进行改变，他的政治主张对中国历史有着重大积极意义。

笔者今日提笔，脑海思绪万千，想要将"九王夺嫡"那些精彩的故事展现，也想将那些谜团一一找到线索，奈何历史如迷雾，只从官方修缮过后的史料中，难窥真貌，只能尽量还原真实，用自己的所见、所学、所想，写出那个"铁骨硬汉、高冷务实"的雍正帝王，供您一阅。

目　录

序　言 001

第一章　年少英气，志存高远 001
一、少年胤禛初成长 001
二、随父出巡，开拓视野 010
三、才华逐步凸现 015
四、年轻胤禛的被动局面 023

第二章　皇储之争，九王夺嫡 028
一、胤礽的出身与废立 029
二、步步杀机的胤禔 045
三、"八贤王"胤禩的奸柔 055
四、以文争储的胤祉 068

第三章　富贵闲人，以退为进 078
一、不做出头鸟 078
二、佛缘深厚的四王爷 083
三、降伏年羹尧 088
四、藩邸旧人的奇策 095

第四章　夺嫡诡云，康熙之死 102
一、太子胤礽第二次被废 102
二、后起之秀胤禵 106
三、康熙病情谜团 113
四、帝王的丧礼 119

第五章　登基为帝，九五之尊 125
一、千古传位之谜 125
二、雍正强势即位 130
三、十四皇子千里奔丧 137
四、太后之死 142

第六章　巩固帝位，铁血手腕 146
一、瓦解朋党 146
二、提拔亲信 158
三、大兴年狱 164
四、剪除隆科多 175

第七章 强化君权，庙堂一新 179
一、彻底清除八爷党 179
二、革除弊政查亏空 188
三、耗羡归公和养廉银制度 198
四、节制绅衿 208
五、赋役改革，摊丁入亩 213
六、重农抑商发展经济 217

第八章 政治改革，影响深远 221
一、三打朋党 221
二、整顿六科 229
三、行密折制度，设军机处 232
三、修改律令整旗务 240
五、重用汉人 245
六、改土归流 248
七、雍正对后世的影响 254

附　录 259

参考文献 262

第一章　年少英气，志存高远

一、少年胤禛初成长

雍正的一生，富有传奇色彩，他本是默默无闻、不受重视的皇四子，却在最后时候意外登大宝，成为九五之尊，若是没有苦心经营、精心谋划，几乎是不可能的，我们在分析"九龙夺嫡"复杂的过程之前，先让我们了解一番雍正的成长轨迹，因为少年的成长，会影响一个人的一生，对这个人目标志向、价值观、性格的养成，都有着至关重要的作用。

雍正出生于康熙十七年（1678）十月三十日，他的父皇康熙这时已经有了十个儿子，他是第十一个儿子。但是，根据清朝皇室规矩，皇子若是中途夭折，便不排进去，由于康熙众皇子中幼殇较多，所以，当雍正成长几岁后，发现自己已经是皇四子了，排在他前面的只有三个皇子幸存，分别是康熙十一年（1672）出生的大皇子胤禔、康熙十三年（1674）出生的皇太子胤礽、康熙十六年（1677）出生的三皇子胤祉三人，按这个排行下来，雍正便是皇四子了。康熙皇帝给他赐名胤禛，这里的"胤"字是他们兄弟的排行起名的一个通用字，凡是序齿存活下来，起名都会加一个"胤"字，按照许慎《说文解字》中解释，胤有"以真受福"的意思，可见康熙希望自己的儿子，能够对上苍与列祖真诚以待，来获取福佑。只不过，后来雍正登基后，为与皇帝避名讳，所有雍正的兄弟，都将"胤"改为了"允"，此乃后话了。

在讲解雍正之前，我们先说一说康熙帝及其对儿子们的培养态度。满人在入关统治之后，统治者为了他们的皇权巩固，对继承人的教育和培养非常重视。

康熙帝是清入关定都北京后的第二个皇帝，他一生的丰功伟绩从少年时代就开始了，智除鳌拜、平定三藩、收复统一台湾、永戍黑龙江、亲征噶尔丹、驱逐沙俄、南巡治水、治理黄淮、开创康熙盛世。他不仅政绩赫然举世瞩目，还有一个特点也令世人叹服，那就是康熙有太多的儿子，据历史记载，在教育和培养儿子成材这一方面，康熙是很成功的一位皇帝。

那么，康熙帝一生有多少儿子呢？据《明清史事》记载，康熙帝一共有35个儿子。但按照清朝皇室的老规矩，皇子在早年夭折，就不序齿，也就是不算数，所以康熙的众多存活下来的皇子，以年龄顺序序齿的有24位阿哥。其他小皇子在幼时就夭折了。

所以胤禛出生的时候，严格地说，他不是康熙帝的第四个儿子，在他之前还有10个阿哥，雍正应该是康熙的第十一个儿子。如果放在现在的医疗条件下，那么就不会出现这么多的意外和事故，倘若胤禛前面的10个小阿哥都生龙活虎活着，加上康熙帝特别注重对儿子们的培养，一个个文韬武略的话，那么作为第十一个皇子的胤禛，若要继承大统，就难上加难了。但是世事就是这样。物竞天择，旧时代即便在皇家，夭折也是难免的，或者说夭折更是正常的，十几个孩子夭折的只剩了3个。所以第十一子胤禛就排行成了老四。如此一来，他前面的竞争人数天然减少。不过，这个排行依然很尴尬，论年龄属于康熙诸子的第一序列,但他非嫡、非长,没有任何优势可言。而且,在胤禛出生时,他的二哥胤礽已经被康熙立为皇太子有三年之久。按正常分析,排在老四的胤禛从一出生开始,基本就跟皇位"绝缘"了,很难轮到他。

胤禛的出身与成长环境

我们再看胤禛的出身。他的生母乌雅氏,出身太过于低微,为正黄旗包衣,是选秀入宫的,在19岁时诞下胤禛,但她仍然地位很低,次年才被册封为德嫔。而母家地位也不显赫,没有实际的权力和富贵。胤禛的外公叫威武,曾任护军参领,只是朝廷正三品的官员,在朝中影响力一般,可谓微乎其微。

这种家庭背景,不能给四阿哥胤禛带来皇子中的特殊地位,也不会给胤禛很多成长中的帮助,跟前面的皇太子胤礽、大皇子胤禔、三皇子胤祉相比,没有任何优势,属于中等以下。但胤禛的运气爆棚,因为在他满月的时候,康熙帝做出了一个决定,那就是令当时已封为皇贵妃的佟佳氏养育胤禛。

这佟贵妃是一等公佟国维的女儿,康熙生母孝康庄皇后的亲侄女,地位尊崇。佟佳氏也是康熙三位皇后中,唯一与自己有血缘关系的皇后,由她来抚养胤禛,可谓是给胤禛一次"抱大腿"的机会。

因为佟佳氏自己出身高贵,她的娘家有着"佟半朝"之称,尤其佟国维在康熙亲政以后,忠心至诚,在平定三藩时,佟国维亲手俘获了吴三桂之子,以实际行动支持康熙,他是康熙深为信赖的重臣,所以他的女儿佟佳氏自然也就备受康熙的看重和喜欢。

而康熙这样安排,有两个原因:一是佟佳氏入宫已有些年月,又是他的亲表妹,贵为皇贵妃,却没有自己的儿女(后生一女，幼殇），佟佳氏性格温顺，品性贤淑，康熙对她很是怜爱，所以，把胤禛交给佟佳氏养育，是因缘巧合，并不能说对胤禛有特别的关爱，因为佟佳氏不仅仅养育了胤禛，还养育了不少康熙的子女。在康熙一份谕旨中曾这样评价她："鞠育众子，备极恩勤"。

第二个原因，胤禛出生时他的生母乌雅氏地位很低，是没有资格养育皇子胤禛的，所以，只能交给其他嫔妃、贵妃来养育。

正因生母地位不高，被皇贵妃抚养的这些经历和成长环境，使得胤禛的性格很复杂，内敛、隐忍、沉默、刚毅、冷静等。佟佳氏细心照料胤禛将近10年之久，直到她去世。如此一来，胤禛蒙受佟佳氏的庇荫和关爱，很幸运地承起恩泽，成为康熙众多儿子中，从小受到康熙关注的一位。

此时在雍正的前面，按照顺序有三个健康聪明、各有才华的哥哥——大皇子胤禔、太子胤礽、三皇子胤祉。他们比他大6~1岁，都是很可爱很好动，很引人注目的皇子，而且胤礽还从小就被立为太子，备受瞩目。所以，胤禛的出生时机是一般的，他不能集万千宠爱于一身，只能默默地跟在几位哥哥后面玩耍。

当然，这样的生育和养育关系，也是胤禛后来和生母不和的基本原因。

少年时的胤禛，心中也是偏向佟佳氏的。据说有一次，5岁那年胤禛正在花园里玩耍，忽然德妃乌雅氏走了过来，一脸疼爱地看着他，然后蹲下身说道："胤禛，过来，来额娘这里玩耍。"

小小的胤禛看着德妃，很有礼貌地行礼说道："谢谢德妃娘娘，我额娘在那边等我。"

胤禛小跑着离开，还不时地回头看一下。

第一章 年少英气，志存高远

德妃一脸的悲戚之情，站在原地，傻傻地看着跑远的胤禛，心里恨得要死，心想："这孩子，见了我这个亲额娘都不亲了。"

胤禛却是一边跑一边在心里想："我的额娘明明是佟佳氏，怎么又来个德妃，难道传言是真的？即便是真的，我是父皇交给额娘佟佳氏的孩子，那么父皇的旨意就不能违背，难道德妃不自知？另外，额娘对我千般万般的好，我要是再认德妃为额娘，我的佟佳氏额娘肯定会很难过。而且，额娘佟佳氏才是最尊贵的，能让自己更受重视。"

小胤禛在这一刻，感情的砝码还是偏向了佟佳氏，却不知道，有一天他的生母会不喜欢他。

幼年的胤禛在养母佟佳氏的爱护照顾养育教导下，肯定是承载着佟佳氏一族的权势愿望，胤禛的心里自小肯定就有了角逐皇位的想法，这样的成长使他小心翼翼、敏感机智、工于心计、尤善察言观色，致使他疏离一个没有什么感情的生母是必然的。在胤禛即位后，也经常把"父皇亲自抚育"挂在口上，一再拿佟贵妃养育他来抬高自己的身份。胤禛曾回忆说："抚冲龄而顾复，备蒙鞠育之仁；溯十载之劬劳，莫报生成之德。"可见他对养母佟佳氏的感恩。也正因为这层关系，为日后胤禛与佟佳氏的弟弟、九门提督隆科多联手夺嫡，建立了深厚关系。

康熙重视教育

少年时期有生母和养母这样的成长经历对胤禛个性的影响颇大，那么康熙对胤禛的成长起了什么作用？

《明清史事》中记载康熙帝教子之严时，是这样说的：清朝历代皇帝中，康熙帝教子最为严格，所下心血也最大，他始终坚持亲自施教，亲自对皇子的学业进行检查督促。

康熙帝非常注重对儿子们的教育培养，康熙帝培养儿子们的时候，和天下所有的父亲一样，都对自己的儿子抱有很高的期望，对他们在学习文化知识方面用的心思可谓是毫不含糊。但是他又比其他的普通父亲更特别。普通人家，哪怕是富贵人家，交给儿子的是家业产业，是希望后代把家风传承、发扬光大。最基本的希望是后代平安幸福、家脉长青。但康熙帝不同，他要交给儿子们的是大清天下，是大清朝统治的延续，是要儿子们发扬光大清朝的社稷统治，所以康熙应该是对儿子们做了很多规划的，凡事要从小做起嘛，所以在皇子们幼年的时候，就开始抓学习和品德。

作为一个满人，要承袭汉人的方式统治天下，又要坚持满人的特色，而且要把这个方式传承发扬光大并且搞出不同以往的个性。

那么作为康熙的儿子、后来的皇位继承人或后来的辅助统治者，就要学习很多的汉文化知识和满族文化。所以胤禛在6岁的时候，即康熙二十二年（1683），就开始入尚书房读书。

我们老说现在的孩子学业繁重，但是雍正那个时候和他的兄弟们，学习也并不轻松，甚至学习任务更加繁重。他们不仅要学习满文、汉文、蒙古文等文化课，还要学习骑射、游泳等军事体育的科目。

看看，康熙帝给儿子们安排的课程可谓德智体全面发展。而且他们从小都要和康熙讨论一些政事，说出他们自己独到的观点。

虽然太子只有一位，但是对诸位阿哥的教育，也妥妥地都是以准太子的方式培养。这可能源于康熙的仁爱和博爱以及他对儿子们的期望过于理想化——希望每一个都成长为旷世之才。

可是，到了后来，这么多旷世之才来争取一个储位，是很可怕的，不知道康熙帝当时想到了没有？也可能是康熙帝过于

第一章　年少英气，志存高远

自信，觉得自己这样培养出来的儿子，仁义礼智信皆优，应该不会争抢位子，甚至以性命相搏。

或者，这就是他的安排，在众多优秀的皇子中选一个满意的，至于早早立下的太子，不过是学习汉人早立太子的承袭方式而已。子非鱼，不知鱼所思，康熙到底是怎么想的？无从得知。事实是，众阿哥在成长的过程中，一路书声琅琅，骑马射箭好不快活。

据说，有位名叫白晋的法国传教士说，他在康熙三十六年（1697）见过康熙的十几位阿哥学习的情形。

白晋很是详细地叙述了阿哥们学习的内容以及教授阿哥们学习的老师们的情况。皇子学习阵势之大、老师配置之高、所学内容之磅礴广泛，想必都是非常令白晋吃惊的。他应该是因为皇子们学习的态度而受到了震撼，不然也不会那么关注并且做下记录。

据白晋说，给十几个阿哥教授文化知识的人都是翰林院的最高知识分子，他们不仅有渊博一流的文化知识，而且他们都是特别熟悉政务的官员。这些人从青年时期就在宫里，他们自己也是宫廷里培养出的第一流的人物。既然老师们都这么优秀，由他们教授诸位皇子，应该是非常不错了。

但是，康熙皇帝在教育子女方面从不缺席，不会因为老师优秀自己就放任不管了。老师的优秀并不妨碍康熙亲自去检查阿哥们的一切学习活动。可见康熙对于孩子们的培养是亲力亲为的，十分关注，也可以说亲子关系很融洽，他对阿哥们的感情很深。

综上，可以看出康熙是个重视教育，也很会教育的模范父亲。也可以说是他在早早地为国家社稷筹谋。这一大拨的皇子，个个培养成人才，那可都是他大清帝国的栋梁之材，会成为他的左膀右臂，坚实的政治基础，也是他巩固政治关系、管理朝中大臣的棋子。

那么多儿子，身后都有一股朝中的力量，互相监督，互相掣肘。在康熙的内心深处应该是对儿子们都寄予厚望，所以他投资于教育阿哥们的精力非常之大，甚至是把教育儿子当成了一件必须做的事。他很担心他的儿子们被当作棋子而用来结党营私，那样有可能会导致皇权旁落，所以让儿子们以皇帝为中心，这是康熙的教育目的。

康熙亲力亲为，定期了解阿哥们的学习情况，审阅阿哥们的文章，并且让诸位阿哥当着自己的面解释所学的功课。在教育儿子上可谓事必躬亲、不辞辛劳。

而且，康熙非常重视诸位小阿哥的思想、道德的培养，根据实际情况给他们进行适合他们身份的锻炼。康熙曾说："凡人养生之道无过于圣人所留经书，故朕惟训汝等熟习五经四书性理，诚以其中凡存心养性立命之道无所不具故也。"（选自《白话清史》）

孔子早就说过有教无类，要一视同仁，对学生因材施教，这需要一个科学的判断和把控，而不是盲目进行约束，造成教育的浪费。康熙在这个方面就做得很好，他给自己儿子适合他们身份的锻炼，并且找不同领域的名家来训练这些皇子，观察每位皇子的长处、天赋、见识等，正所谓知子莫若父，这些皇子的性格和才能，其实康熙逐渐心中有数了，他最后选拔继承人，绝非心血来潮，一时冲动，必然是他长期观察才做出判断的结果。

康熙自己的教育就很成功，而且其极具胆识和气魄，这和康熙8岁登基做幼帝的经历有关，他幼年时就是一个胸怀和胆识非常卓越的孩子，他自小就经历帝王成长的生活，面对许多

第一章 年少英气,志存高远

坎坷和荆棘,朝堂争斗、政治诡云、错综复杂的势力交锋,他深知一个帝王肩负天下的重责,需要有过人的智慧和铁血手腕,从而要求皇子们自小学习帝王之术,各方面务必做得优秀,可以说,这离不开康熙高超的胸怀气魄、胆识见解等。

历史上,每个皇帝心中都清楚,要极力选拔自己的优秀皇子,培养成未来的君王。但皇子在成长过程中,会跟做父皇的渐渐意见不合,貌合神离;甚至有皇子不安分守己、迫不及待想要上位的例子,这在历代皇家比比皆是。但是,康熙还是全力培养自己的儿子们,希望他们都变得优秀,成为人中龙凤。

史料证明,康熙的皇子阿哥们,在清朝政治史上,都是一批很优秀杰出的政治人才。这些阿哥的优秀,源于康熙对儿子们的喜爱和期望,与对他们进行的高强度、高质量的培养和训练脱不开关系。

有时候可以试想,康熙帝就因为给每个阿哥都进行了不分彼此的教育,因材施教,个个都很优秀,所以,在后来的九王争嫡时,每一个人都不是善茬,明争暗斗,可谓八仙过海各显神通,令人防不胜防。所以局势才会显得那么诡谲多变,不可预测。清朝的"九王夺嫡"在历史上的皇子夺嫡中,也是最为精彩起伏、最为凶险难测的一次储位之争。

可能当时作为普通的老百姓,会觉得那几位博学多才的阿哥,不管谁做皇帝,应该都会称职,能把大清朝治理得不错,但康熙极为苛刻,会从多个维度、多个方面去衡量继承人选。

康熙一直以来都不希望把阿哥们过分娇生惯养。康熙作为一个皇帝,在养儿子上着实让人佩服,因为他是一国之君,是全天下最富有、最有权势的人。他什么也不缺,他的每一个孩子一出生都口含着金汤勺,身份尊贵,吃苦是根本不可能的。

但是康熙帝希望他的孩子们能吃苦耐劳,尽早地成长得坚强,并且习惯于简单朴素的生活,这种培养孩子的方式,简直就是教育的楷模。

据说康熙帝每年都要带着他的孩子们去山区旅行一番,他们会在这个过程中接受狩猎、比武、骑马等历练,皇子们跟着自己一起驰骋奔波,风吹日晒,身背箭筒,手挽弓弩,练就矫健的身姿,技能满满。

据白晋记载,康熙最初,带皇子出去训练,只带第一序列的四个皇子,因为他们的年龄接近。这四个皇子就是胤禔、胤礽、胤祉、胤禛。在这个成长过程中,聪慧的胤禛对他的父亲康熙进行观察和分析研究,做得很深入。由于长时间的陪伴,让胤禛有机会显示自己的才华,为后期如何讨好康熙打下基础。

少年胤禛很听话,在康熙和诸位老师的严格要求教导下,养成了爱读书的习惯,诗词歌赋、诸子百家、儒家经典,都有通读,而且他的文学素养很高,同时养成了善于思考的习惯,这个习惯影响着青年的胤禛以及他的一生。

在读书的少年时期,胤禛还做了《春园读书》《夏日读书》等诗歌,讲述他在春光明媚的时候、酷暑难耐的时候,还是坚持读书的写实生活,这样的读书态度自然是引得康熙的表扬。不但胤禛自己是这样在琅琅读书声中成长为一代名帝,就连乾隆也是在这样的环境下读书成长起来的,不论是皇族权贵,还是寒门百姓,任何时候都不要低估读书对一个人的塑造和洗礼。

二、随父出巡,开拓视野

胤禛少年时不仅在尚书房读书,很多时候还会跟随康熙四处巡幸,当然跟随皇帝巡幸这不是胤禛一个人的殊荣,其他年龄到了的皇子,也是这样要随着康熙四处巡幸,这也是康熙带

第一章 年少英气，志存高远

着儿子们进行实践。

康熙对优秀有能力的儿子都是极力培养的，一视同仁，并不厚此薄彼，这体现了康熙的父爱如山、胸怀坦荡。等胤禛年长一些的时候，跟随父皇康熙出巡，四处考察，这样胤禛就有了接触社会的机会，从而锻炼和提高了胤禛的社会实践能力和认知天下的机会。

康熙帝在平定三藩叛乱和统一台湾之后，几乎每年都要去北方的塞外巡视，每次去的时候他都会带上几位皇子随行。康熙二十五年（1686）七月，康熙北巡塞上，胤禛和胤禔、胤礽、胤祉四个年长的阿哥随同，这是胤禛第一次随同康熙出行塞上，如此殊荣，胤禛之前是没有享受过的。

想必他临行之前，佟佳氏也是万般叮嘱了，不仅叮嘱他注意安全，肯定也叮嘱他，要在他父皇跟前表现得处处优秀，大方地展现自己的能力和才华，也要和兄弟们搞好关系，友爱相处。胤禛肯定都是牢牢地记在了心里，做好了各种应对以及要表现良好的打算。

康熙带着诸位皇子，七月出行，八月归京，历时一个月。从古北口至博洛和屯，又向西南行，一直到西尔哈乌里雅苏台。

这一趟远行中，年幼的胤禛吃苦耐劳，途中对所见所闻都有独特见解，表现出对大好河山的喜欢和特别的热情，一路的表现优秀勇敢，还懂得谦让几位兄长，深得康熙帝的欣赏，也得到了几位哥哥的承认，自那之后，胤禛年年随同康熙出行。

康熙帝出塞，名为秋狝，也就是与蒙古王公共猎，其实是会见蒙古族首领，密切他们同清朝中央政府的关系，稳定对这个地区的统治，胤禛在目睹了这一盛况之后，青春年少的心，异常激动澎湃，出口成章，吟出"一人临塞北，万里息边烽"的豪情万丈的诗句，深得康熙帝的赞赏。

胤禛作诗为自己赢得了荣誉,更加得到了康熙的喜爱,也为佟佳氏一族赢得了荣光,康熙肯定会表扬佟佳氏教子有方,胤禛不愧是佟佳氏养大的儿子。想必,佟国维那一刻,无论是在康熙身边追随,还是远在朝中主事,听见这件事都是满心欢喜。这在《明清史事》中也有记载。

由此可见,少年胤禛很是有文采、有情怀、有追求。

在一些历史资料中,还有对胤禛随父巡幸时做的这首诗更多的引申,主要有两层含义,一个是赞颂康熙帝,另一个是表露自己志向高远的帝王之心。当然,那时候胤禛势力单薄,肯定不敢明着暴露出自己有任何夺嫡的想法,但他的内心肯定是志存高远,有兼济天下的想法。

当时跟他在一起的除了康熙帝,还有他的三位皇兄,其中一个还是被立为储君的太子,所以,自小敏感而又会察言观色的胤禛,不会暴露自己任何窥伺皇位的心思。

想必其他几位皇子,在受过严格的教导,又加上父皇的威严气度,还有一位太子就跟随在身边的情况下,也不敢想入非非吧,毕竟还都年少。由此也可断定,这种情况下,还是兄友弟恭的局面,表面和和气气,胤禛自然也不会想到,自己今后有机会窥探社稷。

他应该是在日后的不断历练中,在康熙对太子和其他皇子均失望,时机成熟后,野心随之成长。

胤禛随父巡幸的经历,是一个不断地培养提高处理政务能力和了解吏治事务的过程,在这个过程中,培养了胤禛做事认真投入的个性,也养成了他处理事情手腕铁血果断严肃的个性。

正是因为胤禛的这种个性,所以在后来成功登基上位之后,才拨正了康熙晚年宽松政策下的一些弊端,处理那时养成的一些贪官,推行各种改革,填补了清朝财政上的大窟窿,给乾隆

第一章 年少英气，志存高远

盛世打下了基础，此乃后话。

噶尔丹叛乱，随军出征

胤禛十三岁的时候，也就是康熙二十九年（1690），大漠准噶尔部首领噶尔丹企图分裂大清的统治版图和政权，噶尔丹率兵攻占漠北喀尔喀蒙古，挑衅清朝的权威，康熙帝命噶尔丹撤兵归还喀尔喀，噶尔丹不听，领兵直接侵入蒙古，一路飞马扬言要"夺取黄河为马槽"，在《白话清史》中原话是："剥下守汛者衣，出言不逊。"在噶尔丹如此狂妄的挑衅之下，康熙帝任命裕亲王福全为抚远大将军，领兵迎战，十九岁的皇长子胤禔作为副将从征。

胤禔出征，仅仅是一番历练，真正掌握大局的还是朝中老将福全，但是，这既是康熙帝对胤禔能力的信任，也是对他能力的测试，给他历练的机会。作为军中副将，胤禔在其他兄弟面前不仅有副将的威严，更有骄傲在心，这是建功立业的大好机会，康熙给了他。当时的胤禛不过13岁，对此又是羡慕，又是无奈，心底下对自己也有了要求，并且很不服输地断定自己只不过是年龄小了点而已。

噶尔丹引起的兵荒马乱的形势越来越严重，一晃六年过去，也不见好转，反而愈演愈烈。康熙三十五年（1696），康熙亲征讨伐噶尔丹，康熙此次带领多位皇子参加这次亲征进行历练。这一年，胤禛19岁，跟随康熙亲征，胤禛奉命掌管的是正红旗大营，随从他的有顾八代、公长泰、都统齐世等人。

这一次，康熙除了带胤禛之外，还有皇五子胤祺、皇七子胤祐、皇八子胤禩，他们三人分别掌管镶黄旗、正黄旗、镶红旗大营。可以说四位阿哥这一次都是实权在手，每个人都有一次深刻历练的机会。他们于二月份出发，在四月份，兄弟四人参加军中的军事讨论,讨论对噶尔丹进军与否。六月,他们率兵回到北京。

长达四个月的统兵历练,虽然胤禛和他的几位兄弟不过是随军坐镇,没有真正地参与打仗,但是他们参与了行军议事,也是很好的军事训练,在这次军事训练中,胤禛和八皇子胤禩,在军事议事中都表现出了很优秀的军事才能,这让康熙对他们二人另眼相待。这样的随军坐镇,让19岁的胤禛历练得更加稳重。

康熙三十六年(1697)二月初六,康熙再次率军征讨噶尔丹,同年三月,康熙大军抵达宁夏,康熙帝的这一次率军出征,震动了也震慑了西北的蒙古部族,其中有些蒙古部族立场不坚定,感觉到自己已经无力抵抗康熙的大军,纷纷上奏表示归顺清朝,康熙帝的第三次亲征,彻底地粉碎了噶尔丹的分裂势力。

这场旷日持久的战争,让康熙帝心情不能平静,二十年来,西北、北部边疆,动荡不安,百姓流离失所,也引起了沙俄对大清领土的觊觎和蚕食,噶尔丹死有余辜,而八年平叛,战士们葬身沙场无数。当噶尔丹一死,康熙帝激动万分,持笔不能成文。(据《白话清史》)。

康熙原话:"噶尔丹已死,各部皆以归顺,大事已毕,朕两岁之间三出沙漠,栉风沐雨,并日而餐,不毛不水之地,黄沙无人之境,可谓苦而不言苦,人皆避而朕不避,千辛万苦之中立此大功,朕之一生可谓乐也,可谓至矣,可谓尽矣。"

此次大战大捷,胤禛虽然没有参加,但是他一直关注着这场战事,他仔细地分析着这场战争的各个细节,又感叹着康熙帝的用兵之神。甚至还做了诗,《狼居胥山大阅》《功成回銮恭颂二首》,以此颂扬康熙帝的用兵功业,也表达自己对这场战争的看法。

指顾靖边烽，怀生尽服从。遐荒归禹甸，大漠纪尧封。庙算无遗策，神功迈昔踪。凯旋旌耀日，光景霁天容。

——《功成回銮恭颂二首》其一

康熙平定了噶尔丹叛乱之后，开始致力于国内民生，如水利的修缮。

三、才华逐步凸现

在治理黄淮期间，康熙还带领胤禛巡视永定河，当时的永定河叫无定河，又称浑河，经常因暴雨泛滥，导致河流改道，河道迁移无数次，水灾漫溢，百姓受灾极重。

据史记载，康熙三十三年（1694），胤禛跟随康熙出京，巡视无定河，了解无定河下游的情况。

康熙三十六年（1697），彻底粉碎噶尔丹势力之后，康熙用心于治理无定河，第二年，为了表示希望无定河不再改道，康熙给无定河改名永定河。

康熙三十九年（1700），康熙帝再次来到了永定河边，这次，康熙帝带领的是胤禛和十三子胤祥。父子三人一起视察永定河南岸的工程。在宛平县榆垡，胤禛亲查河岸的工程质量，拔出河岸的桩木后，脸色大变，发现筑岸工程质量不合格，证据是桩木短小不合规格。

胤禛拿着桩木去见康熙，禀明情况，要求返工，并说如此工程，永定河难定，康熙采纳胤禛意见，命返工重修。这一次事件是胤禛能力的表现，也是他对政务事必躬亲、严格要求的表现。由此可见胤禛从年轻的时候起做事就很严肃，对政事的态度很是严谨，只是此时的康熙，可能还没有意识到四皇子有这么优秀的品质，甚至在康熙印象中，胤禛还是"为人轻率"的性格。

康熙在治理黄河、淮河、里运河的时候，可谓是昭告天下，态度和行动很是彻底坚决，他联络很多江南的士大夫，常年巡视河工，视察民情，对当时的江南政治环境影响很大。

刚开始下江南的几次，胤禛没有机会参加，毕竟江南风景秀美，好山好水吸引人，好多阿哥都想随父亲去看看，既可以看美景，也可以借此机会展示一下自己的才华，也是很好的历练机会，甚至可以结交一些名人奇士。

康熙四十一年（1702），胤禛终于争取来了去江南的机会，这一次下江南的是他和皇太子胤礽、十三阿哥胤祥，他们三人陪同康熙南巡，中途到了德州，不巧的是胤礽生病，一行人马就只好住在了德州。虽说不是住在皇宫里，但是生活的规矩没有变，胤禛和胤祥依照宫中尚书房的学习规矩，照常看书、习字、写诗，真可谓：人在途中，不怠于学。

有一天，同行的翰林院侍读学士陈元龙等人和康熙帝一起谈论起书法，康熙帝一时高兴，就带着陈元龙等诸位大臣到了胤禛他们读书的地方，要看看皇子们的书法。

胤禛三人正在写对联，当时这一情景，《雍正传》里是这样摘录的："诸臣环立帝视，无不欢悦钦服"。诸位皇子的书法都很优秀，可谓游龙惊凤，风骨卓然。彰显了康熙帝平时对诸位阿哥的要求之严格、教育之成功。这一次，三位阿哥的书法给康熙很是长脸，尤其胤禛的书法，很是独特，他临帖众多，熟悉很多名家字体，善于模仿，能以假乱真，他也曾模仿父亲康熙帝的字体，而且学得很像，他现场写了一副对联，竟然与康熙的笔迹相差无二，因此还得到了嘉奖。从此，胤禛应该是更加喜欢书写康熙体,这也是儿子对父亲的钦佩。后来有雍正模仿康熙笔迹,篡改遗诏的说法,此乃后话了。

那一次,虽说因为太子胤礽生病,大家都没有到达江南,但是这途中的书法一事,也是给朝中大臣和康熙都留下了很深的印象,所以只要父皇记住胤禛的优秀,到不到江南又如何?反正胤禛又一次讨得父皇的喜欢。

几个月后,康熙再次下江南,时间来到康熙四十二年(1703)正月,这一次,还是上一回的原班人马,可能是之前三位阿哥没有到达江南,心怀遗憾,在康熙面前念叨,康熙帝为了满足几位皇子的心愿,也是想让几位皇子见识一下江南的风物人情,总之"溥天之下,莫非王土",康熙就是想带着上一次没有到达江南的几位皇子下一次江南。

这一路可谓诗风氤氲,胤禛在途经忻州府蒙阴县时,诗兴大发,写道:

> 望里东蒙近,微茫草树遮。
> 面城峰碍日,绕郭水鸣沙。
> 户尽缫桑茧,人多摘茗芽。
> 曾闻鲁酒薄,村店一旗斜。
>
> ——《过蒙阴》

从胤禛的诗中可以看出当时自然生态环境很好,人们的生活状态也是安稳的,养蚕的缫桑茧,种茶的摘茶,在路途中还有村店酒家的酒旗随风飘扬,绿树遮阴,想想,一行人或骑马,或坐着马车,缓缓而行,目睹山河静美,百姓安居乐业,还能闻到美酒飘散的香味,再看蝶飞鸟鸣,是多么的心旷神怡。在这样美丽旖旎闻风而醉的风景中,不写诗,对不起一路下江南。

一路南行，一路诗词，胤禛的才华乘着江河飞流，越过青山万重，更是书写一路的所见所闻。

一行人一路向南，过宿迁，渡黄河，抵淮安，驻扬州，跨长江，一路检阅沿路的风土人情和江河湖泊的安全。到达镇江之后，全程人马登上金山江天寺，康熙帝看着眼前景色，心情很是愉悦，就叫随从笔墨伺候，为金山江天寺写下匾额"动静万古"四个字，给人一种天地永久、恒远却又生动的感觉。读这四个字，心下不得不感慨真不愧是康熙帝，抬手就是大气磅礴厚重无限。父皇都赐了笔墨，可见此地非同一般，几位阿哥自然也要做诗留字。

胤禛当时提笔写下一首诗，实体描摹金山寺，诗云："宿慕金山寺，今方识化城。雨昏春嶂合，石激晚潮鸣。不辨江天色，惟闻钟磬声。因知羁旅境，触景易生情。"此时的胤禛眼观山色雨景，想着此行的目的，心怀山河壮美，不由得心底下涌出对江山水色的热爱之情，此时此刻胤禛还真的是一个很标准的诗人。

告别金山寺后，康熙众人继续南行，一路乘船到达苏州，苏州盛景更易生情，胤禛诗兴大发，提笔写下：

维舫枫桥晚，悠然见虎邱。
塔标云影直，钟度雨声幽。
僧舍当门竹，渔家隔浦舟。
茫茫吴越事，都付与东流。

——《雨中泊枫桥遥对虎阜》

由此可见，胤禛虽是英俊青年，但他思考物与人的关系时，已经到了超然的境界，这也许与他后来信佛有关。

第一章　年少英气，志存高远

继续南行，经过嘉兴，到达杭州，至此，一路作诗恍如文人墨客的康熙和几个阿哥，一改一路的风格。他们进了演武厅，一展满人崇武的风尚，胤禛陪同康熙和他的兄弟们骑马射箭，舞刀弄枪。把他们的英勇善战彰显得很是到位，赢得江南人尤其是文人的钦佩，不得不说虎父无犬子。

至此，江南之行已经完成，康熙帝携几位阿哥开始返程回京，途经南京，也就是江宁，康熙携胤禛兄弟几人，并命随从的大学士们一起去祭明太祖陵墓。然后经由江苏沛县，再到山东聊城，行至三月间，返回京城。

这一趟南行，康熙和胤禛等兄弟几个检阅了黄淮工程，这也是胤禛生平第一次了解了黄淮工程以及江南的民情。这是胤禛生平仅有的一次在大江南北的巡视和检阅。

现在回首文献，不得不叹服康熙帝培养儿子的大手笔，除了征战西北，还带皇子们下江南了解南北风土人情、百姓生活、地理风貌等，增长皇子们的见识和视野，提升个人能力。

在中国古代，古人认为祭祀和兵戎都是国家的头等大事，尤其祭拜祖宗是很重要的事情，属于祭祀的重要内容。

清朝皇帝将祭祖看得尤为重要，国家发生重大事情，或者打仗胜利，都要通过祭祖告知祖先。

康熙帝是 8 岁的时候，由他的祖母孝庄太后扶持登基，所以在祖母生前他很是孝顺祖母，在祖母死后，又经常对祖母虔诚拜祭，他把自己的这个祭祖习惯传承给了自己的儿子们。在儿子们很小的时候，康熙就带着他们祭祖，给他们讲述祖宗先辈的事迹。等到他们年长后，就会让他们独立地进行祭祀活动。培养他们尊崇先人，缅怀先人，纪念他们征战天下的伟绩以及艰辛，树立后辈对先人的恭敬，对先人遗志的传承和发扬。

胤禛进行祭祀活动是在康熙二十七年（1688），那个时候孝庄太后去世一周年。孝庄太后忌辰时,康熙率领四皇子胤禛和大皇子胤禔、三皇子胤祉前去祭拜行礼。次年的忌辰,又命皇太子胤礽率胤禛、胤祉去祭拜行礼。等到康熙三十五年(1696)、康熙四十五年(1706)的忌辰,又命胤禛独自奉命前往祭拜。

祭祖乃是大事,虽然无实权,但派胤禛独自前往,可以说是一种殊荣。

此外,胤禛跟随康熙祭祀过盛京三陵,他还诗兴大发,写过诗文:

龙兴基景命,王器结瑶岑。不睹艰难迹,安知启佑心。
山河陵寝壮,弓剑岁时深。盛典叨陪从,威仪百尔钦。
——《侍从兴京谒陵二首》其二

通过祭祀和云游列祖列宗发祥地,使他有了许多感悟,甚至体会到当年创业之艰辛。

胤禛除了参加一系列的祭祖活动,培养对祖上功业的拥护珍惜之情,他还在15岁的时候,参加了曲阜的孔庙大典,进行了尊师重道的祭祀活动等。

读万卷书,行万里路

在发生废太子事件之前,胤禛过着很悠闲的生活,修心养性,韬光养晦。在政治上他很少有独立的差事。但是其他皇子也大多如此,因为此时大权都是在康熙的手里,只有表现很优秀的几个阿哥如胤禔、胤祉不时地被派去做事。

诸位阿哥和胤禛一样都是成长在康熙的严格教导下,一言一行都牢记父亲的教诲,很严格地按照父亲的教导做事,读书、

第一章 年少英气，志存高远

写字、习礼，无一不是按照康熙的安排进行。

学习和内心的再创造，正是一个人自我完善和成长的过程，强大人格并不是一个人的独立成长，而是有很多的资源可以源源不断地为他所有，滋养他，康熙帝就是胤禛的榜样，为他提供滋养。

胤禛在康熙的带领下四处巡幸，遍踏祖国河山，东北到了满族的发祥地辽、吉，在那里他感受到祖先创业的不易，更激发珍惜祖上基业的豪情壮志。

再去东南，一直行至苏杭，一路美景，富甲天下，一路的人文历史及诗词歌赋的氤氲，让他见识了大江南北的风物人情，他写下了很多诗篇，了解了疆土的幅员辽阔。

为了礼佛，胤禛一路西行到了五台山，路上问佛礼拜参悟出很多出世和入世的哲理。总的来说，宗教也是统治的方式之一，信佛和礼佛也是磨砺他的心性。

再向北，胤禛一直到达内蒙古草原，吹漠风，征服狂傲的战马，或信马由缰，为辽阔的草原作诗，写下"一人至此烽火息"的豪迈诗篇，可见少年志存高远。

他的足迹踏遍了大半个中国，能不为脚下的土地疯狂乎？再说胤禛读书的时候经常一人静思，这一切都足以说明在胤禛的内心里成长着一个不平凡的自己。

不想当将军的士兵不是好士兵，不想当皇帝的皇子不是好皇子，生而为人，在其位，谋其政，纵然胤禛只是四阿哥，但并不影响他不断地学习完善和壮大自己。

胤禛6岁上学，9岁跟随父亲北巡塞上，自那之后，每逢康熙出塞，胤禛便常常奉命侍从，北方本来就是马上的疆土，胤禛在广袤的草原上策马飞奔。

这样的丰富经历，对一个少年的成长有重要影响，让他更

021

坚韧，更有毅力，能够掌握应变各种突发事件的能力。

试想一下，少年的胤禛打马飞奔，逐鹿射杀，成就了一颗征服之心。

"一人临塞北，万里息边烽。"少年的胤禛，一览塞上盛况，心情激荡，言由心生，豪迈而又英气勃发，也肯定志存高远。

胤禛19岁参与军事，奉命参与掌管正红旗大营，坐镇疆场，不畏不惧，少年英姿勃发，在军事上奠定了一定基础。

跟随康熙帝治理黄淮，体恤民情，检查河道，检阅河堤质量，和康熙一起制定治理的策略，赈济灾民。他随父南下，并非一路尽皆诗情画意，而是减免江淮一带灾民数年累积的欠粮欠款，甚至在重灾区低价卖出粮食，救济灾民，解救黄淮一带遭受水灾的百姓，修建堤坝工程无数。

胤禛一路南下，更是视察江南民情，体恤百姓，将书本上所学的圣人之道用于实践。帝王将相的成长之术必是心怀天下。

在巡游的过程中，胤禛仔细深入地了解了各地的农业商业和各种工业生产。用自己的足迹丈量了山脉河流，深入地了解了水利和运输，以及各地的风俗，深入了解宗教信仰，游览了千里江山和各处的名胜古迹，思考各朝各代留下的名胜古迹所蕴含的历史意义。

胤禛跟随在康熙的身边，目睹了康熙的为人处世以及康熙处理政事的风格，严谨地学习了一代帝王的言行举止以及德行，深受康熙的影响。

在巡游期间，胤禛还考察了地方的行政和吏治，深入了解了地方官员的工作细节，深入民间调查了解民情，获得了一些特别情况的第一手资料，加以判断和讨论，做出正确的抉择。

所以，胤禛的前30年，貌似一直跟着康熙巡游，除此之外就是读书，其实这就是年轻的胤禛深入社会学习的过程，这也是学习的好方式。当然这样的过程并不是给胤禛一个人提供的，康熙帝给每一个儿子都提供了学习和历练的机会。

这一切的学习和成长，对胤禛以后参与到九王夺嫡的事件中，甚至对他上位成功之后如何治理国家，都具有非常重要的意义，一个人的成长和个性可以决定他日后的选择。

胤禛在自己长大的过程以及成年之后，一直保持阅读的习惯。博览群书，使得他的眼界变得十分的开阔。

而且前面就提过，胤禛的个性敏感，小心谨慎，会迎合人，善于观察和揣摩人心，然后做出精准的应对，这当然源于他成长过程中的特别经历。胤禛由养母带大，而且养母佟贵妃对他很好，加上佟家的显赫威望与权势，这样的人才资源，胤禛想不成长得心思复杂有计谋都不成。

可以说，胤禛能够最后在九王夺嫡中胜出登基，足以说明他是一个十分有计谋、城府很深的皇帝，只是前期隐藏得足够好罢了。

四、年轻胤禛的被动局面

在正式进入九王夺嫡之前，我们先来看一下，此时胤禛究竟处于一个什么样的局面，这对后面胤禛暗中使力，参与夺嫡，会有直接的影响。

前面提过，年幼的胤禛被皇贵妃佟佳氏养育，佟佳氏将他视如己出，正是凭借这个得天独厚的机缘，胤禛成长于康熙宫中，得到过父皇的亲自抚育。原本生性淡薄的胤禛，从此懂得抱大腿，一心巴结这个养母，有意疏远了生母乌雅氏，久而久之，给这对亲生母子的关系蒙上一层阴影。

在胤禛10岁那年，乌雅氏生下十四皇子胤禵，此时的她已经升为嫔妃，康熙允许她抚育自己的幼子。

而胤禛这边好景不长，在他12岁那年，佟贵妃去世，胤禛忽然失去了最重要的靠山。很快，他发现自己的生母乌雅氏对胤禵的关心和疼爱远远超过对他的关心和疼爱。如此一来，胤禛陷入了无助和嫉妒之中，甚至差点儿得了抑郁症。

从此开始，少年胤禛性格开始急剧变化，他变得沉默寡言，甚至脾气也有些暴躁。在他14岁娶妻成亲、搬出皇宫建府之后，依然是喜怒不定。有自卑，有放纵，有桀骜，有失望，更有对前途、命运的深深焦虑。

遭到父皇冷落

一晃几年过去，胤禛已经过了20岁，没有佟贵妃这层关系，康熙对胤禛也已经不大看重了。康熙三十七年（1698），三次亲征噶尔丹后，康熙第一次为诸子册封：皇长子胤禔、皇三子胤祉封为郡王，皇四子胤禛、皇五子胤祺、皇七子胤祐、皇八子胤禩封为贝勒。

此时年长的四位皇子年龄都超过了20岁，皇二子胤礽因为是太子，所以无须封王，但年龄排在第一序列的胤禛，首次册封时，虽然已经成年，却与其下十几岁的兄弟们一起封了贝勒，原因是康熙觉得他"为人轻率"，不够封王的条件。相反，仅比胤禛大一岁的胤祉，却封了郡王。

后来虽有大学士上奏劝说，但康熙仍然坚持己见，没有更改。上述封王过程，在《康熙起居注》中有记载，不过在《清实录》中被删除掉了，应该是后者有意回避此事。对照康熙所说"恭王不配封王"的话，明显是针对胤禛说的。可见，在人生第一次竞争中，胤禛就输在起跑线上了，这次掉队，也是康熙"留心观察已久"的结果。

这一次册封，对胤禛是一个打击，也让他看清，自己将来在皇位争夺中，没有任何优势可言，甚至已经掉出第一梯队了，接下来，只有隐忍，等待时机。

其次，在政务分配方面，尽管康熙有意让皇子从少年时就开始接受从政训练，以便可以早日独当一面，成为栋梁之材。但排行第四的胤禛，本来处于很靠前的位置，结果在存世的文献中，却很少看到他参与军政要务的记载。皇太子身份特殊，可以不做比较。不过与排在前面的大皇子、三皇子相比，胤禛无法与其相提并论，与年龄排在他后面的几位弟弟相比，如八皇子、九皇子、十四皇子，他也非常逊色。

按照康熙朝的实录，除了康熙六十一年（1722）外，胤禛在20岁到45岁之间，20多年中几乎从没有被康熙单独委派做过什么重要事情。满文档案也证明了这一点。现存满文朱批奏折4000多件，除去皇太子胤礽的奏折外，其他皇子单独给康熙的奏折有上百件之多，其中以三皇子胤祉、八皇子胤禩、十四皇子胤禵的奏折居多，没有一件是胤禛单独或领衔上奏的。

康熙向皇子下达密旨处理的重要、机密的事情，往往也没有胤禛的直接参与。如对索额图的处置，是三皇子胤祉、八皇子胤禩联合定夺。第一次废掉太子时，八皇子胤禩被任命署理内务府总管。康熙二十九年（1690），大皇子胤禔作为主帅裕亲王福全的副将，率军征伐噶尔丹。康熙五十七年（1718），十四皇子胤禵被任命为抚远大将军。这些要职，并没有胤禛的份。为了加强对八旗事务的管理，康熙命七皇子胤祐、十皇子胤䄉、十二皇子胤祹，负责管理某地方都统满洲、蒙古、汉军三旗之事，胤禛此时也没有被委派重任。

可见，胤禛在康熙一朝中，多是打酱油的角色，并没有被他父皇所看重。

认清现状，韬光养晦

在康熙执政的中后期，诸皇子夺嫡风波就开始出现，这场风波伴随康熙近乎一半的执政生涯。因为康熙迫于入关后的复杂形势，遵从汉人王朝习俗，早早立嫡长子胤礽为太子，坐镇京师。如此一来，不可避免形成了太子党的利益集团，其中以索额图为首，聚集了大臣余国柱、徐乾学等股肱大臣。

随后，大皇子胤禔、三皇子胤祉、八皇子胤禩、九皇子胤禟、十皇子胤䄉、十四皇子胤禵陆续牵扯到夺嫡争储的争斗中，或相互倾轧，或单打独斗，或结党营私，或另辟途径，都盯上了皇太子胤礽的储君之位，而且明争暗斗，愈演愈烈。

四皇子胤禛已经明白，自己在开始时就掉队了，而且自己资源也不够，硬上是不行的，必须要明哲保身，伺机而动，暗中储备实力，等待关键一击，才是王道。

这个时候，胤禛找到了一位志同道合的好兄弟，那就是十三皇子胤祥，他的生母为敬敏皇贵妃章佳氏。章佳氏出身不高，乃是满洲镶黄旗包衣，初为宫女，后得到康熙帝宠幸，于康熙二十五年（1686）诞下胤祥，三年后，章佳氏才被册封为嫔。

因为章佳氏没有抚养皇子的资格，经康熙指定，胤祥交给了胤禛的生母德妃乌雅氏养育，正因为这层关系，胤禛和胤祥熟悉了。但康熙二十七年（1688）德妃乌雅氏诞下皇十四子胤禵，并得到康熙准许，可以由德妃自己养育这个亲生儿子。从此，德妃将所有宠爱都放在了皇十四子胤禵身上，对于胤禛、胤祥便不那么上心了。毕竟，一个虽然是亲生儿子，却从感情上伤害了亲娘；一个是替其他嫔妃养育的儿子，不是亲生的，自然无法跟胤禵相提并论。

第一章 年少英气，志存高远

于是乎，有些同病相怜的胤禛和胤祥，成了最要好的朋友，从小到大，二人一直是最铁的兄弟，甚至后来胤祥替胤禛顶罪，帮胤禛夺嫡，成为雍正治理朝廷的得力助手。在雍正登基后，胤祥被封为和硕怡亲王，又出任议政大臣，处理重要政务，又得世袭罔替的许可，为铁帽子王。这些都是因为胤祥从开始就坚定站在四皇子胤禛这边，此乃后话。

胤禛在成长的过程中，还结识了两位好帮手，一个是年羹尧，一个是隆科多，可以说，这两人对胤禛最后在关键时刻夺嫡成功，起到至关重要的作用，在本书后面会详细写到二人。

年轻的胤禛开始韬光养晦，沉默寡言，致力于学习，很少参与朝廷纷争，貌似一个藩邸闲王，也正因为如此，和其他能干的皇子比起来更让康熙省心。在皇帝的视角中，做皇子的，就是要学会知足，好好地享受万般尊贵就好，完成父皇的旨意和他交代的事，读圣贤书，知君臣礼，遵守纲常，唯父皇命是从，不僭越，不争抢，不闹事，这就是一个合格的皇子了。胤禛正是这样明哲保身，才安全顺利地进入了九王夺嫡的决赛圈。

第二章　皇储之争，九王夺嫡

在中国古代，皇位的传承在"父死子继"和"兄终弟及"的基础上，主要发展出三种形式。

第一种是嫡长子继承制。在皇后所生的众多嫡子中，嫡长子有优先继承权。如果皇后没有生育嫡子，那就从庶出的诸子中，按长幼顺序继承皇位。这个制度源于商朝末年，在西周时期被正式确立。但在中国历史上，494个皇帝中（说法之一），最后由嫡长子继承皇位的，不超过20位（说法之一），因为皇权更迭很复杂。

第二种就是选贤任能，就是没有嫡子的前提下，从庶子中，根据贤能和皇帝喜好，选一个即位，随机性很大，而且很容易造成登基混乱和皇位争夺，因此受到大臣抵制。

第三种是凭实力，需要依靠"武力"来夺取，这个情况不少见，尽管不合法，却层出不穷。

可见，一个王朝的新君登基，牵扯了许多复杂情况，皇帝奇葩多，登基途径和手段也是千奇百怪，许多时候，充满了巧合和运气，不能简单概括。

在康熙晚年长达十几年的夺嫡事件之中，胤禛成为最后胜出者，这一结果几乎超出所有人的预料。连他的亲生母亲德妃乌雅氏都惊讶万分，脱口而出："先帝让我儿子雍亲王做皇帝，这是做梦都不能想的事。"诸多皇子也都没有想到，争得头破血流,最后却是四皇子胤禛登基了。

接下来,让我们看一下,最有实力争夺皇位的几个人,都有哪样的人生命运。

一、胤礽的出身与废立

满洲人在最初没有入关的时候,和汉人的文化传统不同,他们是不立太子的,但是,当他们定都北京之后,一切就以汉人的习惯要求自己,这也是因为他们通过学习,认为汉文化和汉人习俗更加利于长治久安。

但是,康熙当时在立太子的时候,却是因为形势所迫。康熙十二年(1673),三藩之乱开始。当时,大清朝的统治,其实还不稳定,并且,康熙自己在执政成长的道路上,吸取了教训。在他上位的时候,鳌拜专横跋扈,很多次侵夺他的皇权,这让康熙认识到,皇权更迭的时候,立太子是非常重要的事,与其在仓促之间,选一位不会执政的或者从未执政的皇子,由大臣去辅佐成长,还不如自己事先培养接班人。

这样就可以避免年幼的皇帝受到大臣的威胁。尤其三藩之乱,吴三桂居然弄出一个朱三太子,妖言惑众,蛊惑人心,这也是康熙要立太子的原因之一。

于是,康熙学习汉人文化,遵守汉人的规矩,按照立嫡立长的原则,向天下宣告,立胤礽为太子,因为胤礽是嫡长子。

在整个清朝历史中,也是在康熙这一朝,真正以储君身份成长且长大成人的皇子就是胤礽。这里再发点感慨,这是个奇迹,是康熙创造的奇迹。他有35位阿哥,夭折了十几个,但是他的嫡长子,一路顺风顺水地长大,而且,经过了他的精心培养。

从这一点上来说，为了皇权巩固长远，为了统治的永恒性，康熙帝做得非常彻底的事情就是从小培养储君。

但是有一点，康熙所有的儿子，都经过了康熙的精心培养，或许在他培养皇子的时候，他还没有意识到，在未来的某一天，众多皇子中，会有一位皇子替代太子登基即位。

或许也只有身在其位，才能够深刻感觉到，皇权交替的正确方式到底是什么样的？是顺风顺水的继承？还是血雨腥风的争夺拼杀？

总之，就是说康熙有很多儿子，康熙不但把太子培养得很优秀，而且对每一个儿子，都采用了和太子一样的培养方式。

这是公平呢？还是康熙私底下的布局和计划？无处猜测。

胤礽的出身

胤礽生于康熙十三年（1674），他的母亲身份尊贵，是康熙的第一位皇后赫舍里氏，但是，赫舍里氏生下胤礽几个时辰后就死在坤宁宫，没有福分继续做她的皇后了。

胤礽出生之后，已经有了他的大哥胤禔，他比胤礽年长两岁。但是胤礽因为他的生母地位高贵，所以他这个二皇子成了嫡长子，他在出生还不满20个月的时候，康熙帝就给胤礽进行了册封大典，立他为皇太子。

当然，胤礽成了皇位的继承人，还有一个原因，就是赫舍里氏皇后地位尊贵，她在生胤礽的时候，由于难产死去，康熙帝对她情深义重，立胤礽为太子，既算是告慰亡灵，也是遵从了立嫡立长的古训。

皇太子立下之后，康熙皇帝用最大的精力去抚养和培养他，他希望自己能够亲手培养出一代明君。康熙对太子的生活起居，关心得无微不至，完全按照经史中培养圣人的要求。

并且康熙还恢复了内务府机构詹事府，用于专门管理太子的宫内生活。各种有才华、有智慧的人在詹事府做事，对胤礽言传身教，胤礽从小耳濡目染。

胤礽6岁入学读书，康熙用大学士张英、熊赐履、李光地、汤斌等人培养太子，这些人是当时的饱学之士，既老谋深算，又品学兼优，善于运筹帷幄，无所不会。

康熙在培养太子时，可谓用心良苦，当然，其他的阿哥也接受了这些人的超级教育。在康熙帝和各个师傅的用心调教下，胤礽接受了关于帝王之术的培养。

随着年龄的增长，胤礽的各种学问和对政治的各种见解，都日益成熟。他8岁时就能够左右开弓，背诵四书五经，深得康熙的喜欢。

康熙表扬胤礽不管是骑射、言辞，还是他的文学功底，无不及人之处，在这些方面超过了其他几位皇子。

正因为胤礽少年时期的才华横溢，引得康熙的格外喜欢，康熙认为这就是自己培养的标准的诸君，每当自己外出京城的时候，他就会让胤礽参与部分政务，一方面是为自己分担政务，一方面是通过实践操作培养胤礽处理政事的能力。

可以说，康熙在培养太子、避免皇权交替时出现自己当初经历的事情上，真正是花费了大量的心思，他不希望自己的儿子走自己的路。从中也可以看到当年的鳌拜是多么让康熙头疼，以至于给他留下了阴影。

康熙希望儿子走一条独立的不依靠任何大臣的独权之路。可惜他的这个想法除了胤禛没有人看清，要是看清的话，诸位阿哥也就不会结党营私了。因为结党本身就是给皇权被侵犯创造机会。

前面说到康熙帝在培养皇子们的时候，只要一有时间就亲力亲为，他亲自教导太子怎样管理国家，又怎样用兵打仗，事无巨细。只要他有闲工夫，就来教导太子，并且引经据典，讲述历代皇帝治理国家的得失，还有怎样御人、得人心以及君不仁、失人心的可怕之处。

为了打开胤礽的眼界和格局、增加他处理政事的才干，康熙在他年龄稍长的时候，出外巡幸时经常带着胤礽同行。同时，随行的还有大阿哥胤禔、三阿哥胤祉和四阿哥胤禛。

一路上康熙对他们谆谆教诲，让他们深刻地了解各地的民情，吏治，用心学习如何治理国家，见识各地的山川风土。总之，康熙在对储君的培养上可谓尽了全力，用心良苦。

少年时的胤礽，包括他的兄弟们，都很优秀，深得康熙帝的喜欢，无论带他们到哪里都会赢得赞赏，这些儿子让康熙帝非常欣慰。

但是随着优秀的儿子们长大，尤其随着太子长大，康熙也变得忧心忡忡，因为，他发现，太子越长大似乎越跟自己预想的不一样了。

这是因为康熙将辅导太子的重任，交给世上第一流的君子们，但是，这些人年纪太大了，一身顽固僵化的儒学、道学思想，虽然学问很高，但是没有趣味。太子胤礽年轻气盛，看着身边这些干巴巴的老头子实在无趣，渐渐地开始对他们敬而远之，私下结交一些玩伴，太子受到那些玩伴蛊惑，开始经常偷溜出宫玩，花钱也大手大脚，渐渐习染许多不良嗜好。

此外，皇太子胤礽地位显赫，是未来皇权的掌管者，因此从小他的周围就有一批拥护他的势力，其中一个就是索额图。索额图家世显赫，他的父亲就是辅政大臣索尼。索额图是孝诚仁皇后的叔父，他官居高位，康熙很是重用他。索额图的势力很大，随着太子长大，他衷心地拥戴太子，是太子党的中心人物。

皇子们日渐长大，各自在朝中拥有了一些势力。因为太子党一派做事强势，压迫百官，引起不少官员的反感。有些反对太子党的官员就动了心思，反正皇帝的儿子这么多，个个又都那么优秀，何不再找个优秀的追随，抵抗太子党的强势压迫。

大皇子胤禔因立了军功，处理军政大事也很出色，因此，许多大臣开始朝着大皇子胤禔靠拢了，形成了对抗太子的竞争集团。两个孩子只相差两岁，交恶过后，他们每次会从无逸斋中比试学问，到了斋门外的靶场上也会动手比试骑术、箭术等，二人都不服输。胤礽为了捍卫自己的崇高地位和声望，在各方面都要跟胤禔一比高低。其他皇子暂时都不敢介入到两位阿哥的矛盾中，因为论权势和外戚，大皇子和皇太子才是最强的，其他皇子都不如他们。

比如，大皇子胤禔的舅父大学士明珠，也是康熙宠信的大臣，明珠为了给大皇子在政治上争取一席之位，不受皇太子的排挤，于是联合了朝中的余国柱、徐乾学等人对抗太子党。

而大学士、领侍卫内大臣索额图自然要不断强化东宫储君的地位。于是，太子党和大皇子党两拨势力起起伏伏，争斗的颇为激烈，朝中很多大臣卷入其中。

当时流传着这样一首民谚："要做官，问索三；要讲情，问老明。"这两位大臣早有夙怨，经常相互倾轧。由于索额图过于嚣张，而明珠又过于阴险，所以，京城内也流传着另一首民谚："天要平，杀老索。天要安，诛老明。"可见，这两个人名声都很差。

父子矛盾滋生

康熙二十七年（1688）的时候，大臣郭琇弹劾明珠结党营私，这是第一次因争储而引发的交锋。

明珠出身满洲贵族，他纠集朋党，大量收取贿赂，肆意决定官员的去留。最终，被御史郭琇揭发。

郭琇是康熙年间进士，最初任吴江县令。在吴江任职期间，曾贪黩敛财，后来，新任巡抚汤斌到苏州地区上任，成了郭琇的上级，这位汤斌十分清廉，上任后便开始整顿吏治。郭琇被叫到苏州进行诫勉谈话，他表态，回去后定会将吴江县彻底整顿。

郭琇走后没多久，罢免明珠的圣旨就到了。

这里面，既有郭琇的巧智，也有太子党在背后的推波助澜，同时，作为皇帝的康熙，也深知明珠拥护大皇子一党与太子党争斗，再三考虑后，康熙决定维护太子，将明珠等人罢职。

这一次事件，不仅涉及朝堂大臣，也卷入了内宫两位皇子的母亲及亲戚。这是因为太子的问题而引起的第一次政治斗争，由此时开始，太子及太子党和各位皇子的势力之争拉开了序幕。

这让康熙帝很是震惊，这些大学士都是他所器重的大臣，一个个可是饱读诗书，居然为了扶持自己的势力，挤对、攻击他立下的太子。朋党之争令康熙很恼火。于是，罢免明珠的同时，将其党羽一并罢免。

康熙在处理明珠时，维护了太子党，他当时还没有意识到太子党人的猖狂。在他的心里，可能觉得太子是不会对自己造成威胁的。但是，纵然太子不会威胁康熙，但那些围绕在太子周围的朋党可不一定。他们跟随太子多年，肯定想着太子若是能快点上位，他们的富贵前程也就有了真正的靠山。所以，他们不断煽风点火，给太子造势。

这时，太子党的首领是索额图。索额图是满洲贵胄，是皇太子母后的叔父。他曾是少年康熙身边的侍卫，在鳌拜权倾朝野的时候，康熙和索额图秘密训练一批小太监学习摔跤、格斗之术。一次康熙以下棋为借口召鳌拜入宫，趁其不备，让这批小太监出手擒住鳌拜，除掉这个朝廷巨鳄及其党羽，少年康熙这才真正掌权。居首功的索额图仅仅三年时间，就从侍卫被提拔成了保和殿大学士、太子太傅。

作为太子党的首领，索额图早就开始利用自己的权势和朋党力量，为太子提升地位和影响力，树立太子的权威。在索额图的怂恿下，胤礽行事胆大妄为，处处僭越。有一次康熙帝看到胤礽在过节的时候接受王以下官员的跪拜，百官排班拜见时，行的是二跪六叩首的礼仪。康熙诫谕道："太子服用仪仗等物，太为过制。与朕所用相同。"这是一代帝王对太子的提醒，是父亲对儿子的警示，也是康熙对索额图一党的提醒。

但是，长久的一人之下万人之上的太子胤礽并不思过，也没有因此而警觉，更是忘了自己是谁立的太子，却说道："古今天下，岂有 40 年的太子？"在这 40 年的太子生涯中，他不能按着自己的想法管理国家、行使最高权力、享有更多的富贵，于是，他继续扩大势力、企图早日登基的想法和康熙帝要保留皇权的想法，产生了极其尖锐的矛盾，父子之间摩擦也时常发生。

康熙二十九年（1690），康熙帝亲征噶尔丹，指挥战事，两军交战之际，康熙忽然患了重病，高烧不退。在病中康熙思虑甚多，可能想到皇权，也可能又想到太子，因而失眠，精神极其不好。大臣劝他回京养病，康熙帝在归途中想到国家社稷和太子胤礽，于是命胤礽和胤祉来见自己。三皇子胤祉见到康熙后，叩首问安，一脸关切，担心康熙的身体健康，嘘寒问暖尽了为人子的本分。而太子胤礽到了行宫见到病重的康熙后，一脸冷漠平静，毫无担忧之色。

康熙见太子薄凉，心生难过，自己一手培养的太子，竟然对自己"无忠爱君父之念"。因此，康熙对胤礽的厌恶之情油然产生，当即命胤礽回京，不想再看到他。

这件事情太伤康熙的心，自己南征北战地打江山，而这个江山继承人却对自己毫不爱惜，能不伤心吗？几十年后，康熙帝都对此念念不忘。这也是人之常情可以理解，父亲含辛茹苦把儿子养育大，如果儿子连一丝的孝心都没有，不寒心是不可能的。

在这之后，康熙和胤礽的矛盾逐渐加深。冰冻三尺非一日之寒，胤礽想要上位，自然不喜欢父亲不让位，再说，也有可能会有人在康熙和胤礽之间挑拨离间，让他们父子不和。

康熙三十三年（1694），礼部拟定了祭祀大典仪式，把太子的拜褥放在奉先殿槛内。康熙见了厌烦，就令沙穆哈将此拜褥移放到槛外。可是沙穆哈是太子的人，他怕将拜褥移出后，太子怪罪于他，为了逃避责任，他便请求康熙下旨将此事记录下来，以便到时候给太子看，让太子知道这不关他自己的事，是皇帝下的命令。康熙对这个不听自己话、只听太子话的臣子非常生气，直接革了沙穆哈的职。

康熙三十五年（1696），康熙再次率兵讨伐噶尔丹，临走时命令太子在京城治理国家，操持政事，代行郊祀大典，并处理各处部院的奏章，如果发生大事，大臣可报于太子，由太子决断。

这一次，可以说是康熙帝在考验太子胤礽的治国之才。然而，被寄托厚望的太子，在康熙不在京城的四个月里，吃喝玩乐，无视政事，借机惩罚那些平日里不向自己靠拢、只忠于康熙的大臣，还公报私仇，打压其他党派官员。他把康熙临走时的叮嘱当作了耳边风。大大小小的政务堆积在案，根本就没有处理，他不想替康熙处理政务。

康熙帝听到探子的报告，对太子胤礽生出更多的不满和怨恨，他根据探子上报的信，想象着胤礽在京城宫中的所作所为，非常不满，说胤礽"必至败坏我国家，戕贼我万民而后已。"康熙帝怒极，回京后，又发现有四个"太子党"的人在窥视他的一举一动。其中有两个是御厨，一个是御茶坊的人，一个是叫德珠的随从。最终，康熙处死了这些人。

这时的康熙，已经恼怒了胤礽的奇骄至奢和他的贪得无厌、无法无天。康熙已经开始想法子，牵制胤礽的势力。

康熙作为一代圣君，幼年登基，几十年过来，做帝王的君龄比皇子们的年龄都长，思维手段自然是非同一般，他早已看出了胤礽的太子党势力在渐渐地威胁皇权，做一些蝇营狗苟的事情。

在合适的时机，康熙帝作出举动，封大皇子胤禔为直郡王、皇三子胤祉为诚郡王。这时候的四皇子胤禛和五皇子胤祺、七皇子胤祐、八皇子胤禩，一起被封为贝勒。这种大规模的分封皇子，其实也是康熙帝承认各位阿哥的能力、扶持或者默许他们对抗太子的开始，也是康熙帝削弱太子势力、打压太子党的开始。康熙想用众皇子的力量对抗、打压、分解太子党的势力。

由此可见，九王夺嫡并非只是几位皇子在争夺储位，其中还有康熙帝对皇权以及江山社稷的巩固。此时的康熙，或者是在想着巩固皇权，或者觉得胤礽不值得他托付江山社稷，不然也不会当着天下群臣说"必至败坏我国家"这样的话。

这是一个君王对大位后继者的否定，也是一个父亲对儿子的失望，更是康熙对大清江山的深刻思考。

诸位皇子一旦有了爵位，就有了获得权力的可能，朝中大臣见太子和皇帝关系微妙肯定也是静观其变。在这样的情况下，各位皇子觉得一切皆有可能。除了没有像太子一样享受着长大过程中的奢侈富贵，在其他方面，不管是读书、成长，还是处理政务，他们可是样样都没落后过，甚至他们对自己的要求很严格，在人品和性格等方面甚至超过了太子。这也是康熙过度宠溺太子造成的局面。

太子第一次被废

几位皇子心怀叵测，争储的火势，在康熙的默许下，熊熊而起，每个人都开始在暗地里培植自己的势力，有了自己的亲信。以一个旁观者的角度来看，诸位皇子一旦有了自己的力量，就对皇位有了想法。

但是，其实这也是一种制衡，诸位皇子之间互相牵制、互相监督、互相制约，在某种程度上互相消耗势力。这样一来，康熙的皇权倒是巩固了，这就是自古以来的帝王之术。

可是，当大皇子胤禔、三皇子胤祉、八皇子胤禩、九皇子胤禟、十四皇子胤禵等纷纷下场，朋党争斗愈演愈烈的时候，康熙也倍感头疼了。

太子党的人这时候肯定也感受到了威胁，他们担心皇帝有了新的打算，会更换太子。若自己一路扶持和追随的太子不能继承皇位，那还了得，自己的富贵可就没有了着落。于是太子党首领索额图费尽心思想要太子早日登基，以免发生变故。于是他开始精心谋划，搜罗众多朝臣为党羽，将那些因获罪而心怀怨愤的老将、老帅收入麾下，组成了一个黑暗势力，要图谋大事。经历多年的政治大风浪，康熙已经察觉到危险，如果不早下手，很可能这位童年时期的政治伙伴会抢先下手。

康熙四十二年（1703），时机成熟，康熙开始动手打击太子党的人。他派人逮捕了索额图，很是严厉地责备索额图不忠于

第二章 皇储之争，九王夺嫡

职守，忘了自己的本分，带偏了太子，责备他"议论国事，结党妄行"。尽管索额图被拘禁了，朝廷却没有大臣跳出来揭发他的罪行。为何？因为害怕日后太子登基了，索额图出来后报复他们。康熙只得让三皇子胤祉、八皇子胤禩去禁所连夜密审，在严刑逼供之下，索额图终于崩溃，哀求道："奴才已无言可供，求主子怜悯，饶奴才一命。"但康熙没有怜悯他，而是在密审后，迅速下令处死索额图。

事已至此，头脑稍微清醒的人都应该有所收敛，能够察觉出皇帝的态度，太子此时应该收敛一点，或许会平安过渡，直到康熙愿意让他登基。

可是太子不一样，因为他长期居于一人之下、万人之上的位置，根本就不在乎索额图的死，还以为索额图是死于自己的愚蠢。也就是说，胤礽根本就没有意识到，康熙对他的厌恶已经到了要杀鸡儆猴的地步。

胤礽依旧骄奢淫逸，野心勃勃，胡作非为，目中无人，或者他已经意识到自己继位或许是子虚乌有，所以他不顾一切、任意妄为。

有一次，胤礽在陪同康熙南巡的时候，猖狂地勒索地方官员。他因为地方官员对他的礼节过于简单，达不到他认为的礼制规格，也就是说不及皇帝的规格，要处死地方官员。

他这样残暴不仁，狂妄得无所顾忌，让康熙对他失望到极点，因为康熙是以宽仁治国的，太子这样不仁不义不加掩饰自己的无理要求，引得康熙暴怒。父子当面发生争执，二人意见不合，不欢而散。

想象一下，这样一个儿子，目无尊长，更目无君主之威，无视君上，不仁不礼不孝，这该让康熙帝多么心痛失望。这就是他亲手培养的太子，付出了那么多的心血。至此，为了大清朝的江山社稷，康熙能不放弃他吗？再不放弃他可能还会逼宫，要了康熙的命。

但康熙至此还是没有放弃太子，在他的内心深处可能也希望太子幡然醒悟。

后来在康熙四十七年（1708），康熙巡幸塞外，将众多皇子带在身边，其中有大皇子胤禔、皇太子胤礽以及几位小皇子。在他们返途中，十八子胤祄病重，胤礽作为兄长和太子，神情冷漠，在自己帐内听着曲子，赏着歌舞，并不关心这位弟弟的病情，甚至连表面探望的工作都懒得去做，也不知是胤礽当时已经过于盲目自大，对皇家亲情冷漠，还是故意跟康熙唱反调。

康熙因此责备太子不关心兄弟的病情安危，责怪他不顾兄弟之间的情义。

"你身为皇子，日后当君临天下，为父为君，现在连对自己的亲兄弟都不关心，日后还能关心天下黎民百姓的生死安危吗？"

胤礽听了当场生气顶撞，还怒气冲冲地说："这些跟孩儿没有关系，这样的事情自有奴才照顾，我又不懂医术，过去寒暄几句，完全没必要，有些人故意表现，也不过是惺惺作态而已，还不如我真性情，若是需要我做什么，我肯定不会袖手旁观。"

"孽子，说的什么狗屁理论！如此生性冷漠，这就是翰林大儒、圣贤书教出来的吗？让朕如何放心把天下交给你这种人！给我滚出去，咳咳咳！"康熙当时气得咳嗽不已，挥手让太子胤礽滚出去。

胤礽也有些生气了，因为他觉得自己最近无论干什么似乎都不对，都要被训斥。

皇子生病，御医过去看病，抓药诊治，该如何治疗就如何治疗，他身为太子，也不懂医术。至于假装兄友弟恭过去嘘寒

第二章 皇储之争，九王夺嫡

问暖，胤礽对此已经失去耐心了。从康熙十四年（1675）被立为太子，到现在已30多年，他装了30多年，已经装够了，已经不屑去伪装，他就等着熬死老一辈，然后登基上位了，因为他心中清楚，其他皇子都在暗中夺嫡，不断向他攻击，自己形势岌岌可危，他如今这样危如累卵的局面，全是拜皇族这些阿哥所赐，试问他还如何再装出兄友弟恭的样子？

不得不说，此时的胤礽，已经心有怒气，对夺嫡过程中的皇子之争不满，对父皇康熙猜忌他、打压他不满，胤礽不想再演下去，颇有一点破罐子破摔的架势，他既有无奈，也有冲动，以至于失去了最后的耐心和理智。

胤礽倔强地拂袖离去，但是，胤礽离去后又觉得心中不安，因为惹怒了父皇，他也不知结果会如何？胤礽觉得自己没有错，是父皇对他过于挑剔和苛求了，但父皇的那几句话，却如魔音一般，在他脑海里萦绕不去，这使得胤礽有一种不祥的预感，自己会不会被废掉、被父皇圈禁？

这并非是他以小人之心度君子之腹，只因当时的局面的确对胤礽万分不利。可以说胤礽朝堂内外，已四面楚歌了。但这次他明知故犯，挑战君威，被康熙骂个狗血淋头，这让胤礽心中更加没底了。

自那之后，在返京行军途中，每天晚上胤礽会在康熙住的帐篷周围活动，鬼鬼祟祟，偷偷观察形势，有意窥探康熙的行动，还买通了康熙的贴身奴才，询问康熙身体状况等。他的行为被大皇子胤禔发现，胤禔添油加醋，对此渲染。禀告康熙，太子有谋反之心，这就是有名的"帐殿夜警"事件。

康熙顿时也觉得太子这般鬼鬼祟祟的行为很是可疑，于是康熙夜不能寐，怀疑胤礽有谋害自己之心，加上胤禔不断游说和夸大猜测，让康熙更加猜疑胤礽，认为胤礽为了早日登上皇位,不惜要对他这个父皇下手。

猜忌的小火苗一旦埋藏在了心里,就开始不断扩大,熊熊燃烧,让一个人失去理智。康熙同样如此,他已经年迈,被诸皇子之间的明争暗斗,朝廷各方的党同伐异弄得头大,甚至到了草木皆兵的地步,他已不像壮年时那般自信和豁达。康熙担心被太子谋害夺权,决定先发制人,召集诸王及都统以上大臣,当即派人抓了胤礽,命其跪下,宣布废黜太子的诏书,斥太子"不法祖德,不遵朕训,肆恶虐众,暴戾淫乱",不堪接任太祖、太宗、世祖创立的基业,宣布废掉太子。

随行的大臣跪在下方听旨,全都蒙了,哪想到一次出巡活动,居然闹出这么大的事情。储君是国本,废黜太子可不是小事情,在事前竟然没有任何的讨论、商议,随行的文武大臣们能不傻眼吗?

太子党的大臣自然想要求情,甚至询问原因,但是康熙一律不听,也不让他们多说,否则就下狱处置,这顿时让大臣们噤若寒蝉。太子胤礽被押解回京之后,立即就被幽禁起来,连为自己争辩的机会都没有。

这个过程,充分展现了康熙的政治手腕,冷酷、果断、雷厉风行,到了关键时刻,毫不犹豫和手软,避免自己因被动陷入危险。在康熙的一生中,有太多的大事件,都是因为他的勇气和铁血手腕而得以成功解决,比如降鳌拜、灭三藩等,康熙还是那个富有攻击力的康熙,只不过,这次他下手的对象,是自己的亲儿子。曾被寄予厚望,要接受大清社稷的太子,就这样被他亲手毁掉了。

看到这里,有人疑惑,可能不禁会问,太子肯定有手下,也有党羽,为何太子会亲自过去查看,以身犯险,而不是派大臣去看呢?这段史料看似不合理。这里笔者认为,原因有三:

第二章 皇储之争，九王夺嫡

第一，根据清代御营制度，皇帝外出安营扎寨，随扈大臣按照与皇帝的亲近程度，逐层围绕在皇帝营帐四周。康熙的天子行帐，自然防守严密，居于最核心区域，三步一岗，五步一哨，普通的奴才、大臣，没有通报是无法靠近的。只有几个皇子的营帐靠近康熙的营帐，所以，以胤礽太子的身份，才能轻易走到近处，而不被侍卫驱赶。

第二，竞争对手诬陷居多。大皇子胤禔一直跟太子作对，甚至有杀害太子之心，这与太子被废之后，胤禔请示父皇杀掉胤礽避免后患就可以看得出来。胤禔对太子胤礽已经恨之入骨，大皇子党与太子党的争斗由来已久，从明珠和索额图交锋时期，双方就一直是死对头了。另外，八皇子胤禩集团也曾打算找人刺杀太子，早就将太子视为眼中钉。所以，胤禔见康熙对太子发怒，趁机编造谎言，捕风捉影，陷害胤礽谋反，其他皇子跟风帮腔，引发康熙猜忌，进而扳倒太子，符合当时的历史环境。这是一招离间计，没想到果真起了大作用。

第三，精神压力过大，胤礽失了方寸。胤礽一方面要防着各位兄弟的迫害手段，一方面要防着来自父皇的压力，导致做事考虑不周。他过去只是观察一下情况，没有其他打算，没想到此举会被当成谋反。

当然，以上只是笔者的片面分析，胤礽是否买通了康熙身边的宦官、御厨、侍卫等，给他们毒药，企图谋害康熙，那就不得而知了，史料没有相关记载。但是，之前的确有"太子党"的人在窥视康熙的一举一动，康熙为此很是恼怒，还秘密处置了两个御厨、一个御茶房的奴才，一个叫德珠的随从，这都是伺候康熙饮食起居之人，很容易下毒谋害康熙，当时康熙只是将这些人处死，却没有深究下去，毕竟家丑不可外扬。

总之，太子第一次被废，原因复杂，看似只是胤礽没有对皇弟表现出关心，引发康熙不满，再加上太子夜里观察康熙营帐被猜忌而被废黜储君身份。其实，这只是导火索，更多是因为康熙与太子之间的矛盾，已经积累到一定程度，到了爆发的时候。

太子被罢免了，太子位空了出来，诸位皇子各种样式的纷争由此开始。

太子之所以被废，也不仅仅是康熙和太子之间有了矛盾，关键还是康熙的儿子太多，多也没关系，更关键的是这众多儿子每个都很优秀，自小都受了帝王般的成长教育，虽说和太子有区别，但并不大。其他的皇子很好学，他们的父皇这般优秀，不学父皇学谁？所以每个人都心怀天下，都想做皇帝，一人之下万人之上。有几位皇子在太子被废之后，跃跃欲试，要争夺储位，觉得自己就是那个应该坐在太子位子上的储君。

所以太子和皇帝康熙的对立并不是太子被废唯一的原因，还因为众多兄弟对他的排挤。就是因为胤礽做了太子，被其他的兄弟羡慕妒忌恨，成为众矢之的。诸位皇子和集团找他的各种纰漏，甚至在找不到他的纰漏的时候，动心思给他制造麻烦，创造让他和父皇对立的条件。那么多的皇族兄弟，各自谋划，久而久之，足以挑拨他和康熙之间的关系，让康熙对他产生怀疑。

最后，当康熙不喜欢太子的时候，诸位皇子都觉得自己的机会来了，就都特别努力地暗中使劲，要扳倒太子，那么多人要扳倒他，他能不倒台吗？

胤礽就这样第一次被废掉了。

二、步步杀机的胤禔

太子胤礽被废掉,大皇子胤禔最为得意,不仅因为他离间了康熙和胤礽的关系,有一种"大仇得报"的成就感;还因为胤禔觉得,胤礽一倒台,自己被册立为太子的机会最大。

胤禔为何会这样认为呢?

让我们仔细看一下胤禔的身世,胤禔出生于康熙十一年(1672),生母为惠妃那拉氏,舅父是大学士明珠。由于明珠当年积极支持康熙,在撤除三藩、统一台湾、治理黄河、平定噶尔丹、抗御外敌等重大事件中都起到重要作用,因而得到了康熙的极度宠信,历任内务府总管、吏部尚书、都察院左都御史、武英殿大学士、太子太傅等要职,位极人臣,权倾朝野。

明珠得势之后,联合了大学士余国柱、户部尚书佛伦、刑部尚书徐乾学等人,拥护大皇子胤禔在朝堂中占有一席之地,形成了大皇子党,与太子党对立。只不过康熙在早年为了维护太子的地位,于康熙二十七年(1688)罢斥明珠,结束了两派的斗争,这次因为太子问题而出现的第一次政治斗争,火苗刚出现就被康熙果断掐灭。但康熙并没有因此迁怒胤禔,也没有过度打压,扩大处理范围。

胤禔本身也非草包,相反,他少年时就聪明伶俐,做事干练,文武双全,骁勇善战,在很长一段时间里,深受父皇康熙皇帝的器重。尤其在康熙二十九年(1690)和康熙三十五年(1696),胤禔曾两次随驾,出兵征讨噶尔丹,担任副将、前卫都统等要职,在军事方面被委以重任。康熙三十七年(1698)三月初二,年仅27岁的胤禔被封为多罗直郡王。可以说胤禔在30岁之前,有过高光时刻,也被康熙重用和信赖。

此外，胤禔本身武艺高强，是诸位皇子中武功最高之人。康熙曾说"大阿哥惯会潜行"，这里的"潜行"不是指翻墙入院、行踪诡异，而是指武艺高超，因此康熙出行，时常让胤禔充当大内侍卫统领，贴身保护自己的安全，所以才有胤禔告发太子形迹可疑的"帐殿夜警"事件。

胤禔还有一个优势，那就是为人豪阔。在诸位皇子之中，胤禔性格豪爽，出手阔绰，结交了不少王公贵族。清朝入关后没有像明朝那样分封给皇子封地，而是直接赐府邸、赐爵位、赐钱财，还发给各位皇子不少仆人。这些仆人都属于藩邸旧人，完全听命于该皇子。

胤禔被册封为郡王，得了20多万两银子，他参与了很多军事活动、朝廷差事，也得到不少赏赐，加上他善于结交，出手大方，在八旗王公子弟中，拉拢了不少人，很有威信。

随着年纪增长，大皇子胤禔夺嫡的行为越来越明显，引发了康熙的不满和警惕，康熙开始打压胤禔，不再让他掌管兵权出征，以示敲打。

如今太子胤礽被废，大皇子胤禔的爵位最高，而且康熙派他看管和保护胤礽，这是个很重要和敏感的任务，让胤禔觉得自己就是未来的太子人选。拥立大皇子的官员也趁机进言，储君关乎国本，不能一直悬而未决，这样会引发朝堂纷争，提议立大皇子为储君。

但康熙很清楚自己的皇长子的性格，他认为胤禔并不适合掌管国家社稷，于是他明确向大臣表态"并无欲立胤禔为皇太子之意"，而且说大皇子"秉性躁急愚笨"，这又是为何呢？

前面我们提过，少年时的胤禔，聪明干练，是一个好苗子，如果他胸怀宽广，不参与夺嫡，而是一心为国效力，为父分忧，做人做事坦坦荡荡，他的结局绝不会那样凄惨，甚至可以成为

第二章 皇储之争，九王夺嫡

亲王，一直享受荣华富贵，就如同康熙敬重的哥哥裕亲王福全、雍正敬重的弟弟和硕怡亲王胤祥。

但是，胤禔没有抵挡住储君、皇位的诱惑，深陷其中，从小到大，一直在跟太子斗，这样的欲望和野心，已经改变了他的性格和品质，正所谓利欲熏心，胤禔的心态扭曲了，已经不是少年时候那个聪明单纯的少年，如今的他，腹黑无比，而且过于急躁和狠心，有例子为证。

在太子胤礽被废之后，胤禔积极争取太子的位置，但是因为迫切想要致太子于死地，而被康熙责备。

康熙让大皇子胤禔看管胤礽时，他竟然对康熙进言："父皇，二阿哥这次居心叵测，想要谋害父皇，如此大逆不道之辈，这样看管太便宜他了。"

"你有何建议？"康熙的目光看向胤禔，露出疑惑的神情，不知道这个大儿子，会提出什么办法针对老二。

"父皇，此人有心谋反，实在罪不可恕，应当诛杀，以绝后患，若是父皇不愿背此名声，儿臣愿意代劳，不必出自父皇之手。"胤禔信誓旦旦，眼神中已经带着浓浓杀机，这在胤禔看来是一次机会，可以永绝后患的机会，除掉胤礽，他就不会被复立，太子党也会瓦解，胤礽就不再具有威胁了。

一旦胤礽死掉，那么他身为大皇子，被立为太子的机会最大，正所谓嫡长子制度，有嫡立嫡，无嫡立长，他是最接近嫡长子制度要求的接班人。

但也正因为这个提议，让康熙彻底看清了大阿哥的险恶用心，那可是他同父异母的兄弟啊，一起生活了三四十年，他难道不顾念一点儿手足之情吗？

但凡是个父亲，都要被气死，更何况是康熙，他心里很诧异，自己怎么会生下这样歹毒的儿子，明目张胆地在自己面前表示有夺嫡之心，还要杀死自己还没有想好该如何处置的二皇子胤礽。即便康熙厌恶太子，已经废黜了他，却也没有想过要杀死太子啊！

历史上也曾有过太子谋反的例子，比如唐贞观十七年（643）唐太宗李世民的太子李承乾谋反，带兵杀入宫廷，打算逼唐太宗退位，但唐太宗棋高一着，早有防范，伏击了李承乾及其党羽，抓住了李承乾，最后废黜太子，只处死了与太子同谋的将军和大臣，留了李承乾一命，将他贬为庶人，流放黔州，最后李承乾病死异乡。虎毒不食子，这个道理康熙当然知道，更何况康熙本性仁义，对子嗣都很包容，没有真的动过杀心。

康熙听了胤禔的话，气急败坏地骂胤禔道："没想到，身为长兄的你，竟然说出这番冷血的话来，你是不是还想学习唐太宗，先杀太子，后斩皇弟，然后逼父皇退位让贤？你这个乱臣贼子，天理国法皆所不容！"

胤禔见康熙真的生气了，于是跪拜下来认错，却被康熙一顿臭骂，赶了出去。

康熙有股怒火憋在心中，辗转反侧，难以入睡，他越想越生气。二阿哥图谋不轨，欲对他这个父皇不利；大阿哥心地歹毒，要处死自己的兄弟，他实在想不通，接受全天下最好教育的两个皇子，为何会变得如此陌生和冷酷？

愤怒之下，康熙觉得这是由于索额图的原因，于是下令将索额图的儿子格尔芬、阿尔吉善二人立即诛杀，以泄心中之愤。

同时，康熙也对周围大臣明确表示，他没有立胤禔为皇太子之意，让胤禔打消夺嫡之心。胤禔发现自己没有希望争夺储君了，于是向父皇推荐了他的好兄弟——八皇子胤禩。并且说看相的张明德曾经给胤禩相面，说胤禩日后是大贵之人，以此暗示父皇，胤禩可能是未来皇权继承人。

第二章 皇储之争，九王夺嫡

康熙一听，意识到事情的严重性，看来胤禔和胤禩也有勾结，甚至说，他的这些阿哥，很可能都在窥伺皇太子之位，于是，康熙立即召集十几位皇子来到御书房前，他要亲自训诫一番。

不久，大皇子胤禔、三皇子胤祉、四皇子胤禛、五皇子胤祺、七皇子胤祐、八皇子胤禩、九皇子胤禟、十皇子胤䄉、十二皇子胤裪、十三皇子胤祥、十四皇子胤禵都来了。

九王夺嫡的参与者，除了被废的二皇子胤礽，其余的都在其中了，大家面面相觑，不知这次父皇要训什么话，大家表面和气，其实内心各有算计。

这里面胤禩、胤禟、胤䄉、胤禵等人关系最好，俨然成了一个小团体。而胤禩因为被胤禔的生母惠妃所抚养，与胤禔相识很早，二人关系也不错。现在胤禔没有了夺嫡的希望，便改为支持胤禩，因此，在这十几位皇子中，至少有五人开始以胤禩为他们小团体的领袖。

康熙慧眼如炬，扫视一圈，就发现了这些皇子的亲疏关系，胤禩等四人站得比较近，胤祥、胤禛站得比较近，胤祉一个人格格不入，其余皇子则稍显局促，站得偏远一点儿。

"八阿哥，朕问你，你想当皇太子吗？"康熙不动声色，直接开门见山问了一句，就是想要测试一下胤禩的反应，不给他准备的时间。

胤禩听到这句话，心中顿时扑通扑通乱跳，他不知父皇当着诸皇子的面，忽然有此一问，是何意思？难道父皇有意要立自己为皇太子不成？但是，又不像啊！

胤禩内心在思考：如果父皇要立自己为皇太子，不会当面如此发问，更不会当着诸位皇子的面来问。应该找自己促膝长谈，相谈甚欢，或是当着许多大臣的面，宣布诏书。

再看大皇子胤禔站在一旁,一副低头认罚的样子,而康熙的眉宇之间,带着一些威严和怒意,这是生气的神色,哪有一丝欢颜?

胤禩立即跪倒在地,一时语塞,也不知如何回答是好。

"儿臣,儿臣……"

胤禩没有直接说自己不想,因为,万一父皇有意要立他为储君,他反而拒绝,岂不是弄巧成拙。

但旁观者清,九皇子胤禟、十四皇子胤禵上前回答:"八阿哥绝无此心,想必有什么误会,请父皇明鉴。"

"是啊,此事我等皆可作保!"

"儿臣也可以作保!"十皇子胤䄉也站出来了。

康熙看着这几人兄友弟恭的样子,心中更清楚了,这几人已经相互抱团。他们肯为胤禩求情,却从不为废太子说情。这说明,这些皇子都暗中下场,有了夺嫡的打算了,废黜太子,他们都在暗中高兴吧。

"你们都回去吧,八阿哥给朕留下。"

康熙认定了八皇子胤禩就是图谋皇太子之位的主谋,要对他采取一些手段,比如拘禁看管,暂时不让他在外面活动,不接触外面的皇子、大臣们,这样不给他夺嫡的机会。

此时,康熙并没有觉得胤禩是他继承人的合适人选,否则,也不会如此处理胤禩了。而胤禔也很无奈,没想到自己的一番推举,反而帮了倒忙,把八阿哥胤禩给坑了。

东窗事发

胤禩的郁闷还没有结束,他真正倒霉的日子骤然来临了。

三皇子胤祉在数日后,亲自向康熙告发了关于胤禔行巫蛊之术的事情。

第二章 皇储之争，九王夺嫡

这又是怎么回事呢？

原来是京城郊外一个牧场里，有个叫巴汉格隆的蒙古喇嘛，自幼学习医术，也会用巫术来诅咒害人。大皇子胤禔知道后，便将巴汉格隆请去府邸，把他当成了贵宾，后来巴汉格隆又召唤来几个师兄弟，出入大皇子府邸，行事诡秘。胤祉担心他们用巫术在做坏事，用于夺嫡的事情上，请康熙明察。

康熙闻言，脸色一变，因为用巫术害人的事，在历史上就发生过，那就是汉武帝在位后期的赫赫有名的一件重大政治事件——巫蛊之祸。

在汉代，巫蛊是一种巫术，在西南之地流行，当时人认为使巫师祭祠或以人偶埋于地下，施以咒法，就能诅咒所怨者，而被诅咒者即有灾难。

西汉征和二年（前91），丞相公孙贺之子公孙敬声被人告发与阳石公主通奸，并在汉武帝前往甘泉宫的必经之路上让巫师在陛下专用的驰道上埋藏木偶人，诅咒陛下早逝。武帝闻言大怒，下令将公孙贺父子下狱处死并灭族，同时还牵连阳石公主、诸邑公主以及卫青的长子卫伉等，这些人全部被杀。

但汉武帝晚年多疑，仍然觉得此事没有彻底结束，派宠臣江充查巫蛊案，江充用酷刑并栽赃迫使人认罪，打击异己。江充与太子刘据有隙，于是趁机与案道侯韩说、宦官苏文等四人一起诬陷太子。太子刘据恐惧，被迫起兵诛杀江充，后遭汉武帝镇压兵败。走投无路之下，皇后卫子夫和太子刘据相继自杀。

后来壶关三老和田千秋等人上书讼太子冤，汉武帝这才幡然醒悟，下令夷江充三族，烧死苏文等人。又修建"思子宫"，在太子被害处作"归来望思之台"，以志哀思，此事件牵连者达数十万人，是历史上最大的一次巫蛊事件。

康熙熟读史书，当然清楚这其中的利害，他立即派人将巴汉格隆几个喇嘛以及胤禔王府的侍卫、管事等缉拿下狱，连夜审问。经审讯，蒙古喇嘛供出了实情，的确是胤禔指使他们用巫术来镇魇前太子胤礽。

得知真相之后，康熙勃然大怒，革除胤禔爵位，下令将他永远圈禁在王府之内，派侍卫严加看守，不允许胤禔再离开王府半步。而胤禔原来受封的佐领和土地，分别被封给了胤禩和胤禔长子弘昱。

后来，康熙担心这胤禔精通武艺，京城党羽众多，为了严密看守，康熙亲自挑选八旗章京17人在胤禔府外看守。这些人都是康熙信得过的心腹侍卫，只听皇帝一人的调遣。又派贝勒延寿、贝子公鄂飞、都统辛泰、护军统领图尔海等人，每日轮番监视。

康熙这般担心，亲自部署严加看守，就是因为胤禔是个危险人物，他曾说过"大阿哥生性暴戾，乃不安静之人"，康熙觉得他行为做事，不念及父母兄弟之情，冷酷残忍，心肠很硬，又有党羽遍布，再加上他平日练武习拳，身边有下五旗诸王公子拥护，康熙担心这些追随者会铤而走险，营救大皇子，发动政变。所以，康熙才传谕看守章京等人："务遵照朕旨意，严加看守，若有纰漏，彼时将尔等俱行族诛，断不姑息。"

即便这样，康熙还是不放心，每次离京远行，都担心胤禔会不安分，一再叮嘱王公大臣说："朕在外面，胤禔若有异动，矫诏密旨，谋逆妄行，朕在远处，不能及时察觉，至少需要两三天后才能得知，必然会贻误时机，尔等当多加看管查巡，对胤禔严加看守和提防。"

正是因为康熙如此重视，从此，胤禔难以再见天日了，更失去了夺储的基本条件，拘禁于府内，不闻外面的朝廷争斗。在严密看守中，胤禔度过了余下的20多年光阴岁月。

第二章 皇储之争，九王夺嫡

这是胤禔的不幸，恰恰也是他的幸运，因为他是他们兄弟里面活得最安稳、最平凡，儿女最多的一个，并且得到善终，没有落得凄惨下场。

他被囚禁在自己的府中之时，做出了很多皇子都没有做过的极致事情，就是疯狂娶妻纳妾，延续血脉，在这一点上虽然不能和他的父亲康熙相比，但是，与他的兄弟们比较，他也是位居第一。

长达26年幽居于自己的府宅内，侯门封锁，日子过得安逸无聊，他还能做什么？只有为爱新觉罗氏开枝散叶、繁衍子嗣了，一辈子锦衣玉食，安度后半生，什么也不缺乏。据说胤禔先后娶了16个福晋、姜氏，一共生了14个女儿、15个儿子，直到死前的第二年，还生了一个小儿子。

胤禔最初也是深得康熙的喜爱信任，并且第一个封了王，若是他没有骄傲自信得过了头，若是他没有一心想夺嫡，只是做个言听计从、友爱兄弟的大皇子，做一些冷静睿智的事情，说不定这皇位会自然过渡给他。

用现在的概念定义他，他是有些普信的味道。他偏偏就要早早地在康熙刚废太子的时候，就表达自己强烈的夺储之心，康熙正反感对皇太子之位的争夺，他却迫不及待，没有眼力，这怎么会让康熙不讨厌？他还提出了要对废太子胤礽赶尽杀绝，毫不念手足之情，这让康熙寒心，对大皇子彻底失望，如今为了权势可以杀弟，难道以后就不会弑父吗？

于是，康熙雷霆大怒，索性就明明白白告诉胤禔，不会让他做太子，让他死了这条心。

在后世许多野史记载、影视演绎中，康熙的大阿哥胤禔俨然成了一个"无情无义、飞扬浮躁、利欲熏心的蠢材"。但是，胤禔这个大皇子，除了在初废太子这件事中得意忘形，表现得

053

出格之外，他之前并非如此不堪。

《清史稿》中记载在其他皇子还在幼年时，胤禔就已经有了突出的表现。第一就是随康熙亲征噶尔丹，作为裕亲王福全的副将。第二就是在康熙三十五年（1696）又随康熙亲征噶尔丹。第三就是担任永定河总管，并且得到传教士白晋的赞美。可见这个大儿子也是做过实事的。

如果他真的这么愚笨，朝中的那些大臣怎么会支持他，站在他的一边，形成和太子对抗的势力，由此可见大皇子并不是如此的不堪。倘若胤禔能冷静下来，做好本分之事，韬光养晦，兢兢业业为朝廷做事，不表现出那么明显的夺嫡之心，也不至于那么早就被踢出局了。

胤禔激进行为的另一层暗示，连他自己都没有意识到，其实他是在向康熙要皇权了，他的角色跟胤礽变得相似，他以为自己和康熙是一条战线上，其实在某种意义上，那一刻，所有争储的皇子和康熙皇帝都处于对立的关系。只是皇子们杀来杀去，从没有想过他们是在和康熙要皇权，他们一开始排挤太子，太子被罢免之后，他们又开始争夺太子之位。若哪一位皇子争夺储位成功后，便是羽翼丰满。一路拼杀过来，好不容易坐上了皇太子位，看过胤礽被罢免，自然担心自己被废掉！为免夜长梦多，自然加紧向年迈的康熙夺权。

康熙的一生都在为大清的江山而努力，费尽了心血。康熙8岁登基，在他几十年的人生之中，扩疆征讨，平定四海，南征北战，所向披靡。他怎么会把自己祖宗的江山轻易地交给一个自己不放心的人，甚至让一个敢对自己有非分之想的人拿去。

康熙是维护皇权，他没有把皇权顺风顺水地推给太子，也没有随意选出继承人，这不仅是出于自己对皇权的绝对占有欲，还是出于对大清江山的责任。

三、"八贤王"胤禩的奸柔

在康熙晚年诸皇子对储君之位的争夺中，太子倒下了，大皇子被幽禁了，剩余的皇子之中，最有希望夺嫡的，当数八皇子胤禩，他也是唯一的一位口碑爆棚、受到朝堂绝大多数臣子认可、被公推出来的"储君"，但康熙却无法接受这个结果，这又是为何呢？

让我们先来分析一下胤禩的出身、性格和能力，康熙不选他作为继承人的答案，或许就在其中。

胤禩是康熙二十年（1681）二月初十出生，生母为良妃卫氏，是宫内管领阿布鼐之女。她的父亲地位不高，最初为满洲正黄旗包衣第三参领所属下人，但良妃也是清朝首个出身内宫管领之女而得封妃位的后妃。

胤禩少年被胤禔生母惠妃抚养，因此跟胤禔关系也不错。胤禩自幼就聪明好学，文武双全，骑马射箭样样精通，但因他出身卑微，没有强大的母族为他撑腰，也没有什么其他显赫的亲戚，所以，胤禩很小就明白，他没有大腿可抱，只能靠自己的努力，赢得父亲康熙的喜欢。

那胤禩做得如何呢？

胤禩当然做得很好，少年时期，他要比其他的阿哥吃苦耐劳，学习自律，善于结交朋友，没有一般小孩子的淘气，对待自己的课业很是认真，甚至琴棋书画都很精通，十分优秀。在康熙三十七年（1698），康熙第一次册封皇子，胤禩是年龄最小而被册封贝勒的皇子，当时他只有17岁而已，比他大一些的四皇子胤禛、五皇子胤祺、七皇子胤祐，可都成年了，唯有未完全成年的胤禩，跟他们一起被封了贝勒，这是康熙对少年时期胤禩的钟爱。

此外,康熙出巡,也经常把胤禩带在身边,让他见识外面的世界,增长见识。当未带着他出行时,则会给他安排许多重要的事,让他留守京城,处理政务。比如太子胤礽被废之后,康熙就命胤禩担任内务府总管事,让他和胤禛值守京城。不论是得到的谕旨,还是上表的密奏折子数量,胤禩的排名均在前列,比胤禛要更受到重视。

由于胤禩表现得体,平易近人,圆滑世故,办事巧妙,因此名声渐渐被传开,赢得了"八贤王"的美誉。连皇叔裕亲王福全都亲自到康熙面前力荐胤禩,说他是个难得的人才,文武双全,可堪大任。康熙四十二年(1703),胤礽还没有被废,福全在临终前与康熙最后一次谈话的时候,就主张废掉无德太子胤礽,改立胤禩做太子才最适合大统,而这时的胤禩才只有23岁而已,可见,年轻的胤禩,虽然弱冠不久,但是口碑已经在皇族内外传开了。

胤禩的才能和人设,也得到了汉族大臣和知识分子们的支持和赞誉,比如胤禩的老师何焯是历史上很有名的学者,在当时的名气也很大,此人擅长筹谋划策,很快成为胤禩的心腹。他言传身教,除了传授知识外,平时经常带着胤禩一起参加一些汉人权贵、大儒的宴会等,塑造了胤禩尊重大儒、汉臣的形象,收获了一波赞美之词。

胤禩还派人不断去江南购买各种书卷,大张旗鼓,生怕别人不知晓是八阿哥高价买书,因此赢得江南知识群体的一致好评。这个人设立得很成功,许多南方大儒都称赞,说八阿哥"是个极好的皇子"。

除了人设做得好之外,胤禩做事很讲分寸,甚至八面玲珑,这也为他的形象和声誉加很多分。我们可列举几件事,来看看胤禩的做事风格。每次都能"点到为止"做事"恰到好处"。

第一件事就是江湖术士张明德相面事件，胤禩没有举报，反而听之任之。这件事事发，跟大阿哥胤禔也有些关系，在胤禔巫蛊事件被胤祉揭发之前，康熙因为胤禔有杀废太子之心，对外宣布不会选大皇子为储，胤禔觉得自己没有希望后，便推荐八阿哥胤禩。

但因为大皇子性格浮躁，推荐方式拙劣，反而弄巧成拙，把荐举变成了陷害。原来是他把江湖术士张明德给胤禩相面的话，什么"丰神清逸，仁谊敦厚，福寿绵长，诚贵相也"之类的话转述给康熙，他坚信胤禩有成为帝王的贵相，希望父亲改立胤禩为太子。

这引起康熙的警戒与怀疑，康熙立即派人追查，逮捕了张明德，问出了更多的细节。这张明德昔日还对胤禩说过，皇太子胤礽毫无仁德，已经穷凶极恶，没有做帝王的气运，可早行刺，他自己有16名生死之交，都是武艺高强之辈，能够行刺。当时胤禩听了此话，并没有举报张明德，而是笑而不语，也没有采取行动，这件事暂时不了了之。

胤禩之所以没有揭发，是因为他很清楚，张明德在京城很有名气，与王公贵族、诸位皇子都有来往，自己的几个皇弟也跟张明德关系紧密，若是自己举报了，得罪的权贵就太多了，他更担心因此兴大狱，所以姑且听之，既没有行动，也没有举报揭发，这样做，也是人之常情，无可厚非。

但是，这次康熙却趁机小题大做，借题发挥，打压胤禩。他召集了诸皇子，对着他们训话：

"在废胤礽之时，朕已经有旨，暂无立储想法，诸阿哥中如有钻营谋为皇太子者，即国贼也，法断不容。但废太子后，先是胤禔自荐，后奏称胤禩贵不可言，你们结党谋位，其心可诛。"康熙已经说得很严厉了。

"儿臣绝无此心,请皇阿玛明鉴。"胤禩倍感冤枉,却又无法辩驳,而且康熙根本听不进去,就是要借机打压八皇子。

"是否冤枉,等调查一番,自见分晓。"康熙当即下令锁拿胤禩,把他交议政处审理。

同时,康熙盯着胤禟、胤䄉斥道:"你们几个不要指望他做了皇太子,日后登基,封你们两个做亲王,重用你们。权倾朝野,打压异己,贵不可言!你们这不是兄弟义气,而是结党营私,一身梁山匪气!"

胤禟年轻气盛,已经忍不住了,站出来反驳:"八阿哥没有此心,我等也没有这般想法,请皇阿玛明察,我等愿以性命担保。"

康熙见他毫不知错,不服气地顶撞,大怒之下,拔出佩刀就要杀胤禟。

"皇阿玛不要!"五皇子胤祺跪在前面,死死抱住康熙大腿。

诸皇子一同劝解,康熙这才收起佩刀,命人将胤禟责打二十大板,把胤䄉、胤禟逐出宫殿。

张明德一案审结后,胤禩因为密不告发,被革去贝勒爵位,降为闲散宗室。而张明德被康熙认定罪大恶极,落个凌迟处死的下场。胤禩一党和王公们,被康熙要求到行刑现场亲自观看张明德被行刑的惨状,以示警醒。

第二件事是太子胤礽刚被废之时,康熙罢免了当时的内务府总管凌普,派胤禛暂时接管此职务。但胤禛却没有把握住康熙这次重用他的机会。胤禛接替凌普不久,凌普亏空的事情暴露,胤禛深知内务府出现亏空更多是因为太子取用,内务府官员迫于太子索求无度,不敢违背,才酿成此局面。故此,胤禛在查办凌普案，调查涉案人员的时候，他依然以宽仁的态度，希望草草了案，没有过度深究。胤禩有意放凌普一马，顺便讨好内务府上下的官员，以此笼络人心，让他们为己所用。

这很符合胤禩宽厚好施、八面玲珑的性格。这样做，一是可以给废太子一党面子，免得外人说他落井下石，以此博取好名声。二是拉拢内务府上下官员，团结在他周围，成功掌控内务府这个机构。

但康熙知道后，认为胤禩此举就是在收买人心，为谋取皇权做铺垫，勃然大怒。

他还当着诸皇子的面，训斥八阿哥："胤禩柔奸性成，妄蓄大志，朕素深知。他的党羽早就相互勾结，想要谋害胤礽，朕要严肃处理。"

正是因为这两件事叠加在一起，才会发生康熙锁拿胤禩、革去他贝勒爵位的事件。

康熙四十七年（1708）短短几个月内，发生了废黜太子、幽禁胤禔、责罚胤禩的事情，接二连三的打击，使一辈子都争强好胜的康熙也病倒了。这一次他的病情很重，康熙让胤祉、胤禛、胤禩一起观视医药，负责治疗。这里有胤禩参与，说明康熙怒气已消，原谅了八阿哥。

治疗半个月后，康熙的病情有所缓解，他意识到自己的身体已经不复当年，要早做打算了。康熙准备让大臣们公开推举太子，要测试一下朝堂各党派之间，都推举什么人选，是否跟他意见统一。但正是这次推举，再一次把胤禩推到了康熙的对立面。

公举风波

在康熙四十七年（1708）十一月十四日这一天，康熙召集

满汉文武大臣到了畅春园病房内,仍在养病的康熙勉强坐起身子,对着文武重臣,认真说道:

"朕大病一场,虽然近来好转许多,但人生难料,假如真的有一天朕撒手人寰,大清江山基业岂不是无人继承?这件事关乎国本,也是列祖列宗最在意之事,朕不能所托非人,也不能迟迟未决,所以踌躇再三。因此心气不宁,精神恍惚,忧心如焚。从前朕也说过,务令社稷安于磐石。皇太子所关甚大,你们都是朕所信任、提拔之人。出去冲锋陷阵打仗的时候,你们能够舍生忘死地为朕效命。今日也要为朕效命,来荐举新太子。现令你们与满汉大臣商议,在阿哥中举奏一人。除了大阿哥所行甚谬,难堪大任外,其余诸阿哥中,众议谁属,朕即从之。"

众大臣没有经历过这样的事情,也不知真假,面面相觑,不知如何开口,因为事关重大,谁也不知道康熙这次是真心还是试探。以前在圣驾前推荐太子的大臣,可是没一个有好下场,都被打上党争乱政的标签,被撤职、抄家了。

前车之鉴,历历在目,因此大臣们也都犹豫不决,担心谁第一个开口推荐会遭遇危险。

康熙继续说道:"这件事马齐不准参与,诸阿哥也要回避,你们可到一旁的偏房,讨论出一个人选来。"

文武大臣被大内侍从带到偏房,分班列坐,这下没有了皇帝、皇子在,可谓没有了外人。

有大臣试探口风,故意推托道:"此事关系太大,不是臣子应该说的,我等如何推举?"

内大臣阿灵阿则反驳说:"我等刚面奉谕旨,务令举荐人选出来,不要再推辞请奏了,横竖推荐出一位阿哥,少数服从多数吧。"

大臣鄂伦岱、户部尚书王鸿绪、翰林院掌院学士揆叙等人

第二章 皇储之争，九王夺嫡

一同倡议。

几个人在手心写了一个"八"字，众大臣齐声附和，一致推举胤禩为皇太子。

"这是众望所归啊！"

"八阿哥胤禩敏而好学，为人宽厚，文采武功俱是出色，可堪大任。"

"的确，没有比八阿哥更适合的了。"

众人纷纷附和，意见竟然高度一致。

这个时候，胤禛、胤祉等其他皇子的支持者，还是寥寥无几，可以说，按这个情形，八阿哥胤禩基本就能当选了。

但是，当康熙拿到太监梁九功转奏过来的纸张，上面写着大臣们公举出来的太子人选为"八阿哥"的时候，还是令他大惊失色。

因为，康熙没想到大臣们的意见如此统一，如果大臣们推举的有两三个人，康熙或许还不会如此高度紧张，但如果只有一个人，那说明满朝文武已经看好了继承人，根本不给康熙更多的选择了。

康熙忽然有一种失去掌控的感觉，胤禩如此被大臣们一致看好，绝非康熙想见到的情景，朝堂党派也会因此失去平衡，今日他们能如此认可、拥护胤禩，说不定很快，就能一起上书逼着身体欠佳的康熙退位让贤了。

康熙召集大臣于面前，亲自劝说道："立皇太子之事，关系甚大，你们当尽心详议，不可人云亦云，随波逐流，如此草率。八阿哥未尝更事，近又罹罪，且其母家亦甚轻贱。你们再慎重考虑。"

此时康熙给出了胤禩不能当太子的三个理由，这三个理由都非常牵强。

第一个理由：未尝更事。就是说胤禩的年龄、阅历不够。但胤禩于康熙二十年（1681）出生，如今康熙四十七年（1708），已经28虚岁了，接近而立之年，已经不小了，康熙8岁登基，岂不是更早？而且，胤禩单独处理政务机会很多，做了不少事情，能力已经足够，得到满朝文武大臣的认可，这一条根本立不住脚。

第二个理由：近又罹罪。是指胤禩没有举报张明德、包庇凌普这两件事，胤禩刚受到责罚不久，又被革掉了贝勒身份，算是有罪在身。但是，仔细分析，这根本算不上什么大罪，至少在文武官员眼中，反而觉得胤禩有人情味，做事成熟老练，值得支持。何况刚才康熙提过，除了大皇子之外，其余阿哥均可推荐，并承诺众人推荐谁，他便听取，现在却违背承诺，这惹得群臣心中有抵触情绪。

第三个理由：母家轻贱。这是指胤禩的生母卫氏，她是内务府管领阿布鼐之女，地位不高。但康熙三十九年（1700），卫氏已经被封为良嫔，现在更是嫔妃了，地位已经高贵起来。

这三个理由都无法让大臣们信服，所以，康熙命令大臣们再议，对于刚才公议的新太子人选不予承认，这让群臣有些心中不快，集体无声抵制、抗议，也不再继续讨论和举荐，场面一度陷入了僵局。康熙见天色已晚，便让大臣们回去考虑，明日继续商议公举。

这些大臣之所以拥护胤禩，主要有三个原因：一是图拥立大功，为异日荣宠做铺垫。二是尊崇胤禩，胤禩主张仁义，礼贤下士，被大臣们视为有仁君之姿。三是几位拥护胤禩的重臣，都是胤禩一党，比如阿灵阿是皇十子胤䄉的舅父，因为胤䄉与胤禩、胤禟交好，所以他力挺胤禩。佟国维是皇帝的舅舅兼岳丈，也站出来支持胤禩。揆叙是大学士明珠次子，很早与胤禩结识，他父亲是反太子党的首领，他自然站在太子党的对面，希望胤禩获胜。

第二日，大臣们又聚到畅春园，康熙这次没有再让他们选举，明确说他想立废太子胤礽重新做太子。

但是，大臣们绝大多数都不表态，拥护胤禩的大臣甚至站出来反对，其中就有佟国维。

"皇上曾废了太子胤礽，说他残暴不仁，无才无德，行为不端，我等聆听后，至今仍然历历在目，不绝于耳，如今胤礽还在圈禁，又未立功，如何能忽然重回太子之位？请皇上三思。"佟国维舍命陈奏，请康熙收回复立太子的旨意。

这一举动，得到了大臣们的普遍支持。

"佟大人说得对，我等也是这个意思。"

"请皇上三思，收回圣意！"

康熙一听大臣们直接跟他唱对台戏，顿时脸色一沉，更加坚信胤禩和这些人结党营私，要逼宫，强行夺取皇储之位，甚至有朝一日会逼他提前交出皇位。

康熙打心底里就不赞同官僚辅助皇子谋求储位，这是僭越之举，他害怕这些人将来居功专擅，皇权旁落。

"太子胤礽当初做了一些错事，但多因索额图利诱以及大阿哥巫术的影响，并非没有改过自新的机会。而你们这些人欲结恩于胤禩，为日后恣肆专权之计也，以为朕看不懂？"康熙很生气。

这种夺嫡之事，历来十分复杂，康熙很了解自己这些儿子的才能，也猜测到这些大臣的本心，所以，他很担心像胤禩这种做事八面玲珑的人没有原则，会在日后朝政中放任这些大臣胡作非为，最终无法控制。大清的朝廷，跟汉、唐、宋、明都不同，是关外少数民族入主中原，若不能雷厉风行，恩威并施，

063

改革弊端，驾驭这些满汉大臣，很容易会被这些复杂的派系给淹没，最后被赶出关外。

所以，康熙打心底里不赞同胤禩做储君，因为在他看来，什么八贤王，什么仁德名声，都是做出来给别人看的，都是虚名。在康熙眼中，那些都不是通过实干出来的，而且胤禩也没有做过什么真正的大事，他曾分配给胤禩的一些任务，大多是以各方官员和利益团体满意而结束，事情真正做得如何，是否有实效，没人关切。甚至，出现有意包庇、有意掩盖的情况，胤禩根本不是务实之人，完全是以公谋私，换取贤名，拉拢人心而已。

一个28岁的皇子，没有做出实在功绩，却满朝大臣都认可他，传其贤名，这在康熙这种8岁就登基，年轻时候干过许多大事的人看来，简直就是荒谬。

胤禩柔奸的性格和手段，能换取大臣们的认可和拥护，却无法真正瞒过康熙的火眼金睛，这也是为何许多文武重臣推荐胤禩，康熙却不答应的一个根本原因。

因为康熙看得透胤禩，胤禩不是他想要的皇位继承人。

所以，康熙接下来，对拥护胤禩的官员进行了分化和惩罚，比如，马齐被革职拘禁，其弟马武、李荣保等人一并被革退，责令王鸿绪主动致仕，劳之辨被革职，逐出京城。康熙对这些人的打击适可而止，并没有兴大狱，或是抄家砍头，因为他没有准许胤禩被立为太子，拥戴他的人没有得逞，也无须扩大惩治。同时，康熙为了安抚胤禩及大臣们的情绪，也恢复了胤禩的贝勒爵位。

康熙这次复立太子胤礽，没有听从大臣们的公举意见，而是屈从客观环境，被迫抬出了胤礽来稳定局面。因为他发现太子被废黜后，立即出现了难以遏制的皇子夺嫡的混乱局面，皇

第二章 皇储之争，九王夺嫡

子们勾心斗角，致使朝堂政局不稳，一些外戚、勋贵和朝臣都卷了进来，如果再不立太子，激烈的竞争不会停歇，也不符合长期以来约定俗成的早立储君的习惯，这就使得康熙没有办法，只能重新选立太子。虽然现在还没有满意的太子人选，甚至出现胤禔、胤禩明目张胆钻营太子之位的情况，但若是立了胤禩之外的皇子，其他皇子和朝臣也会不服气，因为从声望、势力等方面，没有人可以跟胤禩势力团体相抗衡了，康熙只能把原太子搬出来复立，众臣也就没话说了。

康熙在后来回顾这段经历时，曾亲口说过："朕前患病，诸大臣保奏八阿哥，朕甚无奈，将不可册立之胤礽放出。"这一句是他的心里话，可见当时由于形势所迫，康熙将胤礽再立为太子，就是为了以嫡长子的身份填补储君空缺，来堵住悠悠之口，作为平息诸子纷争、九王夺嫡的手段而已。

之前康熙对胤礽失望，将太子废掉，除了因为胤礽做法越来越过分，也是为了解决当时储君权力与皇权的激烈冲突，但是康熙没有成功，因为太子位空缺后的这一年内，发生的许多事，反而让康熙更加心神不宁，日渐衰颓，倦怠政务。在康熙晚年，朝纲混乱，吏治败坏，康熙已经没有精力去管控了。

康熙四十八年（1709）正月，胤礽重新成为皇太子，他出来之后表示悔过，但更多的是甩锅，他承认自己被索额图等人蒙蔽和误导，又被别有用心者陷害，这才会做出一些错事，恳请皇阿玛原谅。

康熙对胤礽虽然失望，但是，既然给了他第二次做储君的机会，还是希望胤礽能够吸取教训，真正改过自新，浪子回头，幡然醒悟，从此能够成为一个合格的储君。但江山易改本性难移，胤礽显然没有改恶从善的决心，甚至并没有认识到自己的错误，他恢复身份之后，太子党的官员和一些满汉官员，再次向他靠拢，重新结党营私。

康熙为改善太子与诸兄弟的关系，防止太子打击报复，在立胤礽之后，封胤祉、胤禛、胤祺为亲王，胤祐、胤䄉为郡王，胤禟、胤䄄为贝勒。同年十月，赐胤祉封号为诚亲王，胤禛为雍亲王，胤祺为恒亲王，胤祐为淳郡王，胤䄉为敦郡王，这些皇子同时被提高了身份地位。

此举之后，诸皇子多是亲王、郡王了，势力扩大，身份显贵，更有资本跟胤礽进行争斗了。而太子胤礽被废后差点儿永远不得自由，造成他被废的，就是这些兄弟中人暗中使绊，因此胤礽对他们更加痛恨。彼此之间的裂痕与过去相比不减反增了。

在第一阶段皇子夺嫡过程中，我们来看看诸位皇子的参与程度，胤礽、胤禔、胤禩为储位的主要竞争者，其中胤禩的帮手最多，有胤禟、胤䄉、胤䄄等人。胤祉负责揭发检举，在关键时候上奏一下，起到对大皇子胤禔关键一击的作用。

而胤禛、胤祥因为还不具备夺嫡实力，似乎没怎么参与。但胤祥在太子被废时忽然被圈禁革爵，原因可能是胤祥在太子被废时替胤礽辩解，因此被气头上的康熙所不喜，于是将他囚禁了。后来胤祥身体起了脓疮，一直在府上治疗，苦闷过了10年，在康熙晚年的最后10年，他没有任何起色，甚至连册封都没他的份。

至于胤祺、胤祐、胤䄉等皇子，一直没有表现出有争夺储位的想法，置身事外。他们也没有那个能力和强大的背景，所以，一直没有被重用，也没有被夺嫡事件波及，也许做个一世平安富贵的王爷也是很好的选择。

公推"太子"事件之后，胤禩是比较郁闷的，自己不但没有被康熙认可，还被训斥了一顿，在册封诸皇子为亲王、郡王的时候，完全没有胤禩的事，他再次被无视了，依旧维持原来贝勒的身份。

但接下来，胤禩仍然是太子胤礽最有竞争力的对手，也是最有机会接近储君之位的皇子。但是让胤禩栽大跟头的，是康熙五十三年（1714）十一月发生的离奇的"献鹰事件"。

那一年，康熙巡行塞外，年长的皇子都没有随行，只有皇十子胤䄉第五位年幼的皇孙随驾。胤禩在那一段时间情绪很低落，因为他母亲在两年前的冬天去世，胤禩很悲痛，百日后还需要别人搀扶行走。康熙出巡塞外时，刚好是胤禩母亲去世两周年，他祭祀过后，并没有忘记出巡的父皇，打算带礼物给父皇，送给父皇两只在塞外打猎需要的海东青。于是，胤禩派一名太尉，还有一名亲随，带着猎鹰向父皇请安。但不知何故，等康熙收到的时候，这两只海东青已奄奄一息。

康熙晚年多有"乖常"之举，性格捉摸不定，对自己的年龄和身体状况一向很敏感。这次康熙把将死之鹰与自己衰老的身体状况联想在一起，认为这是在嘲讽他来日无多。因此康熙勃然大怒。

他把皇子和身边大臣召集在一起，痛心疾首地说道："朕前患病，诸大臣保奏八阿哥，朕甚无奈，将不可册立之胤礽放出。数载之内，极其郁闷。胤禩仍望遂其初念，谓朕年已老迈，岁月无多，及至不讳，伊曾为人所保，谁敢争执？遂自谓可保无虞矣。"

皇子和大臣都惊呆了，想不到胤禩给皇帝送礼物，居然出这么大的纰漏，惹上了大事。

胤䄉跟胤禩关系很好，所以站出来辩解："父皇，八阿哥做事向来稳重，而且极其尊重父皇，绝不会有此讽喻。"

"住口！到了这个时候，人赃俱获，还有何要狡辩的，朕已经看透八阿哥的为人，他表面一套，背后一套，狡诈多端，居然拿垂死之鹰来气朕，实在是狼子野心，朕与他恩义已绝。"

这一刻康熙可是被气坏了，因此直接要与胤禩恩断义绝，不承认这个儿子。

献鹰事件非常蹊跷，因为一向精明、贤能的胤禩，绝不可能犯这样低级的错误，这跟自绝前途没什么两样，可比太子胤礽、大皇子胤禔做出的事还要愚蠢，不符合胤禩的行为作风。所以，这件事极有可能是反对胤禩的人下的套，极有可能是太子党的人做的，此事背后有没有胤祉、胤禛背后的算计，都不好说，总之，这件事成为历史上的一个迷案。

经历这件事后，胤禩的夺嫡之路，基本就被康熙给掐断了。

四、以文争储的胤祉

胤祉可以说是康熙的儿子中最有才华的一位，他在夺嫡之路上，表现并不明显，往往躲在暗处放冷枪。如背刺太子、揭发大皇子，都有他参与的份。随着大阿哥、二阿哥倒台，按理说，论资排辈也该轮到三阿哥胤祉了，奈何出来一个"八贤王"胤禩横在他的面前，人气很高，口碑爆棚，得到满朝文武的认可。

在康熙五十三年（1714）十一月，胤禩因为"献鹰事件"被康熙厌恶，导致父子关系破裂，胤禩也被康熙强行踢出了夺嫡之路，剩下的几位皇子中，胤祉夺嫡位的希望变得很大。连后来雍正即位后还责备胤祉"希冀储位"。太子被废后，胤祉曾"以储君自居"，这说明，看似文质彬彬、醉心文学事业的皇三子胤祉，也是有意争夺储君之位的，但后来胤祉为何没有成功呢？

第二章　皇储之争，九王夺嫡

我们先来看胤祉的出身和成长经历：

胤祉出生于康熙十六年（1677），生母荣妃马佳氏是满洲正黄旗人，员外郎盖山女，地位较低。因此胤祉出生之后，论年龄和地位，均不及大阿哥胤禔、二阿哥胤礽，只能跟在二人后面做跟班。由于在早期太子党与大皇子党争斗中，太子党明显占优，所以，胤祉是靠向胤礽一边的。

少年时期胤祉的学习天赋是非常高的，文科、理科、天文、几何、书法，几乎是无所不能的全才，尤其是他的武功骑射也是一流，倍受康熙喜爱。康熙三十一年（1692）胤祉陪同康熙帝出塞围猎时，曾经和一向善于骑射的康熙比试，结果两人不分上下。

胤祉和其他皇子相比，是个学术性人才，从小喜欢读书，知识渊博，字写得好，但为人有些清高狂傲，有些文人的傲骨。所以单从这些本事上来看，三阿哥胤祉是个单纯可爱的文人，只是生在帝王家，在皇子竞争中，造成了他的压抑和苦闷。

如果他不是生在帝王家，很可能会成为一代史学家、一代文学家，可惜，历史没有假设。

康熙最后没有选他，或许是因为觉得胤祉擅长的文学艺术甚至科学，只是术，不是道，更不是治国能力，不及政治经济务实。管理国家还是要懂治国务实之人。

胤祉比太子胤礽小两岁，所以他在幼年时所受的教育与太子几乎是一样的。从他个人的成就上来说，他应该是比太子还要优秀的。他不管是南征北战，还是跟着父皇巡幸各地，几乎都是跟太子在一起。

但是，从他一路上的表现来看，他是一个忠于康熙和太子的人。他在早年，应该是很清楚以自己的地位和家族背景，难以与太子抗衡，所以他没有直接参与夺嫡，表现得兄友弟恭，而且很听康熙的话。

在康熙二十九年（1690），13岁的胤祉陪同皇太子胤礽去探望亲征准噶尔的康熙，他们到了康熙行宫之后，看到父皇身体抱恙，有病在身。因太子言行不恭，康熙生气地责备太子对自己无礼，毫无忠孝之义，谴责太子，并没有留下太子陪同自己，径直就把太子打发回京了，而且还令胤祉陪同、监督太子回京。

康熙三十二年（1693），山东曲阜的孔庙修建完成，孔庙是康熙尊儒重道的象征，也是康熙大力推行汉家文化的象征。在祭祀的时候，康熙派三阿哥胤祉和四阿哥胤禛一起前去行祭祀孔庙的大礼。这是胤祉首次参加规模较大的文化祭祀活动，胤禛和胤祉做事认真，圆满完成任务。自那之后，康熙只要去塞外围猎、祭陵等，都会带着胤祉。

胤祉武功高、聪慧，又是一副不争储位的样子，很得康熙的喜欢，自然是走哪带哪，所以他参与的各种政务也比较多。在康熙三十五年（1696），康熙第二次亲征噶尔丹，胤祉负责管理的是镶红旗大营，当时的胤祉只有19岁。比他年长5岁的胤禔也掌握兵权。胤禔作为大皇子，没有留下自己的行军记录和敌情分析，而三皇子胤祉却是写了一份很全面的关于行军打仗的心得，条理清晰，深得康熙的肯定，这说明胤祉也具备统军打仗的军事才能。

虽然胤祉才学高、功夫好，深得康熙的喜欢和信任，但胤祉也犯过低级错误，惹得父皇不快，那是因为什么事呢？

康熙三十八年（1699）七月，胤祉才被封为郡王不久，十三阿哥胤祥的母亲敏妃章佳氏去世了。在治丧期间，胤祉违反祖宗的制度，在服丧期剃发，被康熙视为不孝，责备他目无尊长，说他的剃发行为是对敏妃的不敬和无视。这个行为让康熙很生气，就把他降为贝勒，就连他王府中的下人都被处以不同程度的处罚，应该是责备他们没有起到监督的作用，竟然任由三阿哥胤祉胡作非为。可见有才情且恃才自傲的人是容易犯错的，头脑一热就会无视祖宗法制。

这一次，胤祉虽然受到了惩罚，但毕竟是小事，康熙皇帝依然很信任他，没过两年，康熙就派他勘察皇宫三门的底柱等，负责政务不断。并且，康熙很喜欢到胤祉的家中参加家宴，几乎每年都要去，笔者认为可能是胤祉博学又随性，且没有争储的想法，这让康熙放松、欣赏。

由此可见，康熙帝非常重视和喜欢家庭的氛围，喜欢温馨快乐、团结和睦，更希望自己的儿子们都可以兄友弟恭，这应该是作为父亲的康熙的真实想法。

康熙四十年（1701）年开始，康熙和太子集团发生了矛盾，康熙为了削弱太子党势力，提拔其他皇子和太子势力对抗，开始封赐成年的皇子，那一年，24岁的胤祉被封为诚亲王，诸位皇子开始参与国家政务，有了自己的小势力，但是胤祉却没有小团体，一直是自己一个人，孑然一身，并没有结党营私。

那时候，诸位成年皇子开始共同打击皇太子胤礽和太子党人，其中胤禔首当其冲，他多次给皇太子胤礽使绊子，甚至还用上了胤祉府中下人巴汉格隆，对胤礽行使厌胜之术，企图把废太子胤礽咒死。胤祉本是个无神论者，他相信天文科学，不相信厌胜之术，所以看到胤禔的行为时，作为皇权的维护者，就到康熙面前揭露了胤禔的神秘操作，他并没有掩饰巴汉格隆曾是自己府上的下人，所以康熙并没有怀疑他。

其实胤祉的这种行为是很危险的，会让康熙怀疑他想夺嫡，是在算计胤禔。还有他和二阿哥素来交好，此时要为废太子胤礽开脱，很可能会被康熙怀疑。虽然胤祉想到了这些，但还是去揭发，或许他是在尽心值守，也或许这只是他的一种计谋。

果然，这件事让胤禔栽了大跟头，彻底被幽禁起来。

康熙四十七年（1708），第一次废黜太子后，康熙深知胤祉与太子胤礽素来交好，便召胤祉到驾前询问太子往日的所作所为。胤祉据实相告，并没有替胤礽隐瞒。这虽然有背刺之嫌，但明哲保身，不失为正确做法。在皇太子与康熙之间，胤祉选择了他的父皇康熙，没有与太子同流合污，这让康熙很欣赏三阿哥的品行。之后康熙帝说："胤祉与胤礽往日虽然关系好，然而却未怂恿胤礽为恶，所以不加罪于他。"

扳倒太子，揭发胤禔，每次都有胤祉的身影，但是，由于胤祉高情商的做法，他不仅没有在这个过程中损伤分毫，反而不断立功。

于此可见，胤祉是一个经得住考验的人，也是一个懂得变通、自身能力很强的人。

康熙四十八年（1709），胤礽重新被立为太子。但康熙为了平衡朝局，次日，又册封诸位皇子亲王、郡王、贝勒等，增加了诸皇子的权势和地位，在敲打皇太子胤礽，让他谨言慎行，醒悟过失，如果做不好，随时有被取代的可能。

可以说，康熙帝晚年为了平衡皇子间的关系，为了重新培养太子，让他懂事，已经心力交瘁，绞尽脑汁，费尽心思，奈何太子性格已养成，本性难移，不知悔改，根本没有认识到自己的不足和过错。而其他皇子又都非常优秀，可以说是诡计多端，这就造成了表面风平浪静，暗中危机汹涌。

不知道康熙此时此刻，会不会后悔自己把每一个儿子都培养得那么优秀？

有学者猜测，康熙可能会后悔。但笔者认为，康熙应该不会后悔，如果重来一次，他依旧会精心地培养每个儿子，希望他们都成为大清朝的栋梁，在各自的职位上做出贡献。至于皇

第二章 皇储之争，九王夺嫡

子们要争储，那就只能尽力调解，这是一个父亲"望子成龙"的真实想法。

康熙帝怎么都没有想到，自己南征北战，平定天下，最后晚年让他心焦头疼的，却是几个儿子的储位之争。

太子被复立这一年，胤祉被册封为诚亲王。昔日夺嫡最有力的竞争者、大皇子胤禔遭幽禁，八皇子胤禩被打压，即便胤礽复出，也是本性难移。

胤祉肯定做出了预测，胤礽的太子之位不会长久。所以，胤祉虽然表面上和太子和和气气，但却不参与他的任何活动。胤祉开始好好表现自己，更醉心于学术研究等，表现出自己对储君之位不感兴趣，避免太子和康熙的猜忌，也避免成为胤禩党与暗中蛰伏的胤禛党使绊子的对象。

胤祉因为文采斐然、精通算术等，被康熙派去率庶吉士何国宗等人编修律吕、算法等书籍。康熙五十三年（1714）十一月，历时三年，胤祉等人编书完成，向康熙帝奏陈。康熙命他将律吕、历法、算法三者合为一书，命名为《律历渊源》，这是一部具有很高价值的天文数学乐理丛书。

康熙四十六年（1707），胤祉还负责编著《古今图书集成》，这本书历时28年才编辑完成，共分6编32典，是现存规模最大、资料最丰富的类书。此书包罗万象，采集广博，内容非常丰富，天文地理无所不包，书中有人类、禽兽、昆虫，乃至文学、乐律等方面内容，是一部继承先人各项学术成果的宝藏。

这两本书证明了胤祉的个人能力和文化素养极强，是一位很杰出的科学家。

胤祉在编书的过程中，其实也笼络、拉拢了一些谋士、学者，追随他的人有陈梦雷、方苞、魏廷珍、蔡升元等清代学者。他们这些人聚在一起，除了编书之外，还重修坛庙和宫廷乐器。

当时胤祉提出再制历法，要测北极高度，康熙很干脆就准了，还分别派了何国栋、索住、白映棠等官员，分赴各处测量北极高度和日影。这说明当时的康熙对天文是非常感兴趣的。胤祉又是编书，又是搞天文地理，这使得人们对主持者胤祉刮目相看，有人称他为科学家，一点儿都不为过。

当时有传闻"第三王又称以抚军监国"。其实胤祉在当时并没有监国，但由此可以看出，他的影响很大，相当于有了监国的权力。

胤祉的这些做法，给了皇四子胤禛一些启发，一向懂得隐忍的胤禛，仔细观察了所有皇子的得失，发现比自己年长一岁的胤祉深得父皇器重，不知不觉中，已经成为最有机会得到储君之位的人了。这令胤禛很心惊，他觉得这个三哥，不愧是读书最多的人，不动声色已经接近那个目标了。

其实，胤禛在夺嫡的路上没少向胤祉学习，二人都是智慧超常的人，都是隐忍不发，隐藏自己的实力，暗中蛰伏，积蓄力量，至于胤祉到底是个不贪图皇权的才子，还是一个运筹帷幄的阴谋家，胤禛应该很清楚！

二人刚开始都是皇太子胤礽的追随者，他们三个人年龄差不多，由于胤礽很早被立为太子，胤祉和胤禛无法也没有实力直接反对立胤礽为太子，所以，他们通过表现对太子的友爱和恭敬，走到康熙的面前，让康熙关注自己，从而有机会展示自己的才能。他们隐藏自己想要夺嫡的心思，使得康熙对二人没有那么多防备和厌恶。

胤祉是全能型人才，他在个人能力上其实胜过了胤禛，他用家的温馨吸引康熙去他的家里参加家宴，享受天伦之乐。这一招胤禛也学到了，在康熙晚年时，胤禛也开始用家的温馨让康熙感受到温暖，并且让康熙喜欢上弘历。

第二章 皇储之争，九王夺嫡

胤禛走的也是不参与争宠夺嫡的路线，但是在这个方法上，他没有胜过胤祉，原因是胤祉一身才华他不能比，可是他却把胤祉的表演看得很清楚，所以胤禛登基后，才会不用胤祉，甚至还一味打压胤祉。

这两个人都是隐忍富有演技的政治家，为博取康熙的好感，在第一次皇太子被废的时候，两人还为太子求情。当时看到太子被贬，两人的内心应该是激动的，因为这代表其他皇子有了机会，但两人都隐藏了真实想法，把利弊分析清楚，没有给别人留下任何把柄。胤祉得了个勇于揭发、正义直言的好名声，胤禛则是丝毫无损，连带分得利益。

在胤礽复立之后，两个人的表现也与众不同，一个召集文人学士编书，一个居家不出虔诚礼佛。胤祉表现得才华横溢，安心编书，雍正表现得沉默寡言、不问政治，完美避开了太子的打击报复，也不会让大皇子党、胤禩党攻击，更不会惹得康熙反感。二人都是在明哲保身。

胤祉和胤禛对局势洞若观火，心中对太子多有提防，不参与太子党的任何事情，保持自己与太子的距离。所以在太子第二次被罢免的时候，两个人也几乎没有受到丝毫连累，甚至还获得了褒奖。

在康熙五十六年（1717），皇太后生病死亡，康熙派胤祉、胤禛、胤祹、胤禄，协助自己办理丧事，由此可以看出，三阿哥胤祉、四阿哥胤禛，在康熙心目中的位置已经极高了。

这个时候，胤祉的周围，已经有一批声望很高的汉官开始支持他了，但康熙不以为意，哪怕胤祉的下人出了事，康熙也极力撇清那些人与胤祉的关系，保护意味极强。我们可以看以下两个例子。

第一件事，胤祉的属人孟光祖，打着胤祉的幌子，到处活动，并给年羹尧送礼，而年羹尧回赠他马匹银两。他还和江西巡抚佟国勷有银两缎匹等礼物往来。按照大清的律法，任何一个阿哥与外官有了这种钱物交易，这外官就应该立刻奏报朝堂，但是与三阿哥胤祉的属人来往的这些外官，都没有奏报。

所以，孟光祖代表着胤祉，一直在外官之间活动，其实就是在拉拢势力，收买人心。孟光祖在外活动的时候，有些地方官惧怕三阿哥的势力，不得不奉承他的属下。后来，孟光祖事件暴露后，康熙直接过问，派人将孟光祖处斩，把与此事有关的外官革职，而且将年羹尧革职留任，但是康熙对这些人是否是胤祉党的事，绝口不提，不予追问。可见，康熙对三皇子胤祉的名声是非常的在乎，对他的所作所为，是睁一只眼闭一只眼。

再说胤祉，又怎么会不知道自己属下做的事呢？他肯定是心知肚明放任他们任意妄为，一为敛财，二为给自己宣传，他也想在最后时刻争取夺嫡的机会。

第二件事，在江南有一个叫杨道昇的术士，此人通天文、知地理，名气很大。胤祉派人把他请到自己府中，想要此人推算一下，自己能否获得大位？可见一个人不管是多么聪慧，多么傲气，最后在皇权面前，看到自己有希望能够接近储君位置的时候，还是忍不住心动，甚至一度认为自己有希望被册立为太子，日后登基为帝王。

胤祉和胤禛这两个人，可以说是"螳螂在前，黄雀在后"，都是心智极高之辈，一直隐忍到最后时刻，然后寻找出手的机会。胤祉还曾跟胤禛交锋过，其揭发的胤禔在太子寝宫埋下镇魇物一事中，除了胤禔外，胤禛很可能也暗中参与，胤祉这一揭发，其实是一石二鸟。但胤禛死活不承认自己参与此事了，最后是胤祥站出来主动承担，替胤禛顶了罪。所以胤禔、胤祥几乎是在同一时间被康熙圈禁起来。而胤禛即位后，对皇弟胤祥格外宠信也是有原因的。

　　胤禛躲过一劫后，更加谨慎小心。日后胤禩终究还是逊色一筹，最终夺得皇位的，是皇四子胤禛。

第三章　富贵闲人，以退为进

一、不做出头鸟

胤禛是康熙十七年（1678）十月三十日出生的，按乾隆时期编纂的《清世宗实录》记载，胤禛出生的夜里，有祥光笼罩，经久不散，阖宫的人都感到惊奇。

当然，这神秘现象肯定是杜撰的，因为中国历代帝王降生，尤其是开国皇帝降生时，必然伴随大量灵异现象、超自然事件。比如满天红霞、紫气东来，等等，以此烘托帝王不同于常人，乃是上天神仙下凡，君权神授，掌控社稷理所应当。

胤禛登基，出乎了所有人的意料，各种关于胤禛弑父篡位的传言在民间传播，乾隆派人给自己父皇编纂实录的时候，要求加上这个神秘现象来渲染自己的父亲天生有帝王之运，这也是可以理解的。

而真实情况是，胤禛出生时很普通，他的生母乌雅氏的地位也很低下，根据当时清宫制度，他的生母没有资格养育他，只有把他交给佟佳氏也就是孝懿仁皇后抚养。原本胤禛觉得自己抱上了大腿，一心站在佟佳氏这边，有意跟自己的生母保持距离，但是在他12岁时，养母孝懿仁皇后去世了，他不得不回到自己生母乌雅氏身边。

第三章 富贵闲人，以退为进

可是乌雅氏这时已经有了胤禛，胤禛由自己抚养，所以她对胤禛的感情更深，加上之前胤禛的冷漠让乌雅氏很寒心，所以即便胤禛回到她的宫内，她对胤禛也表现得很淡漠。这样的母子关系让胤禛在少年叛逆期时格外痛苦。尊贵又疼爱他的佟佳氏去世了，他失去了引以为傲的靠山，顿时身份一落千丈。回到生母跟前又不受待见，所以他十分郁闷，据载当时康熙看出青少年的胤禛性格不对劲，还曾单独陪过他一段时间，关心这孩子的心理健康。

胤禛成人之后，成为一个喜欢读书、爱思考、会书法的皇子。在前面有三位优秀阿哥的前提下，胤禛的成长应该是很有压力的，想要出头肯定很难，所以只有沉默寡言，不得罪前面三位阿哥，不轻易站队争斗，表现出对储君之位不感兴趣。

在胤禛的后面还有更优秀的弟弟，尤其是八阿哥胤禩、十四阿哥胤禵等，没有一个平庸之辈，尤其在九王夺嫡愈演愈烈的时候，除了胤祥支持他，老五胤祺因为身体有暗疾中立外，其他兄弟，可以说都是胤禛的劲敌，胤禛根本不如他们势力庞大。

康熙四十七年（1708）皇太子被废事件发生，九王夺嫡愈发激烈，各方群起逐鹿，剑拔弩张，各自为政，朝堂内外各位阿哥的势力分歧对立，政局风起云涌，整个朝堂上气氛诡异，甚至到了在朝堂上吵架的地步。

康熙万万没有想到，自己精心培养的阿哥们，在太子位空缺的时候，他们的优秀，变成了更加有杀伤力的武器，个个都是争权夺位的高手。这样的事情，让康熙心力交瘁，既害怕儿子们大打出手，争储自伤，又害怕儿子们把大清的江山给祸害了，康熙被这些烦心事闹得大病一场。

胤禛也是在这个时候逐渐走上政治舞台。因为几个最有力的竞争者都被康熙自己收拾掉了,废的废,圈禁的圈禁,等于胤禛还没有出力,三个强敌都被康熙快压制倒台了。这些严厉的惩罚手段,给胤禛带来强烈震慑之余,让他得到最大的启示——绝不做出头鸟。

在皇太子第一次被废的时候,他刚好30岁,到了而立之年,胤禛人也变得成熟了一些,渐渐变得喜怒不形于色。他很清楚,自己实力不够,暂时离皇储之位还有一些距离,而且自己不能表现出有夺嫡的想法,否则,就会遭到其他皇子的攻击,还会被父皇打压惩罚,姑且做个"逍遥王爷"。

由于康熙对胤禛进行过几次册封和奖励,他府上有几十万两银子,还有大型府邸,足够撑起四皇子的脸面,于是,他开始在府邸写诗看书,很少出门应酬,除了父皇给他安排政务,否则,绝不出去走动或参与任何宴会。

这个时期,胤禛写了许多情绪消极、逃避现世的诗文。如今仍存档的《清世宗御制文集》中保留了不少他在登基之前,做藩王时候的旧作,名为《雍邸集》,我们通过以下几首诗,能够看出胤禛当时一副与世无争的样子,甚至有点看破红尘的想法。

一日闲

闭门一日隔尘嚣,深许渊明懒折腰。
观弈偶将傍著悟,横琴只按古音调。
新情都向杯中尽,旧虑皆从枕上销。
信得浮生俱是幻,此身何处不逍遥。

通过诗文可以看出,胤禛在这个时期,多是闭门在家,远离尘嚣,暗喻自己不想掺和外面的朝堂争斗、夺嫡风波,向往陶渊明世外桃源的生活，不为现实折腰。将更多的心思，放在下棋、弹琴、读书这些闲情雅致上，陶冶情操。若是有愁闷情绪，便借酒消除，如果相信世间繁华、功名利禄都是空的话，不管何时何地都会逍遥自在，不为世俗所累。

由于欣赏和向往陶渊明的生活和状态，胤禛所写另一首七言《山居偶成》，便沾染了陶渊明的风格。

山居偶成
山居且喜远纷华，俯仰乾坤野兴赊。
千载勋名身外影，百年荣辱镜中花。
金樽潋倒春将幕，蕙径葳蕤日又斜。
闻道五湖烟景好，何缘蓑笠钓汀沙。

胤禛此时的心境很豁达，喜欢山居幽静的感觉，觉得千秋功名都是身外之影，百年荣辱都像镜中之花，世间又有什么值得追求的呢？放下功名利禄、名垂青史的诱惑，放下对皇权之位的争夺，一个人寄托山水，饮酒微醺，心中不浮躁了，也不会患得患失，人才会找到真正的生活意义。

那个时候的胤禛，很难用故意为之或者真正超脱来判断。也许是苦闷之下，自己对自己的和解，他是在安慰自己，不要着急，毕竟老子说过"夫唯不争，天下莫能与之争"！

还有一种可能，就是胤禛在隐藏锋芒，用这些诗文和与世无争的态度，将自己保护起来，从夺嫡风波中抽身出来，这是他明哲保身的一种手段。

或许两种可能都有，是相互掺杂的，毕竟环境复杂，人心和性格也是多变的，此时恬淡心境和后面夺权时的突然一击，看似矛盾，实则并不冲突，甚至胤禛的复杂，才是他最后胜出的关键原因。

　　胤禛在皇太子胤礽被废之后，对废太子表现得很友善，赢得了康熙和太子党的好感。比如在废太子被罢黜关了禁闭后，所有人都唯恐避之不及，但皇四子胤禛却亲自端了一碗汤送到太子的关押之处，一碗汤当然不能救太子，也不能充饥，对于太子的状况而言，毫无意义。但是，对于康熙和胤禛自己的意义却是非同小可。

　　康熙在知晓这件事后，夸奖胤禛兄友弟恭，这一碗汤温暖了康熙的心，充分体现了康熙以往的仁德教育是有用的，也让康熙觉得胤禛是个暖心的好儿子，给了老皇帝一丝慰藉。

　　这就是胤禛的魄力和胸怀以及高超的演技，就凭一碗汤走进康熙的心。这一碗汤是一个闲王端给一个废太子的，没有丝毫的利益关系，只表现出一个弟弟对哥哥的关心而已。

　　当然胤禛的肉羹汤，送去的时候并没有很顺利，刚到门口就被门卫拦住了，这可是康熙囚禁的太子，圣上明令禁止任何人进府邸探望，尤其是皇子们，所以废太子不是四阿哥想见就能见的。

　　守卫劝说："四爷，您回去吧，何必蹚这趟浑水，你没看到吗？其他阿哥们都跟着受了牵连，谁也不敢过来沾惹，您还是赶紧回去吧，不要也受了连累。"

　　没想到胤禛大声反驳："我只知道他是我的兄弟，是我的二哥，我和他从小一起长大，在这个时候，不过来探望一下，还算是兄弟吗？"

　　胤禛表现得兄弟情深，对胤礽念念不忘，关心其处境，顾念兄弟间的情分。

　　胤禛最终也没看到胤礽本人，汤当然也没有送进去，因为担心皇子送的东西会被下毒，所以这是被明令禁止的，胤禛怒气冲冲地离开了，但送汤的事情却传入康熙耳朵里，也被太子党的人知晓，他们都觉得胤禛不错。

所以说，胤禛的这个套路，用得特别好，因为他的老父亲受用，就是成功了。

当时康熙正被皇八子胤禩和皇长子胤禔气得头都要裂了，觉得自己的教育很失败，但是胤禛的表现，让康熙有了台阶下，皇室兄弟之间，还是有人很孝顺、友恭的。

胤禛通过这一件小事，让康熙称了心，重新进入了康熙的视野。他就喜欢这样耿直稳重，在乎兄弟情分，不争抢储位，对自己唯命是从的乖儿子。胤禛做得很好，加了印象分。等废太子被复立后，胤禛就又回府做闲散王爷，不问世事，而朝堂之上，又成了康熙和太子、诸皇子拉锯争锋的地方。

二、佛缘深厚的四王爷

胤禛的一生都与佛有很深的渊源，他很有慧根，佛学造诣也颇高，这又是什么原因呢？

其实胤禛早年便喜欢佛法，在年轻时还出钱雇人替自己出家，即替身。不过，那时候的胤禛还年轻，只是喜欢烧香拜佛之类充满迷信色彩的佛事，对未知的神秘佛法充满敬畏。而对于禅宗明悟的许多思想学术等却不以为然，不认为禅宗的事等于佛家的事。

直到后来，胤禛结识了章嘉活佛，从此，他的思想突变，喜欢上了这个无迹可寻却又充满玄机的禅宗。

从康熙五十一年（1712）开始，胤禛在雍亲王府邸接连两年举行法会，与章嘉活佛、迦陵法师论说佛法，请二世章嘉活佛灌顶传法。在章嘉活佛的指点下，得蹈三关，对佛法的领悟越来越深。活佛称赞雍亲王得大自在,以至于胤禛登基后常以大自在自喻。

章嘉活佛是康熙身边的红人,因为他在青海、内蒙古一带有极高的名望,地位崇高。所以,康熙令他管理内蒙古地区的宗教事务,与西藏一带的活佛分庭抗礼。

当章嘉活佛与胤禛多次交流后,听得胤禛的领悟之语,一语道破:"王爷只是初步破参,就好像针破纸窗,从针孔窥天,然而天体如此广袤无穷,针孔中所见,并不全面,甚至是一种偏见。"

胤禛有所醒悟,更体会到国师的通达与其高超的禅理,从此,潜心学习与领悟,努力做到知行合一。遇到困难,从浩瀚的佛法中寻找破解之法,让自己归于平静,忘却眼前烦恼。

迦陵禅师为清代有名的禅师之一,他更是胤禛府上的常客,二人经常在一起讨论禅宗佛法。胤禛还与京城高僧大千佛音禅师交流,谈感悟,讲人生,胤禛的自身素养提升了很多。

现在也很难说,这是不是胤禛的韬光养晦之策,因为当时的夺嫡斗争,愈发残酷,胤禛还迟迟没有表现出优势,甚至不敢表现出自己要夺嫡,在这种苦闷状况下,他的确能从对佛教禅宗的参悟中,受到诸多启发。

据说,在康熙五十二年(1713)康熙六十大寿,诸皇子都想尽办法,利用这次机会,博得皇阿玛的欢心。已经是雍亲王的胤禛奈何苦苦思索仍无法想出合适的礼物可以让父皇眼前一亮。于是他找到迦陵禅师商量对策,禅师告诉他,重修附近的柏林寺,为父祈福,这就是给他父皇最好的祝寿礼物。

胤禛一听,顿时会意,忍不住拍手称赞:"这个礼物妙不可言啊!"

迦陵禅师也笑了笑:"只可意会,不可言传。"

第三章 富贵闲人，以退为进

"懂了。"胤禛露出笑容，他心中也清楚，不论送什么礼物，黄金白银、珍珠玛瑙等都是俗物，你就是再有钱有权，能比父皇权势大、财力厚吗？

而且，越是奢侈的礼物，很可能越会引发康熙的不满。如何能讨到父皇欢心才是最重要的，这个礼物，必须独一无二、意义非凡才行。

而柏林寺是京城八大寺庙之一，始建于元代，后来年久失修，已经破旧不堪。胤禛出资重建柏林寺，便是以佛门功德，来庇佑父皇身体安康，万寿无疆，十分有意义。说干就干，胤禛是个行动派，立即出了巨资派人重新修缮寺庙，甚至还扩建了院内的一些基础设施等。

待修缮完工，胤禛请父皇到他府上小住几日，歇息安养，父子二人加上弘历在旁，相谈甚欢。一时间康熙享受到了天伦之乐。胤禛看到父皇很高兴，提出游览雍亲王府附近的柏林寺。康熙看到焕然一新的柏林寺既美观又大气，钟声空灵，香雾袅袅，顿时心情大好，得知这是四阿哥为了给他祈福才修缮的，更让康熙感动。

此时，胤禛请康熙题写寺名以传承留念，康熙欣然提笔，写下了"万古柏林"四个大字。

这件事，自然给康熙留下极好的印象，这份礼物也是众多皇子准备的礼物中最为特殊的，让他难忘。此后，康熙对胤禛更上心了，在康熙晚年时，每年都会到雍亲王府住上数日，或是让胤禛陪同聊天，这给了胤禛经常单独接触康熙，与康熙和谐共处的机会，也为他日后夺位登基，做下了很好的铺垫。

此外，杭州理安寺是迦陵禅师静修长住的地方，胤禛后来也以为父皇祝寿为由，派人重新修缮理安寺，照样请康熙题名。康熙写下"理安寺""石磐正音"的匾额。这个办法胤禛屡试不爽。

胤禛毕生崇信佛教，他被封为雍亲王以后，曾在藩邸建立大觉寺，哪怕他后来即位后，仍与和尚过从甚密，十分引人注目。胤禛还亲自撰写佛学著作，编辑名僧语录，刊印释家典籍，并干预梵宫事务。他自号"圆明居士"，又称"破尘居士"。

用胤禛自己的话说，他是一个受戒的佛教信徒，是在家研究佛学的人。

雍正曾作过一首题为《自疑》的诗，诗曰：

谁道空门最上乘，谩言白日可飞升。
垂裳宇内一闲客，不衲人间个野僧。

在这首诗里，他自称为不着僧服的"野僧"，也安于做"天下闲人"，远离争斗，让自己变得与世无争，既能做给外面的人看，又能自身受益，这的确是一个好办法。

此时康熙重新立了胤礽，恢复其皇太子身份。胤禛和其他皇子已然明白，这只是父皇政治斗争中的一步棋，饮鸩止渴而已，太子地位无法像以前那么稳固，胤礽能够被废一次，自然能够被废第二次。康熙之所以如此，只是急于对结党的皇子们进行反击，尤其是咄咄逼人、人气极高的皇八子胤禩。

就在复出的太子与胤禩、胤祉等争夺储位，相互倾轧的时候，胤禛还在隐忍不发，闭门谢客，唱颂他很喜欢的《布袋和尚呵呵笑》一诗，凸显他表面上超脱无争，无心夺嫡。

我笑那李老聃的五千言的道德，我笑那释迦佛五千卷的文字，干惹得那些道士们去打云锣，和尚去敲木鱼，生出无穷活计。又笑孔子的老头儿，你絮絮叨叨，说什么道学文章也，平

第三章　富贵闲人，以退为进

白地把些好人弄死。住住住，还有一笑，我笑那天上的玉皇，地下的阎王，与那古往今来的万万岁，你带着平天冠，衣着衮龙袍，这俗套儿生出什么好意思，你自去想一想，苦也么苦，痴也么痴，着什么来由，干碌碌大家喧嚷的无休息。

这首诗可谓目无一切，横扫一切，把所有世人认为神圣的东西，包括人间至高无上的皇帝都嘲笑了一遍，这在当时的时代可谓惊世骇俗。

从消极方面看，这是一种什么都无所谓的消极颓废心态，但从积极方面看，却是在告诫人们，凡事不过如此，做任何事情都要抱有一颗平常心。倘若一贯毛毛躁躁、急急吼吼，到头来未必不是黄粱一梦，竹篮打水一场空，甚至是自食其果，万劫不复！

就像参与到储位争夺中的大阿哥胤禔、二阿哥胤礽和八阿哥胤禩等人，最后不过像是《红楼梦》里说的："乱哄哄你方唱罢我登场……甚荒唐，到头来都是为他人作嫁衣裳！"

"炉中若无真种子，纵遇神仙也枉然。"正是因为这种淡然的心态，胤禛并不迷信那些相士算命，而是自己参悟禅机，这和其他皇子都不太一样。

如八阿哥胤禩很喜欢和三教九流交往，每碰到"九流术士有些异样的"，便令人弄到自己府上，好生招待，希望能听到一些对自己有利的预言。九阿哥胤禟碰巧收了个西洋的传教士穆经远，也喜欢请他帮忙看相。包括十四阿哥胤禵后来也与他们如出一辙，在西北时请了个张瞎子为他算命。那些江湖术士善于见风使舵，就像前面所说的大皇子请的那个张明德一样，不过是想从他们那里搞些银子罢了。

胤禛深知这一切，并不盲目听信天命，而是一边做富贵闲人,虔诚礼佛,磨炼自己,迷惑对手和外人;一边暗中储备力量,积攒人脉,拉拢藩邸门客和谋士,准备关键时候,发出最强一击。

接下来,让我们看看胤禛是如何暗中积蓄力量,他都用了哪些关键属下,帮助他在最后时刻夺嫡。

三、降伏年羹尧

说起年羹尧,那故事就太多了,可以说,雍正最后能夺嫡成功,离不开年羹尧的辅助。

年羹尧的一生,是充满传奇色彩的,我们来看一看这个传奇人物,究竟是如何成长起来,并且成为雍亲王继承大统的关键人物的!

年羹尧,字亮工,出生于康熙十八年(1679),身份高贵,家境富裕,他的父亲年遐龄虽是笔帖式出身,但是才华出众,后来成为坐镇一方的封疆大吏,任湖广巡抚。他哥哥年希尧通晓医学、音律、绘画等,十分博学,曾任工部侍郎、江苏巡抚。他的妹妹嫁入了雍亲王府,成为四阿哥胤禛的侧福晋,就是在影视剧《甄嬛传》中因嚣张跋扈让人印象深刻的年妃。

年羹尧的妻室同样尊贵,正妻是康熙朝重臣明珠的孙女,即著名词人纳兰性德的女儿,继室是辅国公苏燕之女。可以说,年家满门权贵,在当时也算显赫了。

据清人野史记载,当年羹尧出生的时候,年遐龄已经成了兵部主事。年遐龄虽然是朝廷大官,但是很惧内。一次他的妻子回娘家省亲,年遐龄便与身边的年轻婢女私通,当年遐龄夫人从娘家回来的时候,婢女已经怀孕七个月了,年夫人问明缘由后大怒,竟然对婢女殴打鞭挞,导致年羹尧早产,而年遐龄

第三章 富贵闲人，以退为进

那时因为害怕夫人，早就躲得远远的。刚满七个月的年羹尧一出生就哇哇大哭，还不知道自己即将面临的悲惨遭遇。

年夫人见年羹尧哭得很响亮，更加生气，立马将产后的婢女（年羹尧的生母）卖给了别人。这个时候年羹尧哭得更加起劲了，年夫人一气之下，竟然狠心命令下人将孩子埋了。下人心肠很好，不舍得谋害无辜的孩子，但是又不敢违抗夫人的命令，左右为难。无奈之下，他就把小孩子放到了后院菜园的猪圈旁边，然后就离开了。半个月之后，下人又去后院的菜园干活，竟然听到了孩子的哭声从猪圈中传出来，他走近一看，发现一只母猪正在给孩子哺乳。

下人感到非常吃惊，认为这个孩子命不该绝，心想不如就将这个孩子领养了吧！于是下人就把孩子抱回了自己家，找来一个乳娘帮他喂养，小孩就这样活下来了。几年之后，年遐龄升了官成了巡城御史，很多人都来年家祝贺年遐龄高升，其中就有一个名叫"史瞎子"的人，此人是钱塘一个著名相士，善于摸骨看相、预测吉凶，其实他眼睛并没有失明，只因其看相的方法奇特，而被称为"史瞎子"。

年遐龄听闻过"史瞎子"的名声，就让他给自己摸骨看相，"史瞎子"微笑着说："年大人乃是大富大贵之人，日后必然成为朝中罕有的贵臣，不过这都是因为您有贵子！"年遐龄听了很高兴，就令儿子年希尧出来让"史瞎子"摸骨看相，但"史瞎子"摸了年希尧的骨相，却摇头说："大公子日后也是二品大官，但是还没有到大富大贵的地步，是您的二儿子！"

"二儿子？"年遐龄疑惑了，不解道："这就奇怪了，我目前只有这一个儿子，你说我会靠儿子大富大贵，又说我儿子不是大富大贵之人，你这不是自相矛盾吗？"

"史瞎子"笑着说："年大人不要急，刚才我在贵府的大门口,看到一个四五岁的孩子骨骼清奇,便忍不住给他摸骨,那个孩子是真的大贵之相,我推算那个孩子30岁就会执掌大权,日后会位极人臣,权倾朝野,贵不可言,会比王爷更尊贵,难道那个孩子不是年府的小公子吗?"

年遐龄听了,就命令看门的下人把孩子抱过来,发现那个孩子果然聪明伶俐,结实健康,就质问下人:"你素未娶妻,哪里来的一个孩子?"

下人一听立马下跪说:"回大人,小的该死,他是您的亲生骨肉啊!"

于是,下人就将自己收养孩子的原委,详细说了一遍,众人这才恍然大悟!

年遐龄这才知道当年自己跟婢女生的孩子还没有死,而年遐龄的夫人此时看见自己当年加害的孩子还活着,而此事又被世人知晓,满脸羞愧,后悔当时的决定,向年遐龄道歉。

"老爷,当时我在气头上,做了错事,实在糊涂。好在这年家骨肉还没有夭折,这是他命贵,从今天开始,我就抚养这个孩子长大,把他当成亲生骨肉一般,弥补过错,请老爷放心。"

年遐龄听完,自然很高兴,自己多了一个前途无量的儿子。年遐龄给孩子取名为年羹尧。

不过,这种野史记载是否可靠,不可妄言。

年羹尧七八岁时,跟父亲去湖广巡抚衙署生活,这一日风高浪急,江水湍急迅猛,但是年羹尧却不顾下人劝阻,要游长江,结果有惊无险登岸,把下人给吓坏了。

事后,有人问他为何有如此胆量去犯险,难道不怕死吗?

年羹尧回答:"我年纪尚幼,正当力学之时,如果我后福无穷,遇险必济,受到庇佑;否则,葬身江中溺亡,是我命薄,也算了却一生,不浪费时间。"

如此年纪，桀骜不驯的性格便展露无遗了。

少年的年羹尧就聪颖异常，关于他的奇闻逸事也有不少。年羹尧20岁便中了进士，据《永宪录》其为"庚辰榜进士"，即康熙三十九年（1700）进士。随后，年羹尧在翰林院做了三年的庶吉士，期满以成绩优良授翰林院检讨，从此正式进入仕途。

康熙四十八年（1709），年羹尧以内阁学士兼礼部侍郎外放为四川巡抚，成为封疆大吏。年羹尧用了六年时间，完成从七品小官到封疆大吏的升迁，不可谓不快。此时的年羹尧恰逢而立之年，是最年轻的地方巡抚。《永宪录》中也有记载，称其"抚川时年未三十"。

为何年羹尧这次升官外放如此容易，年仅30岁就成为四川巡抚呢？

这自然与雍亲王息息相关。

因为这一年的三月，废太子胤礽被康熙重新立为皇太子，不久又册封了许多皇子，如胤祉被封为诚亲王、胤禛被封为雍亲王、胤祺被封为恒亲王。年羹尧是雍亲王的下属，算是半朝臣半家臣，胤禛成了亲王，年羹尧也跟着沾了光。

在这段政局动荡的岁月里，胤禛对康熙的细心照顾，让康熙感动不已，故而让胤禛的下属年羹尧外放，掌握地方实权，以示对四阿哥的勉励。

在《圣祖实录》中有这样的记载，康熙说自去年废黜太子后，朕身体状况每况愈下，憔悴不堪。唯有胤祉、胤禛一再请奏，愿冒死择医试药，痛哭陈请，朕才得以服药。今朕已痊愈，故此加封。从中可以看出，康熙有意要培植皇子的力量，维系各方势力平衡，这符合帝王之术。

年羹尧到四川上任之后，颇有作为，到任十多天，就把四川的情况基本摸清，向康熙提出兴利除弊的五大措施，而且有的放矢，绝非虚言敷衍。康熙看过奏折后逐一思考批示，最后颇为欣赏地鼓励年羹尧：朕一直听闻四川情况大概如此，但不得详细，览折后方知是真，朕对你寄托厚望，希冀你能坚守做一位栋梁好官。

年羹尧才能突出，做官办事条理清晰，写给康熙的奏折，全都出自他个人之手。十分细心，但凡重要之事他都会上奏写出，让康熙皇帝知晓四川的风土概貌，同时将重大事情的办理措施和结果全部进行汇报，并在折子中留出大片空白处，便于康熙朱批回示。

时间长了，康熙对年羹尧的才能很是欣赏。本来年羹尧是管理民事的巡抚，但很快康熙便将四川之地的民政和军政都归他管理了，可谓真正的大权在握。

当然，由于年羹尧做事高调，年轻气盛，而且手段强硬，跟当地的提督康泰、护军统领温普、管领法喇等人，都有些碰撞，年羹尧利用被康熙信赖，可以直接上奏的便利条件，暗中参他们，公报私仇。这些人革职的革职，查办的查办。这也使他在四川结下许多仇怨，为后来自己失势时受到弹劾等惹下麻烦。

年羹尧在地方做封疆大吏十多年，养成了狂傲的性格，犹如脱缰野马只对康熙皇帝毕恭毕敬。他自恃权势，作为政治获利的资本，开始在诸皇子之中左右逢源，获取好处，建立关系网。比如孟光祖诈骗案，年羹尧就牵涉其中。孟光祖曾是三皇子的仆人，外出后打着三皇子的旗号，行骗了五个省份，有数年之久。不单诈骗，还行赏地方大吏。这里真真假假，是不是胤祉指使他拉拢地方官员，不得而知。一直到直隶总督赵弘燮上奏，事情这才暴露了。

但康熙明显偏袒三皇子胤祉，因为在这些年的夺嫡之争中，他参与得不明显，一直都在从事与图书相关的编著活动，是单独向康熙上奏最多的皇子，在康熙心目中分量很重。康熙不相信文人气息很重的胤祉，能干出什么夺嫡争储的阴暗事情来，所以有意将事情压下，只将孟光祖秘密处死，将江西巡抚佟国勷等参与行贿之人革职查办。

年羹尧这次也摊上事了。他看着孟光祖是三皇子诚亲王的人，好吃好喝的招待不说，还接受了孟光祖的礼物，同时回赠给孟光祖一些财物。年羹尧向康熙回奏说，孟光祖谎称受诚亲王差遣到四川办事，自己不上奏、不查办，掉以轻心，违背规制，实在罪不可恕，如今自己已诚心忏悔，恳请皇帝开恩。

吏部提议将四川巡抚年羹尧革职查办。康熙考虑到此事复杂，不宜扩大化，再加上年羹尧是雍亲王的下属且罪过不大，因此只将江西巡抚佟国勷革职，将年羹尧留任，以作观察。

雍亲王胤禛在京城，通过亲信从刑部得到了孟光祖的供词，得知年羹尧参与其中，阳奉阴违。他又得知年羹尧把他在胤禛门下做下属的这几年的经历，都通过密奏禀告给康熙。这两件事加在一起，让胤禛意识到，这个年羹尧对他忠心不足，像墙头草一样左右摇摆，举棋不定，是个隐患。

于是，胤禛憋了一肚子火气，写出了《雍亲王致年羹尧书》，对年羹尧进行了批评、责骂甚至威胁。胤禛先指出年羹尧违背大清祖制，然后斥他对主子不忠，实在是狼子野心，两面三刀，无父无君，着实可恨。

胤禛还举了例子，比如他母亲大寿、儿子大婚，这两件大喜事，都不见年羹尧写信祝贺。六七个月也不给他写信请安，即便偶尔有一次书信，也不自称奴才，简直没有把本门主子放在眼里，过河拆桥，忘恩负义。

除此之外，胤禛还进一步威胁年羹尧，训斥他对皇上撒下大谎，交代的孟光祖的事情不全，而且这些年他在四川之地担任总督有不少贪赃枉法、诽谤同僚之举，这些情况自己都掌握了证据，希望年羹尧擦亮眼睛，仔细考虑，若是继续嚣张跋扈，对自己的主子没有敬畏之心，断不能容忍。

胤禛写到这，基本谩骂、斥责、威胁都用上了，估计年羹尧看到这儿，已经浑身冷汗，吓够呛了。此时，胤禛话锋一转，开始晓之以理，动之以情，打出亲情牌。毕竟胤禛跟年羹尧是有亲戚关系的，年羹尧的妹妹可是雍亲王的福晋，年家一直效忠四阿哥。所以，胤禛并非真的要跟年羹尧决裂，而是利用这些事教训、收服年羹尧，让他坚定立场，为己所用。

"汝父年老，汝毫不为意，在外任职可以，但把七八个儿子尽留任所，岂人心之能忍也？自今以后，凡汝子十岁以上者，俱著来京侍奉汝父，即汝昔年临行时向我讨去读书之弟侄，亦必著令作速来京，毋留在外！观汝今日藐视本门主子之意，他日为谋反叛逆之举，皆不可定！汝父见汝此启，当余之面痛哭气恨倒地，言汝风狂乱为……况汝父在京，我之待他恩典甚重，谅汝无父之人亦未必深悉其委曲也。"

这封书信，透露了当时二人关系非常一般，甚至年羹尧并没有完全站在胤禛这边，虽然他算是四阿哥的藩邸旧人，但长期以来与主子胤禛关系疏远。这原因一是与年羹尧少年得志，做封疆大吏有关，他因此变得有些狂傲；二是其他皇子必然暗中与他联系，拉拢他，皇上对他十分恩宠，异常信任，导致当时的年羹尧没有把京城的雍亲王放在眼里。

这也可以从侧面看出雍亲王在康熙五十六年（1717）的处境。他在诸位皇子集团中，实力最弱，威信低，地位不高，还没有得到康熙的"看中"，与帝王之位无缘，所以年羹尧作为奴才，也就不太在乎这个主子了。

另外，年羹尧的功名富贵跟雍亲王没有直接关系，更多是由于他得到康熙的信任，讨得康熙的欢心，所以，年羹尧不停地给康熙写奏折书信，几乎每月都会有折子发往京城，而几个月甚至半年都不给昔日的主子胤禛写书信，有意疏远胤禛。

因此，胤禛在康熙晚年，夺嫡竞争最激烈的时候，抓住年羹尧的小辫子，对年羹尧进行威胁利诱，让年羹尧死心塌地为他卖命，成为自己夺嫡的筹码。不得不说，此时身为雍亲王的胤禛，威慑住了年羹尧，将他彻底拉拢住，年羹尧也很听话，把几个儿子派回京城，名义上陪伴照顾年迈的父亲年遐龄，其实是让他们成为雍亲王胤禛的人质，以表明自己坚定地站在了年羹尧这一边。

年羹尧被胤禛降伏之后，开始为四阿哥介绍朝中重臣。比如胤禛一直想要结交翰林院学士蔡珽，但蔡珽始终不愿意与胤禛私下相见，最后还是年羹尧的儿子年熙引蔡珽与胤禛见面交谈，双方达成了协议。蔡珽站在了胤禛一方后，还推荐了左副都御史李绂，蔡珽和李绂成为胤禛登基后惩治政敌的两个得力助手。

自此，年羹尧成为胤禛夺嫡最强大的助力之一。

四、藩邸旧人的奇策

胤禛也招揽了一些亲信、谋士为己所用，其中最有名的，莫过于戴铎了，他被胤禛以"国士"相待，这又是为何呢？

在影视剧《雍正王朝》中，有一位足智多谋的谋士名为邬思道，这是影视剧中虚构的人物，据一些人考证，邬思道的原型很可能就是雍正曾经的藩邸下属戴铎。

其实在史籍上关于戴铎的记载并不详细,无法探知此人的具体生平事迹,从此人助皇四子胤禛参与夺嫡,最后胤禛登基后,年羹尧和戴铎被先后处死来看,戴铎的事迹很可能是雍正上位后,有意派人抹去。雍正不想让世人知晓他有意夺嫡的事情,而戴铎是参与其中的谋士,知道的内幕最多。

在流传下来的资料中,有十封他进呈雍正且雍正予以回复的奏折,后世也有人称这些资料为"戴铎十启"。真正证明戴铎能力的,是"戴铎十启"中一封清朝版的"隆中对",戴铎在这封信中提出"三策",这三策十分关键。

戴铎的第一策:如何对待还活着的康熙皇帝。

此时,正是太子复出之后,朝堂政局多变,太子党与胤禩党争锋愈演愈烈之时,大皇子党的余孽、胤祉、胤禵等,也蠢蠢欲动,康熙在晚年,可谓焦头烂额,因此身体经常生病,而且有点荒废政务,国库开始急剧空虚,官吏贪赃枉法的事情变多。

戴铎给胤禛的建议是,要侍之以忠孝,也要示之以孝。康熙虽然算是明君,但是他到了晚年,一样会贪恋权位,一样会担心皇子威胁他的地位,让他最后不得善终,无法体面的谢幕,所以,康熙很忌讳皇子们权势过大,而以康熙当时的能力,是绝对有实力"消除隐患"的,所以戴铎建议胤禛不能像太子、胤禩、胤禵等人那样高调,招来不满和灾祸。

但是,康熙未来要选的继承人不可能是一个软弱无能的乖宝宝,所以戴铎建议胤禛还要在"低调"的同时,展现出自己的能力,你可以不争,但是你要让你爹看到你具备争的能力。要适当展现出自己治理官吏、处理政务的能力。做事要干脆利落,对当局时政和国策等,要有自己的独到见解,能为大清的社稷起到真正的促进作用,同时还要让康熙看到胤禛的这些能

第三章　富贵闲人，以退为进

力和闪光点。

戴铎第二策：如何经营自己的势力。

九王夺嫡，形势复杂，竞争皇位绝对不能光靠面子工程，你一定要有硬实力，而这个硬实力就是专属于你自己的绝对力量。那么这个力量怎么来？身为雍亲王你要多提拔培养我这样的人。我们都是你的奴才，一荣俱荣，一损俱损，你培养我们，就是在加重自己赢得皇位的砝码。

于是，胤禛开始把雍亲王邸的人推荐出去任职，储备人才，即"加意作养，始终栽培"。有人在地方上做到了巡抚提督等职务，也有人在京师做到阁老九卿，这些人位居重要职务，为胤禛扩张势力。同时，胤禛开始笼络康熙身边的亲信重臣，特别是拉拢极少数掌重要职权之人，以期他们未来能在关键时刻发挥作用。如此布局，使得胤禛威望日盛。

戴铎最后在策论中以祈求的口吻写道："以上数条，万祈主子采纳。当此紧要之时，诚不容一刻放松也！否则稍有怠慢，高才捷足者先主子而得之。"

从后来胤禛的作为来看，他的争储方案几乎被胤禛全盘接受了。胤禛也因此对戴铎刮目相看，待以国士之礼，多次亲自召见戴铎密谈。

在康熙五十五年（1716），戴铎前往福建就任知府，胤禛让他秘密带给闽浙总督满保一件礼物，以拉拢地方的封疆大吏。戴铎完成任务后，还专门去了一趟武夷山，在那里遇到一个道士。他让道士给胤禛卜算一番，道士卜得一个"万"字，说所卜之人贵不可言。这是暗指胤禛以后会是万岁爷，这让胤禛很高兴，直夸戴铎办事能力强，做事谨慎。

戴铎第三策：如何对待那些已经是竞争对手的兄弟。

当时储位竞争激烈，对皇位有想法的皇子很多，甚至有

"九子夺嫡"之称。这些人都是雍正的亲兄弟,该如何对待他们,也是一个不容忽视的大问题,这决定接下来要采用何种方法和战略。

戴铎给出的建议是,抛弃太子,不要跟他走得太近,因为太子在朝堂内外名声不佳,所以,哪怕他被复立为太子,也不会太长久,不用把他当成未来的皇帝。至于其他那些如狼似虎的兄弟,不要过早跟他们产生冲突,让皇子们相互争斗,彼此消耗力量。

戴铎这一点建议的核心思想其实还是让胤禛不要过早冒头,要韬光养晦,不参与其中,要当一个在表面上不让兄弟们起戒心的暖男。毕竟康熙这个爹,也不愿意选一个大杀四方的儿子继承皇位。所以,四阿哥胤禛后来成了"富贵闲人",这是提前就安排好的。

这三策很关键,让胤禛受益无穷,他也是这样实施和推进的。比如在皇太子胤礽第一次被废幽禁的时候,胤禛不仅没有在康熙面前落井下石,说胤礽的坏话,甚至还表现出对胤礽的怜悯和同情,去送肉羹,还替废太子向康熙传话,这让康熙看到了胤禛身上的正直和善良,博得了康熙的好感。

但是,该落井下石的时候,胤禛暗中也没有闲着,比如,大皇子胤禔用镇魇之术来对付皇太子的时候,胤禛似乎也知晓此事,甚至牵线搭桥,从中推波助澜,间接参与。只不过,事后他一概否认,他的好兄弟皇十三子胤祥顶了罪,被幽禁了十余年之久。

在康熙晚年,有一次八皇子胤禩大病不起,胤禛也曾落井下石,只是做得不露痕迹而已。

康熙五十五年(1716)九月,皇八子胤禩因为献鹰事件,在近两年的时间里都一直被康熙冷落,康熙不仅对他不闻不问,

第三章　富贵闲人，以退为进

也不让他过去请安，二人不曾再见一面。此时的胤禩因伤寒病情变得严重，但是他却拒绝治疗，还封锁了消息，应该是对夺得皇储之位失去了信心，所以觉得人生没什么意义，生存欲望降低了。

但是，消息还是从其他皇子口中传到了正在密云出巡的康熙耳中，康熙没有问胤禟、胤䄉等人，而是问他觉得向来客观公正的胤祺。

"听说八阿哥最近病得厉害，你可曾派人去探望过？"

胤祺摇头回答："儿臣平时多在家礼佛、看书，很少在外面走动，也不参加任何聚会，消息闭塞，还不知此事，尚未使人前去探望八阿哥。"

康熙听完，微微点头，觉得胤祺的做法没毛病，说道："此时知晓，该使人往看，然后回报。"

"儿臣明白了。"胤祺此时已经心中明了，这是父皇想要他过去探查八阿哥的病情是否属实，病到什么程度了。

几天过后，胤祺派人回京探望过后，得到了情报，立即向康熙奏报。

"父皇，儿臣使人前往京城，查探八阿哥胤禩病情，八阿哥的确病情严重，儿臣今日想要告假，亲自回去探望。"

这时候的胤祺，想要打亲情牌，摆出自己兄友弟恭、关心亲兄弟的姿态，博取康熙的好感。

康熙听完之后，表示理解，对胤祺这个做法表示认可，但很快，康熙又反悔了，对胤祺责备道："目前随朕出巡在外的只有你一个阿哥，扈从之事何其重大，你若放下回京，迫不及待要赶过去看望胤禩，岂非弃朕的安全于不顾。朕观此关切之意甚笃，难不成你也是胤禩党的人？"

胤祺一听，有些发蒙，本想着做戏，凸显自己对兄弟的关心，没想到这次用力过猛，适得其反了。

他见康熙对自己的忠诚产生了质疑，态度立即来了个大转弯。

"儿臣绝无此意，只是听父皇前几日关心八阿哥的身体状况，胤禛不知真假，虽然派人过去查看了，但毕竟没有进入宅院亲眼看到，只是通过八阿哥府上的人打听到的。儿臣想着回去以探望之名，查看情况是否属实，才忽略了其他，经父皇刚才点拨，儿臣这才意识到考虑不周，当下扈驾之事，才是儿臣头等之要，绝不会本末颠倒了。"

胤禛这一番解释，可谓口风忽转，一切都以康熙的意志为转移。

康熙晚年的确有很多乖常之举，猜忌多疑，而且对病重之人唯恐避之不及，怕沾染晦气。比如康熙在返回京城外的畅春园的前一天，驻跸汤泉。因八阿哥胤禩的赐园临近畅春园，而他又卧病于那个庄园内，于是康熙有些不舒服，下旨让皇子们议奏，想办法把胤禩移回城内去，不要靠近他，免得把垂死之气传染给他。

但是，以当时胤禩的身体状况，如果坐车折腾回京城内的府邸，会再次沾上风寒，加重病情，这对于病危的八阿哥，无异于要了他的命。绝情的康熙怕自己落下埋怨，于是明确表示，是你们讨论要送他回京的，这件事跟朕没关系。

诸皇子讨论时，胤禛明确站在康熙这边，跟胤禩划清界限，明确自己的意见，说道："胤禩病情极其沉重，已不省人事，应该搬回京城府邸去，以防万一。"

但皇九子胤禟坚决反对："不行，八阿哥如今病重，若移往家中，途中出现不测，谁来担这个责？"

胤禛则带头劝阻道："八阿哥病情严重，你我等皆知，倘若近日有不测，胤祺所驻之所，正是父皇必经御路，此事关系甚大，理应移回。若是换成我等，也当主动避让。"

正是由于胤祺的强烈坚持，几位皇子才达成一致，同意将胤裪搬回家中。好在胤裪这次大难不死，回到家中后病情没有加重。后来康熙起了恻隐之心，命佟国维等带太医去给胤裪治疗，其中就有胤祺。

不过，胤祺为了打消父亲对他的疑虑和猜忌，亲自到圣驾之前表明自己的立场，他表示自己不懂医药，去了也没有什么用，还是留在父皇身边扈驾最为重要。

此时的胤祺，急于向父皇康熙表忠心，什么兄弟性命、兄弟情已经不顾了，可见胤祺在夺嫡的后期，已经专注于获得康熙的信任，其他方面，能做表面功夫就做，如果与核心目标有冲突，就皆可抛下。做事灵活多变，八面玲珑，这也是他最后能成功的原因之一。

第四章　夺嫡诡云，康熙之死

一、太子胤礽第二次被废

康熙四十八年（1709）三月，胤礽被复立为皇太子，但皇室内部的争斗，并没有像康熙想象的那样平息下来，而是愈演愈烈。以胤礽为首的太子党，百足之虫死而不僵，仍然有很大的势力。

而大皇子党的官员见胤禔没有了希望，纷纷投靠胤禩党，开始支持有"八贤王"之称的胤禩，与太子党的势力抗衡。

胤礽再回东宫之后，感觉恍如一梦，自己差一点儿就跟太子之位失之交臂，甚至被囚禁在冷宫一辈子。这个经历，让胤礽感觉到恐惧，他不想落得那样的结果，所以，加快巩固自己的地位和势力。

他反思了第一次被废的教训，认为自己失败的原因在于手中没有兵权，对父皇康熙和皇子们根本没有威慑力，所以，自己的太子之位才会说废就废，弹指间，成为阶下囚。其他皇子不断栽赃陷害他，也因为是没有忌惮他这个太子权势。

所以，这一次，他刚入主东宫，就立即把步军统领托合齐、兵部尚书耿额、刑部尚书齐世武等人拉拢到自己身边，他们为太子出谋划策，使得太子势力再次膨胀，死灰复燃。

第四章　夺嫡诡云，康熙之死

步军统领全称是"提督九门步军巡捕五营统领",是京城内威风凛凛的"九门提督",掌管京城的守卫、稽查等诸多安全任务,责任重大。其统辖部队数万人,官至正二品。胤礽间接地把控了这一重要的机构。有军权握在手里了,他感觉踏实了不少,这样就可以威慑皇子们了,胤礽自以为得计。

但胤禔党人的力量同样不容小觑,胤禔身边集合了大皇子胤禔、九皇子胤禟、十皇子胤䄉、十四皇子胤禵等一些人脉,可以说,各种势力盘根错节,远比皇太子胤礽想的还要复杂得多。他们没有明面上跟胤礽比拼硬实力,而是在暗地里展开舆论攻势。

你皇太子不是掌握了部分兵权,有实力了吗?那好,我们不跟你硬碰硬了,以柔克刚,采用舆论战的手段,散播谣言。比如,工部侍郎揆叙和理藩院尚书阿灵阿等人花重金,买通一些能言善辩之人,在官民聚会之所散播各种不利于太子胤礽的消息,其中有真有假。如果太子没做过,就无中生有,如果太子做过,就夸大其词。

这种抹黑太子的消息从京城内外一直散播到地方,朝廷内外,不论是达官贵族,还是黎民百姓,都知道太子胡作非为、品性无德、昏聩好色,经常派奴才前往各省,勒索地方官员、富商,如果地方势力稍有不从,就会遭到太子党的疯狂报复。

一开始,康熙因为想要缓和与太子的感情,对弹劾、告发胤礽的一些奏折坐视不理,胤礽借此机会,诬告和打压那些不能满足他要求的官员,让皇帝无端地处罚他们。太子这样胡作非为既丢了自己的脸面,也损了皇家的威严,还让朝堂内外政局混乱。

后来,康熙得知太子越来越放肆,便派侍卫去暗中查探,果然发现有不少钱财和美女被送往东宫和太子庄园内,供太子花天酒地，宣淫作乐，毫无收敛。而且太子出行派头十足，他的饮食和服饰，处处都要跟父皇攀比，似乎在更加疯狂作死的路上坚定不移地前行。

康熙五十年（1711），康熙发觉步军统领托合齐、刑部尚书齐世武、兵部尚书耿额等朝廷重臣串联在一起，暗通讯息，以皇太子之名结党聚饮，似乎在图谋大事。康熙对这些人早有意见，因为耿额原本是索额图的下属，一直对索额图忠心耿耿。托合齐本就是索额图一党，在上一次太子被废时，康熙法外开恩，他没有被革职处置。他们聚在一起，令康熙感受到了威胁。

康熙派人调查过后，认为太子胤礽纠集一些文武大臣是想要早日上位，这些人正在密谋大事。于是，康熙再次先发制人，借一个微不足道的贪污案，将皇太子一党的官员打压殆尽，这些官员下场都很惨。比如刑部尚书齐世武贪赃枉法给太子捞钱，被查出之后，他的身体被铁钉钉在墙上，血流数日后而死。九门提督托合齐死在狱中，尸体被破坏。耿额被判以绞刑；鄂缮内被幽禁关押，太子党几乎被一网打尽。

康熙五十一年（1712），康熙巡视塞外回到京城畅春园。康熙见文武大臣和诸位皇子在龙辇之前，派人缉拿了胤礽和太子党多位官员，然后公布了太子的罪责："皇太子胤礽自复立以来，狂疾未除，大失人心，祖宗宏业不可托付此人。"并由礼部发檄文给地方封疆大吏：皇太子册宝已毁，凡各省呈奏皇太子之笺文，皆行停止。

康熙再次宣布废黜胤礽的皇太子之位，这是清代历史上，九王夺嫡中第二次废黜太子事件了。

胤礽被废后，康熙传下了谕旨，以后奏报胤禔、胤礽之事时，一律都称大阿哥守卫处、二阿哥守卫处，不得再称呼爵位和身份。

第四章　夺嫡诡云，康熙之死

胤礽被圈禁在紫禁城西北的咸安宫，由宗人府一位亲王带领多位宗室成员负责看守。平时这里大门紧闭，如果家人为胤礽送饭要经过专门用砖砌成的洞口递送，不得走门，也不能进入观看，不论酷暑寒冬、刮风下雨，皆是如此。如果太子有事，要敲响云板，外面看守的侍卫打开洞口双方才能联系。

不过，咸安宫的高墙能够囚禁胤礽的身体，却无法囚禁住他的心思，被废掉的皇太子心有不甘，依旧在苦苦等待机会。

通过两次废黜太子事件可以看出，太子胤礽最终成了这样，其实跟康熙也有很大关系。在太子复立之后，康熙对太子一味抬举、迁就，打算修复关系，以为这样可以"感悦伊心，冀其迁善"，结果事与愿违，康熙所做的是一个父亲对儿子的保护，但是，康熙没有料到胤礽是一个不知悔改、变本加厉的人。

这也说明了康熙对太子还是过于宽宥，若是康熙在他复出之后对他严格要求，或许太子会晚一点儿被废。但这只是假设，事情也许并不一定如此发展，因为从太子的个性分析，也许康熙太过严格会加速父子间的矛盾造成二人决裂。

康熙五十四年（1715），西北动荡，清朝准备出兵讨伐噶尔丹，康熙打算选取一个皇子作为大将军，这对于有望得到储君之位的皇子而言至关重要，这是一个绝佳的表现和历练的机会。

一旦立下赫赫战功，并且掌握了军权，那么就可以让诸皇子和朝中大臣心服口服了。胤礽虽然被幽禁，但是也得知了这个消息，于是他想到一个好办法，送出了一封密信。

这封密信是胤礽用明矾水写的，晒干后，根本看不出上面有字。胤礽的嫡福晋瓜尔佳氏刚好这时生病，宫中一个叫贺梦頫的太医来给福晋看病，临走前，胤礽让御医把密信带出去交给镇国公普奇，普奇用水浸泡后，看到了书信内容，原来是胤礽打算请他向皇上保奏自己为出征的大将军，戴罪立功，重回储君之位。

当时普奇犹豫不决,迟迟没有动作,甚至彻夜难眠,这个状况被他的兄弟辅国公阿布兰发现了,阿布兰毫不犹豫,直接向皇帝告发此事。明矾水密信事件经宗人府审理后,普奇被判监禁下狱,那位贺太医被斩首,以儆效尤。

虽然胤礽第二次被废黜了太子之位,并被软禁起来,但是,他做了近50年的太子,朝堂内外,曾经依附他的人太多了,许多人将前途命运都押在他的身上,不甘心就这样放下。

在康熙五十七年(1718),翰林院检讨朱天保就曾秘密上奏,明确提出放出胤礽,再次将胤礽复立为太子。当时康熙因为身体不舒服,在汤泉宫疗养,他得到奏折后叹息良久,也明白朝中还有人不死心,打算拥立胤礽重回储君之位,以换取日后的飞黄腾达。康熙的心情是愤怒的,他亲自审讯,最后将朱天保处斩。

在这一次的纷争中,作为雍亲王的胤禛,已经不再参与太子的任何事件,他一直待在家里礼佛、抄经、看书,做"富贵闲人",太子被废后,胤禛由康熙钦点,参加对步军统领托合齐的审讯。

胤禛利用这次机会,暗中留意,结识了隆科多,他是继托合齐之后下一任步军统领,掌控京城九门钥匙与京城数万八旗劲旅。而隆科多,也将成为胤禛日后夺嫡的关键助手。

二、后起之秀胤禵

胤禵是康熙的第十四个儿子,出生于康熙二十七年(1688),母亲是德妃乌雅氏,十四阿哥胤禵和四阿哥胤禛是一母所生,如果论血缘关系,二人本应该是最近的,但是,胤禵

第四章 夺嫡诡云，康熙之死

和胤禛打小关系就不好，这主要是因为胤禛跟他差了 10 岁，二人有年龄代沟。而且前面我们讲过，胤禛满月后由孝懿仁皇后佟佳氏抚养，与生母德妃乌雅氏没有多少交集，母子之情很淡。

孝懿仁皇后佟佳氏去世的时候，胤禛刚好 11 岁，处于叛逆期，他回到生母德妃乌雅氏这边时乌雅氏刚好正在抚养自己亲生的第二子胤禵，她把所有母爱都放在了胤禵身上，对胤禛冷漠疏远，这让处于叛逆期的少年胤禛对生母和胞弟很有意见，反而跟小几岁的胤祥一起玩耍，二人关系很亲密。几年之后，胤禛就成婚了，搬出宫在外建府，独立生活，入宫见乌雅氏和胤禵次数很少，所以，彼此关系不大好。后来雍正登基之后，把胤禵圈禁在景山寿皇殿，直到乾隆登基后他才被放出来，恢复自由，并且被封为多罗恂郡王，此乃后话。

胤禵跟同父同母的胞兄胤禛不亲近，反而跟胤禩、胤禟等人关系很好，因为几人年纪相仿，打小就在一起玩，形成了一个利益小圈子。在"献鹰事件"之前，胤禵、胤禟等人，都是站在八阿哥胤禩这一边的。

这可能是因为胤禩素有贤名，对胤禵很友好，所以，胤禵始终没有背叛胤禩，一直都忠于胤禩。在九王争储的纷争中，一开始他和胤禟、胤䄉全力支持胤禩争储位，在八阿哥被踢出局后，胤禟和胤禟等人又开始转而支持老十四胤禵争储位，这实际上是同一拨人的两次争储。

胤禵从小就聪明过人，他的能力出众，是康熙特别厚爱的儿子之一，少年时代胤禵就频繁地跟随康熙出巡。在日常生活中，也常常享有特殊的待遇。他是康熙的众皇子中，享有支取官物的符权时间最长的一个，这体现了康熙对他的厚爱。康熙晚年时，一直特许胤禵一家有权支领宫中物品，如果不是康熙忽然离世，他们家的这个待遇还会一直延续下去。

胤禵个性爽直，重情义，自小和为人谦和的胤禩亲近，甚至不惜为了胤禩赌上自己的前途和性命。康熙四十七年（1708），在康熙怒骂胤禩结党营私、有逼宫之嫌时，胤禵挺身而出为胤禩辩解。一时间，康熙特别愤怒，想要一剑刺死十四子胤禵，被胤祐、胤祺等人跪抱劝止，诸位皇子一起请求康熙饶恕胤禵，康熙的气才消了。但是康熙还是命侍卫杖责胤禵，打了胤禵。

但康熙在事后想了一想，又觉得十四阿哥对兄弟有情有义，虽心直口快，却表里如一，乃性情中人，非奸诈之辈，因此，晚年时更加宠爱胤禵。

康熙五十六年（1717）的年底，康熙因为皇子争储、内斗耗神，重病在身，卧床数十日之久，下床走路都需要人搀扶。可以说，此时康熙的身体状况已经威胁到了朝堂运转。已有近一年时间，国家政务几乎处于停摆状态，各地出现不少灾祸，官僚体系也出现了诸多问题。

这个时候大学士王掞、御史陈嘉猷等先后密奏请立太子，让康熙不胜其烦。但是，他也很清楚，自己的身体一天不如一天，目前储君之位空缺，朝野内外，甚至全天下的人都在关注他会立哪一位皇子为皇太子。

但康熙还是不着急，他再次召集大臣，明确告诉他们，自己正在考虑太子人选，一定选择一个可以托付江山社稷之人，让其他皇子都心服口服，但具体是谁，他还要继续参详、考验。

自康熙五十四年（1715）起，准噶尔部首领策妄阿拉布坦不断窜扰西藏、哈密等地，西北形势陡然紧张起来。康熙派富宁安、傅尔丹担任将军，前往抗击，但是两年激战下来，清军损兵折将，节节败退，国家统一局面面临威胁，康熙再次压下立皇太子之事，任命年轻的胤禵为抚远大将军，统率大军进驻

第四章 夺嫡诡云，康熙之死

青海，讨伐策妄阿拉布坦。不久，胤禵因为战功，被康熙封为大将军王，以天子亲征的规格，有无上荣耀。

胤禵出征之后，康熙下旨给青海蒙古王公："大将军王是我皇子，确系良将，带领大军，深知有带兵才能，故令掌生杀重任，尔等或军务，或巨细事项，均应凛遵大将军王指示，如能诚意奋勉，既以我当面训示无异，尔等惟应和睦，身心如一，奋勉力行。"

可见，十四阿哥胤禵在康熙皇帝心中的地位非常高，怪不得朝堂内外都认为他会是皇位的继承人，连他自己也是这样认为的。

在这个节骨眼上，胤禵西征十分引人关注，难怪朝堂、民间都纷纷传闻，康熙迟迟不立太子，是因为想等胤禵成长起来。这一次西征，就是对胤禵的考验，让他在外面立下足够大的军功，班师回朝之时，以他的军功和朝堂上的威望，再加上胤禩党的拥护，获得储君之位几乎是板上钉钉的事了。

那胤禵率军，战果如何呢？

总体来说，这一次胤禵在西北的表现的确可圈可点，既完成了既定的出征目标，也展现了胤禵处理军国大事的个人能力。

十四阿哥胤禵率军进入西北后，指挥军队作战。他是统率新疆、甘肃和青海等省的八旗、绿营部队，实际兵力大约有15万，可谓大权在握。

胤禵这个大将军王的权力非常大，集军、政大权于一身，军中所有的事务，他都有参与决策的权力，还拥有生杀大权。同时这也体现了胤禵在面临错综复杂局面之时，有特别强的综合能力。他参与军事决策、军队调度、指挥打仗、安抚稳定军心。

在与策妄阿拉布坦交战的过程中，胤禵的军队曾有段时间一直没有进展，很多士兵因病死亡，在康熙六十年（1721）十月，康熙把远征的胤禵召回，面授他西北用兵方略，十一月胤禵到京，康熙命胤祉、胤祺率领内大臣前去京城郊外迎接大将军王归来。第二年四月，胤禵辞京又赴西北。

胤禵在第一次离京赴西北的时候，也想到自己离开京城后，一旦京中生变，他离京太远，消息不能及时传到他耳中。所以，胤禵出征前找到胤禟、胤䄉，千叮咛万嘱咐。

"几位阿哥，我出征在外，与京城有千里之遥，咱们父皇年事已高，随时都会病情加重，你们时常给我写信，好让我知晓局势。倘若父皇欠安，便早早给我带信，我好提前赶回来。"

"十四弟，你放心，我们在京城帮你照看父皇，也帮你盯着那皇储之位，除了咱们哥几个，其他人，谁也别想染指。"胤禟笑着保证。

如此看来，胤禵倒不一定是关心康熙的健康，而是关心自己的前程，一旦康熙病危，那他肯定要见机行事。

在胤禵做上大将军王的时候，胤禩及其党羽就积极地支持胤禵，他们一众都希望十四阿哥胤禵能够入主东宫。胤禟曾经暗示他要早成大业，早日成为太子。

所以，在康熙六十年（1721）的时候，十四阿哥回来，胤禟竟然对他说道："父皇明明是不让你成功，担心你成功之后没办法安顿你。"如此看来，他们二人把出师立功，看成了争储的资本，至于在西北的战事，他们并不想立刻结束，怕平叛成功之后，功高震主。

胤禵在西宁准备好一切之后，就指挥大军由川滇进军西藏，在八月的时候进驻拉萨。九月，胤禵命令延信送新的达赖喇嘛进藏，举行坐床仪式。直到此时，他彻底平定了西藏叛乱，胤禵也因此威名远扬。

第四章 夺嫡诡云，康熙之死

总体来说，胤禵在西藏一切做得都很好，康熙很满意，并且下令立碑纪念，并起草御制碑文，做了详细记录。但雍正在继位之后，以这个碑文并不颂扬父亲、只称赞大将军胤禵的功德为借口，命人将石碑砸毁，重新撰写。

胤禵离开西藏后，移师甘州，企图乘胜直捣策妄阿拉布坦的巢穴伊犁，但是战事一直僵持不下，胤禵也因此很长一段时间，都带兵驻扎在西北，过着军旅生活。他在西北的时候，继续招贤纳士，扩张和巩固自己的势力。

这个时候的胤禵，可以说天时地利人和都占上了，在西北，很多王公贵族因为他是大将军王，对他趋之若鹜。胤禵对自己的前途很关心，言语中流露出必将继承最高权力的决心，胤禵之心已经昭然若揭。

胤禵还派人送礼品给著名学者李塨，拉拢一些大学士为自己歌功颂德，提高知名度。他还让临洮的张恺给他算命。那张恺故意奉承他命贵，将来定会九五飞龙，胤禵听了很是开心。此时的他，和其他皇子一样，也渴望登上九五之尊的宝座。

胤禵这个抚远大将军位尊权重，权限远超其他一切将军，后来胤禛即位后说胤禵妄自尊大，处处不法，还说自清朝初期以来的大将军们，都没有如此行事的。由此可见，胤禵的地位非常特殊，与众不同。

很多大臣，甚至众皇子都认为胤禵当这个大将军王是在向太子过渡。胤禵西征在外，长达五年，平定西北、西南之乱，为维护清朝的统一，做出极大的贡献。

只是，胤禵运气不好，康熙的病情反复发作，而且，最后一次发病还很突然，根本没来得及给胤禵书信让他回京，康熙就不省人事了。

胤禵在遥远偏僻的西北边隅，远离京城，远离朝堂，其实

111

对他在最后时刻争储很不利。胤禛即位后说：

> 皇考令允禵出征，是置之远地。无知之人反谓是试用允禵，将定储位。遂妄生觊觎。举国之人尽知皇考年高体弱，置继统治子于数千里之远，有是理乎？
>
> ——《大义觉迷录》

胤禛的意思是说：康熙年事已高，却把胤禵打发到边疆，所以他是不可能立胤禵为太子的。

胤禛这样说也是很有道理的，在中国有句古话：父母在，不远游。也就是父母老了的时候，为防不测，儿女都不会远行。显然，康熙把胤禵打发得那么远，在胤禛看来，是没有对他做更多的打算的，更不要说传位于他。当然，这里更像是胤禛强行"辩解"之说。

康熙年老的时候百病缠身，如果他一心一意想立十四阿哥做皇太子，之前派他出征可以理解，但五年时间里胤禵都领兵在外，这是否太久了？康熙曾把胤禵召回京一次，那么是否不应该再打发他出去了？因为西南之战，胤禵的功劳已经足够多了，此时应该让胤禵在朝中做一番铺垫，为最后继位的储君做准备。

这里众说纷纭，笔者看来，康熙是有可能册立十四皇子为太子的，因为他年纪轻，精力旺盛，富有朝气，而且文治武功最像康熙年轻的时候，而且朝中大多数官员已经将注意力从胤禩身上挪开，放在了胤禵身上，胤禵的支持者众多，是众望所归。

这时，康熙忽然病重昏迷，是巧合，还是另有隐情呢？

三、康熙病情谜团

两次废黜太子，又亲自面对诸多皇子的勾心斗角、尔虞我诈，朝堂纷争让康熙疲惫不堪，他的身体受到很大的折磨。康熙五十四年（1715）冬天，康熙的右手不能写字了，但他坚持用左手执笔，批阅奏折。康熙五十六年（1717）底，因为皇太后去世，康熙受到沉重打击，悲伤过度，行走需要有人搀扶才行。

这时康熙已经60多岁了，已步入花甲之年。身体消瘦，据说早晨起床后，手发颤，头痛，有时候会心绞痛，时常头晕目眩。这些症状，从临床医学的角度来看，康熙极有可能得了心脑血管疾病，而且还可能有中风的迹象。

古代所谓的风疾就是心脑血管疾病，它是风眩、风痹脑瘤的总称，用现代医学来说，风眩其实就是形成脑血栓，风痹其实就是脑栓塞，均为风疾的不同发展阶段。即便当今医学发达，这种疾病依然很难治疗，更何况在清代康熙时期。

按理说，照这个速度发展下去，康熙很可能就要卧床不起，然后偏瘫。但是，事实并非如此，康熙非常注意调养，开始喝西洋酒、泡温泉、打猎锻炼等，加上有西方懂内科医术的传教士诊断、检查，采用中西方各种缓解病症的方法，有效地缓解了康熙的病情，因此，在他最后执政的三年中，他的身体竟然恢复了不少。

康熙经常向大臣、皇子们表达自己身体康健的喜悦，说自己可以骑马射箭了，手也不抖了，能够正常练习书法等。在康熙五十九年（1720），他给在外出征的十四阿哥胤禵写信说自己的身体较往年有所好转，饮食、走路、气色等方面都不错，已不必像个垂暮老人那般走路被人搀扶。为了让远在千里之外的胤禵放心，康熙还曾让胤禵的侍从贴近仔细观察，然后前往西北亲口将情况告诉胤禵。

到了康熙六十年（1721），康熙在给胤禵的信中，讲述了自己气色大好，可以独自骑马几个时辰，打猎射箭都已经正常。也正是由于这个原因，康熙并没有急着召回胤禵，他觉得自己身体健康，再活几年不成问题，完全可以让胤禵在西北完成既定的战略目标，积累足够声望的时候再班师回朝。等到他凯旋，就可以顺理成章被册封为皇太子，那时候的胤禵不但年纪成熟，口碑足够，而且朝中大臣也能纷纷支持他。可谓名正言顺，水到渠成。

或许，这才是康熙默定太子的一个手段。

这样做，可以将他心目中的太子与诸阿哥分开，是对未来太子的一种保护。其次，分派在外，率领大军，也能得到锻炼，其功劳可以让朝中大臣和诸位皇子尊敬佩服。这些都是优势，所以许多皇子看出了这点，都想争夺这个大将军之位。连被囚禁的废太子胤礽都心中明白，出征西南是一次绝佳的翻身机会。

但就是这样一个机会，康熙给了胤禵。不得不说，康熙信任胤禵、宠爱胤禵，即便说是康熙在培养接班人，考察接班人，也不为过。

那为何这么好的机会，康熙没有留给皇三子胤祉、四阿哥胤禛、八阿哥胤禩、九阿哥胤禟等人呢？除了康熙觉得这些人不具备突出的军事才能之外，还因为康熙不希望他们得到这个大功劳。这次出征，很可能跟考察储君之位有关，而考察储位，另一个要素就是年龄。

就比如现在找工作，许多工厂和单位，都只招收35岁以下的员工。现代尚且如此内卷，更何况在古代，那时能活到四五十岁都是吉人天相了。

在康熙六十一年（1722），连九阿哥胤禟都已经40岁了，更何况胤祉、胤禛、胤禩了。我们从康熙后期给诸位皇子分配军政事务的情况，可以看出一个规律，多在皇十子以下，刚过30岁的年轻皇子中选派，这也是康熙用人要考虑的一个因素。接近50岁的皇子，康熙已经不过多地委派其军政要务了，更多是让这些年长的皇子陪着他聊聊家常，比如康熙没事就去胤祉、胤禛府上住一住，享受一下天伦之乐。

康熙在与皇太后的谈话中也曾说过，人40岁一过，就向老年跨入，不应该再被委派重任了，因此，康熙或许已经不打算从第一批年长的皇子中挑选皇储了。这也是一部分专家认为胤禵是皇储真正人选的原因之一，胤禛不在康熙的考虑范围内。

当然，这也只是推论而已，没有人知道康熙具体是如何想的！就好像没有人知晓，身体逐渐恢复的康熙，为何忽然病倒了，在这一年忽然驾崩。

让我们看一看康熙六十一年（1722）。这是关键的一年，康熙的身体状况在年底突然恶化，最后在这一年病亡。但是，四月出巡塞外时，康熙的身体还是很好的。五个多月后，回到了畅春园，在此期间，他正常处理政务，并没有关于康熙病情严重的记载。

这一年康熙刚好69岁，过了年就是70岁了，正所谓人生七十古来稀，在古代70岁是高寿，很少见的。十月初五，礼部尚书陈元龙上奏，说明年三月十八日是皇上七十大寿，当举办庆贺大典，普天同庆。

康熙对明年的70岁生日寿宴还是有些期许的，他觉得以自己的身体状态，活到那时是没有问题的，所以才会允许礼部操办庆典。

康熙晚年很少举办大规模庆典，这是因为每次举办大型活动，许多大臣都会上书，请立太子之事，康熙比较头疼，因为他还没有考察好，未有满意的继承人，一直犹豫未决。

但这一次，康熙却同意了举行七十大寿庆典，或许，在这个庆典之上，康熙会说出自己考量后选定的太子人选。这应该算是在朝堂内外释放了一个信号，让许多大臣和皇子们都有些翘首以盼了。

储君之位究竟属于谁，在明年三月十八日，也许就能揭晓了。

但是，康熙没有想到，就在入冬的时候，他忽然得了病。

康熙在南苑行围期间患了感冒，身体不适，当天就回到了畅春园。据官方《实录》记载康熙是十一月初七这一天患病，但没有记载康熙患了什么病。而在民间私人著作萧奭的《永宪录》里，记载了康熙得的病就是风寒感冒。

原文是："朕偶感风寒，本日即透汗。自初十至十五日静养斋戒，一应奏章，不必启奏。"

此时是农历十一月，北方已经入冬，北风呼啸，冰天雪地，对曾经患有心脑血管疾病和中风的康熙而言，在这期间感冒，病情可大可小。

但皇帝生病，皇子和大臣们肯定很挂念，最早一批得到消息的人，包括雍亲王胤禛。

说来也巧，在康熙患病的前一天，也就是十一月初六，胤禛还与宗室延信、步军统领隆科多等人，在京城核查完仓库等事宜，前往南苑面见正在行猎中的康熙，汇报核查情况。君臣在一起商议许久，这时候的康熙，就已经喷嚏不断，面色不好了。在众人的关心及提议之下，康熙第二天就回畅春园休养了。

延信等宗室大臣牵挂皇帝身体状况，他们约好，初十这天

第四章 夺嫡诡云，康熙之死

再去畅春园给主子请安，但却得到了康熙的命令：初十至十五期间，他要静养，不见任何大臣启奏了。所以，这些人都没有成功见到康熙，直到数日后康熙去世。

康熙生病自然也惊动了西洋传教士。意大利传教士马国贤听说康熙在南苑行猎患了风寒感冒，有发烧迹象，正返回畅春园休息。初九这天，传教士离开京城，前往畅春园探望，他见到了患病的康熙，对康熙的病情进行诊断，他认为这是天气骤冷，康熙染了风寒，属于常见病，应该不会有大碍。

既然精通西医内科的传教士马国贤都这样诊断了，说明康熙的病情并不严重，那为何三天后，十一月十三日，康熙就突然暴毙了呢？

这一事实与病情诊断结果相矛盾，是别有疾病发作，还是另有隐情？

在康熙静休养病期间，所有宗室皇子和大臣都不允许启奏打扰，却有两个重要人物靠近了康熙，一个是没有遵守旨意的雍亲王胤禛，另一个则是九门提督隆科多。

隆科多作为九门提督，负责城门守卫和保护皇帝的安全，他负责率领大内侍卫和禁军，戒备保驾，这是他的职责所在。因此，隆科多出现在康熙身边，那是很正常的，他不需要遵守康熙拒见大臣的旨意，因为他不是外臣，而是保护康熙安全的侍卫统领。

但是，雍亲王胤禛出现，靠近了生病的康熙，三日后，康熙就驾崩了，这一点疑团重重。这也是后来胤禛饱受非议的原因。这段时间里，只有胤禛的人接近了患病卧床的康熙，比如隆科多就是胤禛一派的人。三日时间，康熙从患病感冒到暴毙，太过突然和急促，然后传位给了一直不显山不露水的胤禛，整个畅春园也在雍亲王和隆科多的把控中，这不得不让人浮想联

117

翻。

可雍亲王为何可以不遵守康熙旨意，进入畅春园汇报事情呢？

根据实录记载，那是因为雍亲王胤禛得到了康熙的旨意，康熙令胤禛替他在十一月十五日冬至那天，进行祭天大典，祈求来年能风调雨顺、国泰民安。

于是，胤禛带着康熙的指令，前往京城天坛位置的斋宫去祭天了，初十至十二日，他虽然没有继续面见康熙，但是，一连三天，胤禛都派护卫、太监去畅春园，递交折子候请圣安，然后得到康熙的回复。看似在关心，其实也是在监视病情，可以说，康熙的病情，胤禛是最了解的。

到了十一月十三日丑时，也就是凌晨1点到3点之间，康熙的病情急速恶化，他本人似乎察觉到不妙，于是命人去斋宫将雍亲王召回，命他火速赶来畅春园。上午巳时，胤禛来到康熙寝宫榻前，面见父皇，此时的康熙已经有气无力，脸色极差，他跟雍亲王交代了一些事情。这时康熙有没有亲口跟胤禛说，要立他为储君，继位大统，不得而知。

但这个时候，康熙没有召见京城内的三阿哥胤祉、八阿哥胤禩等人，只召见了四阿哥胤禛，可见他对胤禛还是很信任的。

纵观众皇子夺嫡的局面，到了康熙六十一年（1722），能够在康熙面前，进入继承人考察范围的，也就只有皇四子胤禛和皇十四子胤禵了。

由于此时胤禵不在身边，胤禛被召见，以备传位所需，也不是没有可能。当然，也有另一种可能，康熙觉得胤禛值得信赖，如果另有传位人选，让胤禛秉公作证，按照他的旨意去拥立新君，不让其他皇子作乱。

雍亲王胤禛在十三日这天，一直待在畅春园候召，《清世宗实录》中记载，雍正曾五次进入康熙的寝宫，向父皇问安，再无其他大臣和皇子进入过畅春园，他们也不知康熙的病情如何。

直到十三日的戌时，即晚上7点到9点钟，一代帝王康熙在畅春园去世了。

四、帝王的丧礼

康熙在十一月十三日的晚上去世了，在这一天内，只有四阿哥胤禛曾经三番五次进入过康熙的寝宫。康熙驾崩时，只有胤禛一个皇子在榻前，寝宫中还有一道身影就是胤禛党的隆科多，由他负责警戒护卫工作。

对胤禛来说天时地利人和，这是千载难逢的机会，不论康熙真正传位的是不是雍亲王胤禛，在这个时候，已经不是那么重要了。

胤禛一直有夺嫡的想法，只不过在皇太子胤礽被废黜之前，他根本没有实力站出来，因为有大皇子胤禔、八皇子胤禩、三皇子胤祉挡在他的面前，很难轮到他出头。

所以，胤禛一直在蛰伏，暗中积蓄力量，绝不做出头鸟，胤禔被圈禁，胤禩失宠不被康熙待见，胤祉文人气息太重不适合做储君，这三个皇子都从夺嫡的圈子里被剔除了，胤禛已经成为最有希望获得储君之位的皇子之一了。

这个时候，他的隐形竞争对手就只有皇十四子胤禵了。

而此刻，其他皇子都不在患病的康熙身边，胤禵还远在西北。胤禛是激动的，因为他觉得，千载难逢的机会来了，如果错过，注定遗憾一生，甚至今后可能会沦为阶下囚。毕竟，他与胤禵、胤禩一党早已经不合了。

胤禛很清楚，他不能等，胤禵正是壮年，而自己过了知天命的年纪，一旦胤禵过两年凯旋，自己断没有再即位的机会了。在十一月十三日的白天，雍亲王一个人坐在畅春园内的石亭下，看着康熙的寝宫，目光复杂。

这一刻，他还不知道，康熙能否扛过这一关，撑过这个风寒感冒引起的病情。如果父皇扛不过去，他也不知道，被指定继承皇位的人，究竟是谁？是他，还是十四弟胤禵？

有研究者提出一个推论：康熙去世的前一天晚上，也就是十二日夜晚，虽然康熙在大内侍卫层层严防之中，外人无法接触，但是，身为大统领的隆科多却有可能在药物和食品中投毒，这是一种不容易被察觉的致命性的毒药。药性发作后，康熙虽未立即死亡，但却处于严重昏迷、无法自理的状态，隆科多只给胤禛发了消息，让胤禛赶过来做准备。

隆科多还严密封控康熙病重的消息，等胤禛到了畅春园，二人开始商议下一步对策。这是千载难逢的机会，胤禛不会放过，于是十三日白天，胤禛开始各种部署，包括如何控制皇宫，压制其他皇子生变，还有假传传位的圣旨等，一切安排妥当之后，等到晚上康熙去世，才给满朝文武大臣和皇子们发去康熙病危去世的消息。

既然康熙去世了，接下来就是举行丧礼，胤禛即位成了雍正帝，他是如何举办的丧礼呢？据考证，雍正给皇考办丧礼，规格非常高，可以说，超乎寻常。

首先，雍亲王胤禛，刚仓促即位为皇帝，拥有了合法权力，在为去世的皇帝上庙号这件事上，他做得很高明。按礼制规定，一个朝代，只有始祖和开国之君才能尊称为"祖"，后来继承江山的皇帝都用"宗"为庙号。在康熙之前，清朝有了清太祖努尔哈赤、清世祖福临。但是，群臣讨论庙号的时候，雍正却说以他皇考的丰功伟绩，足以匹配一个"祖"的庙号，于是大臣

第四章 夺嫡诡云，康熙之死

们遵从雍正的意思，议定庙号为"圣祖"，这是雍正对康熙的一种高度尊崇，也不知他是出于内疚还是出于感激之情？至少做给世人看，他十分钦佩、尊敬他的父皇康熙帝。

其次，雍正还以"绝食"来威胁群臣，自己要为康熙守丧三年，做到一个儿子对父亲的孝道。康熙的棺椁放在乾清宫20多日，在此期间，雍正坚持不居内殿，以乾清宫东面搭建的棚子为守丧之所，白天席地而坐，夜里睡在草席上合衣而眠，悲情孝子的形象跃然于纸上。

那为何雍正会如此呢？有三种可能：第一个可能是康熙传位给雍正，雍正十分感激，毕竟雍正皇兄皇弟众多，他能在如此多的皇子中脱颖而出，被父皇认可，父皇在病危关头将江山社稷托付给他，让他继承大统，让雍正感激涕零，真心想为父守丧三年，不惜以绝食相逼。第二个可能，这是雍正要做戏，打悲情牌，因为雍正在众皇子之中一直不显山露水，存在感很低，忽然得到了皇位，许多满汉大臣肯定颇有微词和质疑雍正，这时，雍正举办如此超规格的丧礼，并且这般绝食守孝，是想让满汉大臣和宗室们看到，他与康熙多么父子深情，康熙传位给他，那是他们父子间感情深厚的缘故，自己的孝心赢得了康熙的认可，康熙甘愿传位给他。

第三个可能就是"做贼心虚"，想要在丧礼和孝道上弥补。毕竟康熙十一月初七患了感冒，初十开始闭门休养，十二日病重，十三日就去世了，从患病到去世只一周的时间，从一个出巡行猎的帝王到病危去世，实在太快了，让人不免浮想联翩。如果在康熙患病期间，感冒是引子，诱发病情加重另有隐情的话，那跟雍正、隆科多就脱不了关系了。正因为如此，雍正出于对父皇死去的内疚，伤心欲绝，在内心谴责自己，为弥补内疚，丧礼上雍正如此表现，也是有可能的。

根据康熙八世孙金恒源先生讲述,他寻访一位爱新觉罗氏家族健在的老人时,得到了一本名为《畅春园介绍简说》的书,里面写道:康熙的寝宫在清溪书屋,当时胤禛为了夺嫡,派舅舅隆科多,把患病昏迷的皇帝软禁起来,不让外人靠近。此时康熙发烧数日,高烧不退,本应该以清凉为宜,但隆科多下令让太监把室内炭火都烧得很旺,寝宫内如同蒸笼一般,加重了康熙的病情,最后康熙撒手归天。不过这只是一家之言,没有任何史料佐证,有可能为杜撰和想象,无法作准。

当然,后世也有学者专家推断,康熙虽然是由风寒引起感冒,但极有可能诱发了心脑血管疾病,比如脑梗,所以才会昏迷并迅速死亡,这个解释,也很合理。毕竟已经69岁的康熙,有中度中风和心脑血管疾病多年,曾经一度差点儿偏瘫,如今在入冬时节,由重感冒引发了脑梗,因在当时没有特效药,未及时疏通,导致脑梗死亡。

雍正守孝时茶饭不思,甚至一天很少进食,这引发了大臣们的担心,毕竟他是新君,不能再出事,大臣们一拨拨进言劝雍正以江山社稷为重,不能糟蹋自己身体,哪怕每顿吃一点点稀粥也可以。

雍正这才每天吃一点儿稀饭,但他坚持守孝100天,百天内不理朝政。大臣们再次进言,国不可一日无君,许多新君大典都需要除服后才能举行,守孝大礼不可办得过久,影响朝堂运转,雍正听完,才勉强答应,还亲口说:

诸王大臣所奏引据典书,义理明晰,朕惟有呜咽悲恸耳,始知为君之难,只此持服一节,乃天子第一苦衷。曾不如臣庶尚能各尽其心!

——《清世宗实录》

第四章 夺嫡诡云，康熙之死

雍正感慨之后，终于不再坚持守丧了。康熙棺椁移寿皇殿的那一天，移礼规模之宏大，礼仪之隆重，前所未有。雍正还坚持每日三次到这里祭奠上香，长达一个月之久，没有人比他看着更有孝心了。

雍正一边处理康熙帝的丧事，一边向天下宣告即位，继承大统。雍正登基之后，一直到那年九月，服丧守孝的他才安葬了康熙帝，完成了康熙的葬礼。这时胤禛既尽了儿子的义务，也表达了一个国君对上一代国君的敬重，一举两得，自此之后，雍正就开始行使他作为皇帝的权力。

雍正能在众多皇子中脱颖而出，取得胜利，这并非偶然，而是因为他做了很多努力和准备，他以精明、务实、严格的政治观点和雷厉风行的作风，也获得了一些重臣的支持。

其实康熙在晚年，也开始欣赏他的作风，雍正务实果断，属于实干型人才，很有魄力，康熙因此而选中他，也并非没可能。

还有一点，就是四阿哥胤禛是一个妥妥的两面派，表面对谁都很友好，八面玲珑，一脸憨相，看起来十分真诚。这样既欺骗了他的诸位兄弟，也欺骗了他老爹康熙，兄弟们认为他就是个闲王，没有任何势力，不参与任何帮派，就会读书、炼丹，甚至信佛，这样一个富贵闲王，是不会抢皇位的。

胤禛看起来忠诚厚道，孝顺有担当，还不表现自己，不抢功劳，对皇位也不感冒，所以不管是他的兄弟们，还是康熙，都没有过于防备他，甚至觉得他很好。

但雍正其实暗中一直在发展自己的势力集团，在关键的时候，这些人都发挥了作用，比如隆科多统辖八旗步军五营，掌管着京城内九门的钥匙，相当于京城的保安大司令，在他的帮

123

助下，雍正很顺利地就控制了京城的治安，让反对他的阿哥或者其他大臣不能发动政变，只能眼睁睁地看着他登基，昭告天下。

而十四皇子胤禵，驻兵在西北，他想要回京的话，基本上要通过陕甘宁总督年羹尧的地方，年羹尧统治管理着西北前线前往京师的要道，十四皇子胤禵想和京城取得及时的联系，也不是很容易的事儿，即便他在青海和甘肃立刻举兵作乱，反对胤禛做皇帝，他也进不到关中，年羹尧把他压得死死的，稳定了西北局势。

戴铎得知主子胤禛龙飞九五时，他正在四川布政使任上，他立即建议四川巡抚，如果胤禛不顺应天命，敢举兵闹事，就让四川出兵丁钱粮支持自家主子胤禛，镇压十四阿哥胤禵。由此可见胤禛集团的人真是八面玲珑，拥护胤禛，把胤禵给压制得死死的。

康熙六十一年（1722）十一月二十日，胤禛为期40多年的皇子生涯结束，开始他皇帝的生活。雍正做事认真，日理万机，实行新政策，推动社会政治经济发展，为大清朝鞠躬尽瘁。

自此，雍正王朝即将开始。

第五章　登基为帝，九五之尊

一、千古传位之谜

康熙去世之后，是否真的传位给胤禛？这个问题已经成为清朝的历史谜团之一，值得商榷。

其实，纵观康熙的一生，可谓很是顺利。他在位时平定准噶尔叛乱、收复台湾、稳定西北，治理黄淮流域，在他执政期间可谓政通人和。

康熙8岁登基，坐上皇位后，被鳌拜胁迫，和各位重臣斗智斗勇，为保护皇权，可真是费尽了心血，当然也证明了他的能力和手腕，可以说康熙是一位绝世人才。

但是就因为他做皇帝做得早，受过了那些苦，经过了那些事儿，让他后来娶妻生子的时候，一心想要个大家庭，他也真正壮大了家族，这样做也是为了皇权不旁落。他有这么多儿子，谁还能夺得走他的江山？

但因为皇子太多了，而且康熙帝把每一个儿子都培养得很优秀，文治武功不弱于外人。这就导致许多皇子不甘心皇太子胤礽顺利即位，所以有了长达几十年的被称为"九王夺嫡"的朝堂争斗。

但龙生九子，子子不同，康熙对自己的阿哥们，肯定也是存了私心的，既然诸皇子一个个都这么能耐，这么优秀，那么康熙在皇太子无药可救之后，挑选一个有能力，能服众，并且对康熙孝顺、对兄弟友爱的皇子也不足为奇。四阿哥胤禛洞悉了康熙的心思，不去做康熙反感的事情，一切以康熙的想法为主，以维系自己在父皇心目中的形象。

胤禛表现得不拉帮结派，不伤害兄弟，不争夺储君位，又有担当，尊重长辈，孝顺父亲，所以，晚年的康熙，对胤禛还是比较满意的。不得不说，在为讨得康熙欢喜的40多年中，胤禛每一天都很用心，步步为营，稳扎稳打，尤其当他决定夺储的时候，更加用心。

但最终康熙就是因为这些喜欢和信任，才把皇位传给雍亲王胤禛的吗？

其实，康熙在生前一直没有说明会选择哪个皇子，哪怕后来康熙在垂死之际，也没有当着文武大臣和皇子们的面，说出储位人选，只是昏迷时，由隆科多代为传旨，这难免无法让人信服。

朕万年之后，必择一坚固可托之人，与尔等作主，令尔等永享太平。

——《清世宗实录》

这是康熙晚年亲口说的，他实在是被大臣们逼立皇子的奏折搞烦了，就对着皇子和大臣们说出这句话，意思是说：朕去世之后，一定会给你们选一个坚定可靠、值得托付的人做皇帝，让你们永享太平，不会留下任何后患，都不要担心了。

其实这句话说得很像是在安慰人，因为表述得过于笼统了，因此引发了朝臣的猜测。能让大臣们服气和拥戴的，之前也就

第五章 登基为帝，九五之尊

大阿哥胤禔、二阿哥胤礽、八阿哥胤禩，但是在皇太子第二次被废黜之后，这三位最有可能即位的皇子都出局了。

剩下的只有胤禛、胤禵、胤祉、胤祯等人了，朝臣们各持己见，有的支持胤禛，有的支持重新考虑"八贤王"胤禩，也有太子党的老臣，不甘心太子就这样被废掉，还想第三次复立胤礽，可以说，没有一个统一答案。这说明，康熙描述的那位能让各方满意、倾心拥戴的皇位继承人，根本不存在。

等到康熙去世，胤禛忽然继承皇位，这让满朝文武大臣和宗室、阿哥们都大吃一惊。

就这？皇子们傻眼了，大臣们也蒙了，估计连胤禛党的亲信年羹尧、戴铎等人，都很意外康熙去世后，新君是胤禛的结局。

按史书记载，当步军统领隆科多转述康熙皇帝遗命时，跪在外面的胤禛自己都感觉到吃惊，"闻之惊恸，昏仆于地"。后来雍正回忆那一晚，亲口说过一段话，被记录在《上谕内阁》中："朕向者不特无意于大位，心实苦之。前岁十一月十三日，皇考始下旨意，朕竟不知。朕若知之，自别有道理。皇考宾天之后，才宣旨于朕。"

这话说的就有些"表演"意味了，意思是，他从没想过当皇帝，觉得做皇帝很苦，自己就想做个富贵闲人，直到康熙帝去世那天宣旨的时候，他自己才知晓继承皇位的人是自己，如果他早知道，肯定会向父皇拒绝的。

这属于谦虚的话，表达这是自己的无奈之举。其实，这只是雍正在"美化"自己而已，甚至记载雍正一朝实录和资料，都经过多次修缮。

雍正即位后不断表达自己从没有夺嫡的想法，也不想做皇帝，看似与世无争，但事实上，他登基之后，却露出狠辣铁血的一面,不但几个阿哥不得善终,就连他的藩邸亲信旧臣,也都被清除掉了,雍正成为彻头彻尾的"孤王"!

那康熙究竟是如何传位的?到底有没有真正的遗诏呢?

根据《大义觉迷录》记载:在康熙病逝那一晚,除了雍正和隆科多一起听旨之外,还有七位皇子也在御前,分别是皇三子胤祉、皇七子胤祐、皇八子胤禩、皇九子胤禟、皇十子胤䄉、皇十二子胤祹、皇十三子胤祥。在寝宫外,还有四位皇子,分别是皇十五子胤禑、皇十六子胤禄、皇十七子胤礼、皇二十子胤祎。

当胤禛在晚8点左右,进去请安的时候,康熙已经有气无力,自知要不行了,胤禛含泪安慰,等到了9点钟,康熙去世。在诸皇子得知父皇去世,处于悲痛之中时,隆科多走出来转述康熙遗诏:传位于皇四子雍亲王胤禛。

康熙亲口对隆科多说:"皇四子人品贵重,深肖朕躬,必能克承大统,著继朕登基即皇帝位。"这句话也被收录在《大义觉迷录》里,后来被抄录进入了《清圣祖实录》。

不过,《大义觉迷录》一书,是雍正登基后,亲自操刀撰写,然后广泛刊刻发往全国各地的,等于雍正自己是主作者,他肯定会偏向自己。所以,后世也有学者认为,所谓七位皇子与隆科多一起听旨的情节,是雍正伪造的,等诸位皇子赶来时,康熙已经驾崩了,雍正和隆科多在"演戏"给赶来的皇子看,目的是宣布遗诏,证明皇位继承人的合理性。

九阿哥胤禟一向性格耿直,而且脾气火暴,他一直都是站在胤禩、胤禵这边的,从没有把胤禛当回事,得知胤禛是即位者后,他故意跑到胤禛面前,态度傲慢,言语讥讽,向胤禛示威,怀疑遗诏的真实性,一点儿也没有把新君胤禛放在眼里。而八阿哥胤禩与三阿哥胤祉、十皇子胤䄉脸色微变,走出寝宫后，在院子外同样商议对策，密语良久。

显然，所有皇子对康熙忽然驾崩、胤禛莫名即位，感到十分意外。而且，在这一刻，他们忽然意识到，以前小看了胤禛，这个看似两面派的老好人，实则狡诈腹黑，把他们所有人都欺骗了，等他真正即位，不知他们这些皇子会不会有性命之危。

当时，意大利传教士马国贤正在北京，在他的著作《清廷十三年》中有记录康熙死亡那一夜的事，书中记载：那天晚饭后，马国贤正在和人聊天，忽然，他听到了从皇宫中传来的声音，他立刻关上大门，他断定这种声音，不是皇帝死了，就是发生了叛乱。当晚，他还爬上了住所临街的高墙，听到四处狂奔的士兵中有人说是皇帝驾崩了，后来他便听说御医们断定康熙大限已到，康熙亲自下旨命胤禛继承大统。

从马国贤的记录中可以看出，当天晚上，北京城形势非常，隆科多封闭了九门，派士兵严守，直到几日后雍正登基。这一切的周密安排，显示了胤禛的非凡头脑。

既然是传位，那传位诏书是否存在呢？

答案是肯定的，雍正即位也是有康熙遗诏的，只不过，这个遗诏很可能不是康熙派人写的，而是雍正即位后，派人补的诏书。康熙生病突然，由风寒感冒，引发发烧昏迷，诱发心脑血管疾病，连康熙自己都没有意识到，一次普通感冒，会如此严重，威胁到了他的生命。

按清朝撰写诏书的制度，遗诏应该由内阁起草，由大学士审定，呈皇帝审批，皇帝改定后由中书部门在黄纸上抄写满汉文字，加盖皇帝印章。

当时康熙正处于昏迷状态，所有大臣都没有见过康熙，诏书肯定不会在初十至十三日内赶出来。而且也没有任何历史记载，这几日康熙写过遗诏。

康熙生病之前，对自己的身体状态很有自信，因此，对选择皇位继承人之事还没有下定决心，可以说，他正在考察胤礽，如果他再活5-10年，等胤礽到了40多岁，完全有能力和威望继承皇位，其他皇子就没有了竞争的可能，因为其他皇子，年长者岁数太大，年小者毫无威望，唯有胤礽年纪和能力都占优势。

因此，康熙应该并没有提前准备给雍亲王胤禛的遗诏。而现存于世的四份"康熙遗诏"，很可能是雍正和隆科多合作，在雍正已经胜券在握，继承大位的事实已成、无法改变的情况下，补作文书手续而已。这四份遗诏应该是在康熙六十一年（1722）十一月十四日至十六日，由步军统领兼理藩院尚书，不合规矩起草，来补造手续，于当月十六日颁布出去，让雍正即位具有合理性，仅此而已。

由于隆科多参与的机密事情太多了，这也是为何雍正即位之后，没过多久，就要对隆科多下手的原因，虽然隆科多帮助自己获得了皇位，但他知晓了太多秘密，雍正如何能够心安理得地继续与他共事。因此，鸟尽弓藏，后面二人决裂，也是必然结局了。

世人都说康熙是一代明君，但是他的死因，和他的传位遗诏，却在世间留下各种说辞，世人众说纷纭，没有定局，成了久而不定的公案。

二、雍正强势即位

在康熙去世的当晚，许多皇子和大臣纷纷得到皇帝驾崩的消息，匆匆赶往畅春园，由于来得匆忙，以至于胤祉、胤禩、胤禟等人，根本没有做任何准备，都是只身一人，进入了胤禛

第五章 登基为帝，九五之尊

势力控制内。

因为这个时候畅春园所有的禁卫军和大内侍卫，都听命于步军统领隆科多，而隆科多此时就是胤禛的人。可以说，这些皇子和大臣，已经全部入瓮，进入了胤禛的软禁范围内。

只要谁有异动或是不遵从隆科多宣读的圣谕遗言，不尊胤禛为新君，那么，谁就会遭到清洗。

满腹经纶、书生意气的三阿哥胤祉，率先向胤禛叩首，劝其节哀。胤禛在众多兄弟的协助下，给康熙更换了寿衣。当天夜里，在隆科多的带领下，胤禛与众多皇子一起，连夜护送康熙灵柩回到大内乾清宫。

与此同时，隆科多已经下令封锁京城的各个城门和军事要塞，两万人马在街上奔腾，执行军令，严阵以待，以防有政变发生。

据说，十七皇子胤礼在大内值班时，听说出了大事，匆忙赶往畅春园，结果还没有出京城，在西直门大街遇到了隆科多，他询问发生了什么事。

隆科多说康熙皇帝驾崩了，目前按照遗诏传位给了雍亲王胤禛，现在大臣和皇子们都赶往畅春园恭贺新君。胤礼一听即位的是胤禛，顿时脸色大变，他竟然掉头就走，近乎疯狂地奔回自己的王府，闭门不出。

一些皇子对胤禛这个看似人畜无害的"富贵闲人"，还是心存敬畏的，毕竟胤禛在做事的时候，是很严格的。而且他喜怒不定，做事极端，让人捉摸不透。因此一听是他即位，胤礼很害怕，他担心胤禛一党跟胤禩、胤禟一党发生冲突，所以赶紧回家躲避，明哲保身。

胤禛扶棺回到了乾清宫，群臣奏请新君以昭仁殿为居丧之所，服丧期间，便于胤禛居住和休息。但是，胤禛拒绝了，他做事向来极端,做戏也要做到极致。就在乾清宫的东边立几根橡木,以草苫铺垫和遮盖一下,在这个类似草棚的地方守丧。

而且,胤禛还不眠不休,食不下咽,每天跪着守丧,宫中的大臣、太监、宫女们无不动容。

但如果你以为胤禛就这样糟蹋自己的身体,对皇权的事不闻不问,那就错了。抽出时间后,胤禛迅速下令,任命马齐、隆科多、胤禩和胤祥为总理事务大臣,管理朝堂运转和政务批奏,限十四阿哥胤禵,二十四日赶回京城奔丧。同时,关闭京城九门,没有新皇旨意,亲王也不许随意进出。

这个时候的隆科多,可以说是实权在握,他带兵戒严,亲自巡查各城门,紧握京城九门的钥匙,他麾下的步军亲信巡捕三营也早已部署就位,监督诸位阿哥和太子党、胤禩党、大皇子党中的一些大臣,切断诸阿哥和大臣们与外界的联系。

可以说,这时候的京城已经云谲波诡,暗流涌动。九阿哥胤禟等人暗中就发动了一场粮食危机,当时入冬之后,由于时值大灾之年,京畿之地也闹饥荒,九阿哥胤禟联合了三阿哥胤祉、五阿哥胤祺大量购买粮食囤积,然后放出各种不利稳定的消息。刚好赶上新老君王交替之时,政局不稳,大臣们也无心工作,疏于管控。

很快,京畿地方米价飞涨,一斛米已经涨到了8两银子,许多王公贵族、豪商也纷纷囤积粮食,米价持续疯狂上涨,百姓却无处买米,出现了饿死人的情况。

一场米荒,正在酝酿着不可预测的民变,百姓无米可买,导致饥荒扩大,不少流民百姓被饿死,民怨沸腾,加上有人暗中操控舆论,百姓都把矛头指向了新君。

胤禛得知情况之后,派人迅速调查,果断发放国库仓米20万斛,廉价卖给百姓,在城外各处设置了不少救济粥铺,减少被饿死的百姓数量，甚至还把作为储备战略物资的国库陈米拿出，以改善市场粮食不足的情况。与此同时，胤禛还严厉警告三位皇子，逼迫胤禟、胤祉等皇子和一些富商，随市场价卖米，不得私囤，这才化解了一场危机。

从这件事可以看出胤禛做事雷厉风行，有大局观，冷静睿智，在即位之初，就迅速化解了危机局面。

这个时候，众阿哥和大臣才看到胤禛手里的政治底牌要比他们想象的还要多，招招都是要害：步军统领隆科多有兵权在手，控制九门，使得京城固若金汤。年羹尧已经晋升川陕总督，手握重兵，暗中接到了刚即位的雍正的密诏，火速调动精锐之师靠近胤禵的军营，一旦十四皇子胤禵有所异动，就会立即进行围剿扑杀。戴铎游说了四川巡抚蔡珽准备好钱粮，支持年羹尧，为随时可能发起的战争而做粮草军饷储备，与胤禩党等人相比，胤禛掌控了更直接有效的力量。

而且，胤祉、胤禩、胤禟等人也震惊地发现，一直在守孝服丧，哭得昏天黑地的胤禛，已经不动声色地实现了权力交接，控制住了危机四伏的局面，不出手则已，一出手，就是技惊四座！

他们这群人，争夺储位十多年，都是表面功夫，到了关键时候，他们竟然无能为力，眼睁睁看着皇位稀里糊涂落在胤禛手里，而他们却没有力气抢夺。而一向与世无争、喜怒不形于色的胤禛，只用短短数日的时间，就抢占先机，以瞒天过海之法，争得皇位，给诸位皇子进行了一次教科书式的夺嫡表演。

对当时谲诡的局面，雍正即位几年后，曾这样解释自己登基过程中的争议：

至康熙六十一年十一月冬至之前，朕奉皇考之命，代祀南郊，时皇考圣躬不豫，静摄于畅春园，朕请侍奉左右，皇考以南郊大典，应于斋所虔诚斋戒，朕遵旨于斋所至斋。至十三日，皇考召朕于斋所。朕未至畅春园之先，皇考命诚亲王允祉，淳亲王允祐、阿其那（允禩）、塞思黑（允禟）、允祹、允祎、怡亲王允祥，原任理藩院尚书隆科多至御榻前，谕曰"皇四子人品贵重，深肖朕躬，必能克承大统，若继朕即皇帝位。是时，恒亲王允祺以冬至命往孝东陵行礼，未在京师。庄亲王允禄、果亲王允礼、贝勒允禑、贝子允祎俱在寝宫外祗候。及朕驰至问安，皇考告以症候日增之故，朕含泪劝慰。其夜戌时，龙驭上宾。朕哀恸号呼，实不欲生，隆科多乃述皇考遗诏。朕闻之惊恸，昏仆于地。诚亲王等向朕叩首，劝朕节哀。朕始强起办理大事。"

以上的话是雍正皇帝亲口所言，他描述了当日的情景，就是说自己赶去的时候，诸位皇子和大臣已经候在康熙的寝室外面，又说自己听到皇帝的遗诏之后，也很吃惊，这一类话。这也说明雍正登基之后，出现各种谣言，使他不得不做出解释。虽然这里面有一些情景多是雍正杜撰的，但是，他能顺利实现权力平稳过渡，力压诸多党派，迅速稳定局面，也是很有魄力的。

接下来，就到了雍正的登基大典了，而他却要求一切简化。本来这是有一套固定的仪式的，因为这代表着最高权力交接。按照仪式，皇帝应从乾清宫月台乘坐御轿，出乾清宫正门。但雍正却表示皇考棺椁正在乾清宫，他如何忍心乘轿子过去打扰，所以选择从东旁门乘坐。后面的"列坐赐茶"也免了，甚至在太和殿坐上龙椅后，文武百官朝贺也免了。

总之，所有程序一律从简，这既体现了雍正做事务实从简，

第五章 登基为帝，九五之尊

不喜欢搞虚浮的仪式，同时，也是打着"尊父"服丧的旗号，抬高了康熙帝的尊贵地位，越是如此，越能展现皇位传承给他的正确性。同时，雍正这些反常行为，也是在告诉所有大臣，自己现在是皇帝了，什么规章制度，自己想改就可以改，因为现在他是君王了，都要听他的！

在雍正登基之后，首先要面对的是诸位阿哥的猜疑和否定，所以他要做的事情就是强化君权。

雍正即位之后，首先为了和诸位兄弟有区别，让他们避讳，把所有阿哥名字中的"胤"字都改为"允"字，比如三阿哥胤祉，就变成了允祉。

然后，雍正新立领导班子，选了四人做总理事务大臣，负责处理和传奏他在居丧期间的诸事。担任总理大臣这样重要职位的人，当然就是雍正新朝的核心人物，这些人一般是雍正的亲信，或者是前朝的元老重臣。十三阿哥允祥和雍正曾是好搭档，两人感情极深，他做总理大臣，理所当然。

隆科多拥护雍正上位，做总理大臣也无可厚非。但是他用了允禩和马齐，真可谓是大手笔。这是为了平衡各方势力，安抚人心。相信那二位听到这个任命的时候，心里必定是咯噔一下，知道他们是被雍正盯上了。

不久，雍正开始册封皇兄皇弟们，允禩、允祥、允祹为亲王，封废太子允礽的儿子弘皙为郡王。不出一月，又任命允禩掌管工部等重要机构。

表面上，雍正对允禩的亲信和党徒很是优待，还重用了他们，并赐允禩的儿子弘旺贝勒爵位，这个荣誉，在他的皇侄中是很少见的。

并且，雍正把曾被削为贱籍的允禩舅舅，从囚困奴隶的辛者库放出，升为普通的旗民，并且赏赐给他可世袭的职位。康熙在世的时候，贝子苏努和允禩勾结图谋不轨，二人均遭受打压。但雍正上位之后，将苏努晋升为贝勒，还给他的儿子安排了差事，提拔苏努之子成为大内侍卫中的中层军官。除此之外，佛格、阿尔松阿、佟吉图等都被绶以要职。

雍正如此操作，让那些曾经的对手，似乎比之前还要春风得意。有些人因此而弹冠相庆，似乎觉得，雍正当皇帝，他们也没有受苦，开始麻痹大意。

但是，当允禩晋升亲王时，他的妻子乌雅氏摇头叹息道：“这样的事情有什么可贺的？说不定哪天脑袋就掉了。”

就连老八允禩本人也曾在府内自言自语：“皇上今日加爵，明日说不定就要诛杀我，眼前的恩惠，都是虚假的。”

可见，允禩很清楚自己的处境，成王败寇，自己在康熙的眼里是个贼子，在雍正的眼里更是昔日夺嫡的大敌。

所以，允禩等人心中清楚，雍正这样对他们，只不过是雍正的一种手段而已，并不是出于什么兄弟之情、君臣之义。由曾经的对立，变成了如今的拉拢示好，是在旁敲侧击地告诉八爷党，朕如此拉拢你们，你们就不要给朕添乱，这是雍正对八皇子及其党人的态度。

雍正为什么要拉拢他呢？因为在雍正的眼里，"八贤王"的影响力很大，自己刚即位不久，朝堂内外，还没有多少自己的亲信，必须先拉拢八阿哥允禩这一势力集团，让局势稳定下来，好让皇权顺利平稳过渡，反正这些人手里没有兵权，人在京城内，也翻不出什么花样来，雍正能够暂时容忍，等待秋后算账。

但是，雍正唯独对一个阿哥放心不下，那就是十四皇子胤禵，也就是被改名后的允禵了，他算是雍正最后夺嫡时最大的竞争对手。

可以说，即便雍正即位了，对此人还是不放心，打算解决隐患，那雍正是如何做的呢？让我们来看雍正对付允禵的手段。

三、十四皇子千里奔丧

雍正对十四阿哥允禵的态度截然不同，康熙刚驾崩的第二天，雍正在乾清宫举行大殓后，下达了他作为嗣皇帝的第一道谕令，就是让坐镇西北、手握重兵的十四阿哥允禵火速回京，务必二十四日之内，赶回京城奔丧。

他在召允禵回京的时候，完全就是一副好大哥的样子，他对隆科多和诸位阿哥说道："皇考丧事，还是把允禵快速召回来吧！不然的话，他肯定内心不安。"

其实不是允禵不安，是雍正不安，统兵在外的允禵，手握重兵数十万，一旦起兵造反，京城也危险。而且，允禵与八爷党本是一体，到时候，内忧外患，雍正十分担心会出大乱子。

于是，雍正以一个冠冕堂皇的借口，派辅国公延信去西北接管大将军印，让年羹尧协理军务。

如此一来，可以夺了允禵的兵权，可见雍正的心思非常的缜密，如果大权在握的允禵拒绝回京奔丧，就是不敬父皇，可以出兵讨伐。若允禵回来的话，兵权就得暂交别人。

除非允禵立即起兵造反，否则，只能放下兵权，乖乖回京。

雍正派出延信接管允禵兵权，同时延信还带着其他任务，比如，收缴允禵在康熙帝生前的奏折和往来朱批谕旨，这是要毁灭一些不利于自己的证据。

雍正这样做的原因，其实不难理解，他没有遗诏，他是如何获得这个皇帝位置的，只有他自己最清楚。他很担心，万一康熙写给允禵的朱批谕旨中，做出过类似承诺，比如待允禵凯旋，会考虑立他为太子的这些话，这就对雍正即位后的局势极为不利了。

可见雍正考虑很周详,他再三叮嘱延信过去后应如何一步步做好。并且交代:如果允禵身边的人,包括侍卫、太监,推诿说大将军允禵会亲自携带出发,你立即把他们抓起来,不论谁阻挡,立即抓捕、诛杀,不得延误。

雍正的这一安排,可以说相当巧妙,是早有预谋。在康熙驾崩第二日,他就派人送出手谕,让十四皇弟允禵回京奔丧。

虽然雍正已经要举行登基大典,过渡为新君了,但是,他心中可能也不踏实。如果允禵手里有康熙帝生前承诺他储君之位的朱批谕旨的话,到时候拿到京城,公开亮相,那雍正可就功亏一篑,容易受到满朝文武和皇子们的攻击,哪怕有隆科多支持他,也未必再能压众了。

因此,他要及时派人找到谕旨,或者收缴,或者烧掉,以绝后患。

这几年允禵在西南、西北出征,可以说功绩显赫,不辱使命,把准噶尔军队赶出了西藏,为清朝西部的稳定和全国的统一,做出了很大的贡献。这三年来,康熙与允禵通信颇多,有不少长篇大论,可以看出康熙对允禵十分看重和欣赏。

在允禵心中,估计也觉得,只要自己再待两年,彻底稳固了西北,得到了蒙古、西藏、青海等各方势力的支持,加上胤禩、胤禟在朝中活动,等他两年后凯旋的时候,就是他加冕为储君之时。

但是,想不到康熙帝忽然驾崩,皇权落在一向低调的胤禛手中,这使得允禵心中的帝王梦瞬间破灭了。

当延信在西北双山堡与允禵相遇的时候,允禵非常痛苦,然后询问:"我父皇究竟得了什么病?怎么好好的说没就没了?真有如此怪异的病吗?"

第五章 登基为帝，九五之尊

其实，这是允禵的疑惑，也是他的猜疑，他无法接受现实，不相信康熙帝因为风寒就亡故了，他觉得这里面有其他猫腻，所以，无法抑制自己的情绪提出疑问。

延信此时已经是雍正的人了，所以，自然提前想好了应对之策，他回答道："十一月初六那天，我们这些臣子检查仓库完毕，当面在南苑向皇上禀奏，谈论许久才散。当时就见皇上脸色憔悴，身体虚弱，太医诊断是风寒侵体。第二天皇上就回到畅春园休养，听说皇上浑身发烫，时常昏厥。本来我们八旗大臣约好初十前往畅春园给皇上请安，但皇上下了谕旨，不让我等大臣前去，他要静养五日，安心养病，我们也就没有前去探望。直到十二日，才得知皇上病情加重，出了大事，最后皇上于十三日夜晚驾崩了。"

允禵闻言痛哭不止，说道："如今我四哥即位了，指望我回京向他口头称臣吗？我这次回去，就是给父皇叩拜发丧，探视我母亲，其他事与我无关。"

延信蹙眉道："你这是什么话，雍亲王既然被立为新君，即位成了我大清皇帝，那就是新主子了，你说这番话，难道是要造反不成？"

允禵不语，满脸愁苦，心乱如麻，他实在是太过失望，无法接受这个既定事实。

但是，年羹尧的军队已经在甘州附近驻扎，虎视眈眈，如果他有异动，那么西北即将陷入内战，这可是前所未有的祸乱，弄不好整个西北、西南刚稳定的局面，会再次被打破，这是允禵所不想看到的，他好不容易才稳定下来，这是父皇希冀的稳定局面。

允禵不想因自己的帝王私欲，使得国家陷入内乱和战争，到时候，不但皇位得不到，大清也会被动摇根基，甚至被赶出关外，那他就会成为大清的千古罪人。

所以，允禵不敢赌，虽有一万个不甘，也没有起兵作乱，他思前想后，终于决定，千里奔丧，返回京城，接受夺嫡失败的命运。

允禵到京城后，先请示自己是先去拜谒父皇的灵位，还是先去朝贺新君即位？雍正见允禵一个人回京，没有作乱，心中终于松了一口气，便命允禵先去拜灵位。

允禵至灵堂一阵哭拜，在灵堂和雍正相见，允禵心中充满了仇恨，觉得本来属于自己的皇位，被雍正给抢走了，所以他看见雍正的时候，极不情愿地远远一拜，没有一丝向皇帝表示祝贺的意思。

雍正没有在意，屈身向前，但允禵这位征西大将军还是倔强地没有动。雍正的侍卫拉锡觉得十四阿哥这样做是对新君无礼，便连忙拉着允禵向前，强行逼迫允禵按臣子见礼，但被雍正制止了。

既然人已经回来，雍正并不急于一时。待雍正转身离去，允禵就责骂侍卫拉锡不该拉着他做出如此动作，这是对他身份的不敬，甚至向雍正控诉，大内侍卫拉锡的行为无礼，是对自己不恭。

允禵这样说：自己是皇上的亲弟弟，身份尊贵，像拉锡这样的下贱之人，怎么能够拉自己？还说若是自己错了，请皇上处分自己，若是自己没有错，那就请皇上处分拉锡，以正国体。

他这一番说辞，透着满腔的埋怨和怒气，明着是说拉锡不对，实则是在表达自己对雍正的不满。

由此可以看出，十四皇子允禵就是性子直，曾与父皇顶嘴，此刻又傲视皇兄，而且做事鲁莽。雍正对允禵毫不客气，直接削了他的爵位。

第五章 登基为帝，九五之尊

雍正之所以如此对允禵，还是因为允禵自恃为大将军王，而且对自己不服气，另外，无论是十四阿哥的表现，还是外间传闻，都让雍正觉得允禵不要再出现在自己面前，因为他的出现，好像就是为了证明自己得位不正。还有雍正觉得，这个弟弟，对自己没有半点儿的尊敬，更别说君臣之礼了。

但允禵在西北声望很高，雍正即位后，虽然心中不满，把允禵幽禁在汤泉，但仍有蒙古王公络绎前来，向允禵馈赠牛羊，探望请安。这更引发雍正的强烈妒意，不但不让史官记载这些，还一再诋毁允禵，说他性格狂傲，资质庸劣，无才无识，连父皇康熙帝也瞧不上允禵，所以才打发他到边疆去磨炼心性。

这几乎与事实相反，因为能当上征西大将军的机会非常难得，对多少人来说是可望不可求的。而且驱准保藏，堪称康熙一朝最重要的军事行动之一，与平三藩、征噶尔丹并称三大战，关系到清朝的版图稳固和兴衰，如此重要的事件，在康熙一朝的实录中，却记载很少，相关记录都被删除了，这显然是雍正刻意为之。

允禵的运气是不好的，与帝位失之交臂，他的结局自然已经注定。雍正先是把这个千里奔丧的大将军，变成被囚禁的守陵人。然后陆续寻找证据和借口，将允禵治罪，最后把软禁变成了圈禁。

雍正元年（1723）五月十三日，雍正下令，要将贝子允禵的禄米废除，永远停止。这明显是雍正对允禵迫害的升级，他打算采取康熙对待索额图的办法，把允禵给活活饿死。

到了这个时候，双方几乎彻底决裂，亲兄弟之间完全撕破脸，要置对方于死地，没有人敢阻止，只有一个人，站了出来，那就是允禵和雍正的共同生母，此时已被尊为太后，她要解救自己的儿子，不惜胁迫雍正。此事结果如何呢？我们接下来讨论。

四、太后之死

　　一入侯门深似海，最是无情帝王家，这些词句都是在告诉世人，在那些高高的宫墙之内，不论是王侯将相，还是皇宫王族，一旦牵扯到了权力、爵位、地位这些，争夺起来最是无情。

　　什么亲情、伦理、家族纽带，最后会争个头破血流，你死我活。康熙在生前，极力避免这种争斗，搞平衡之术，想要消除这种兄弟反目、逼宫夺权的局面，但是，还是没有逃过宿命的车辙。

　　康熙不明不白就驾崩归天了，留下一个充满疑点的传位过程，雍亲王胤禛强势即位，控制京城九门，力压诸位皇子，让京城内外的官员和势力莫不称臣。

　　但胤禛最忌惮的，就是远在千里之外的西北大将军允禵，前面也提过，因为允禵在西北手握30万大军，足以改变清朝命运和天下格局。

　　此外，允禵在康熙最后执政的五年，把准噶尔军队驱逐出西藏，允禵从西藏打到青海，坐镇西北，保护了边疆的安全，功绩赫赫，威震宇内，名声也比雍亲王大。

　　允禵正处壮年，可谓朝气蓬勃，代表着年轻人和社稷的未来，更符合新君的形象，反观胤禛此时已经45岁，接近暮年了。

　　康熙在最后两年对允禵太过宠信，允禵所有子女婚事皆由康熙亲手操办，而且两人密信不断，谁也不知道那些书信中，康熙是否承诺过要传位给允禵，这让刚即位的雍正心中没底。

　　因此，在康熙驾崩的第二天，雍正立即发出谕旨，调十四阿哥允禵从西北赶回来奔丧，没收他的兵权。当允禵抵达京畿之地后，雍正借着为父皇奉移梓宫之机，把他的皇弟允禵圈禁在景陵附近的汤泉，不得进出。

随着事态发酵，允禵被囚禁，陆续有不少大臣和蒙古王公过去探望允禵，民间对允禵的支持也很多，加上允禵本人桀骜不驯对雍正并不服气，种种因素综合在一起，导致雍正心中暗藏杀机，下令永远停止供应允禵禄米，打算将允禵饿死在汤泉宫内。

这时候，允禵和雍正共同的母亲德妃，刚被册封为皇太后，她为了救自己的小儿子，开始找大儿子雍正理论，劝解雍正。但是，雍正根本不听，最后，在万般无奈和极度愤怒之下，皇太后乌雅氏竟然在雍正元年（1723）五月，忽然暴毙了。

史书中对皇太后乌雅氏暴毙之事记载得很少，只在雍正个人《清世宗实录》中聊聊记载数笔而已。

庚子。仁寿皇太后不豫。上诣永和宫亲视汤药，昼夜无间。
辛丑。丑刻。仁寿皇太后崩于永和宫。

——《清世宗实录》

庚子是五月二十二日，当天皇太后得了病，且无征兆。辛丑是二十三日，丑刻则是凌晨。从前一天得病到次日凌晨去世，只有半天时间、几个时辰，这是什么绝症如此迅猛？这说明皇太后不是死于慢性疾病，而是死于一种突发的、严重的、短时间能致死的病或伤。

由于皇太后在这一年并没有被记载患过病，使得皇太后忽然亡故的原因，变得更加扑朔迷离。

不论是皇宫内部还是京城之内，抑或各州县，关于皇太后撞柱而死的八卦消息开始传开，在史料中也有提及。

皇上登位，随将允禵调回囚禁。太后要见允禵，皇上大怒，太后于柱上撞死。

阿其那之太监马起云说：皇上令塞思黑去见活佛，太后说："何苦如此用心！"皇上不理，跑出来。太后怒甚，就撞死了。

佐领华赉供称，伊在三姓地方为协领时，曾听见太监关格说，皇上气愤母亲。

——《大义觉迷录》

这里记载了三种关于皇太后之死的说法，均被收录于《大义觉迷录》，这些说法都是外面的讹传。这里面的第一个死因，写的是雍正即位，将允禵囚禁，绝米禁食，太后很担心要见自己的小儿子，但是皇上生气不让，所以太后就撞柱而死。

第二个死因，是雍正发配了允禟（塞思黑），激怒了太后，因为允禟小时候是被乌雅氏抚养的，二人感情深厚，因此，皇后迁怒自己的大儿子雍正，撞柱而死。第三种说法，则是对前两种的概括，反正就是雍正的做法让皇太后很生气，继而愤怒轻生。

不论哪个原因，反正太后忽然暴毙，跟雍正脱不了干系。不论雍正如何解释，写自己亲自端汤药伺候生病的母亲，表示自己的孝心，但是，太后因他而死，至少在时间上与允禟被发配、允禵被囚禁绝米等高度吻合了。

即便皇太后不是被雍正逼死，那皇太后也的确在这个时间段，因为雍正即位之后，不让允禵和皇太后见面，种种表现，让皇太后和大儿子之间，产生了一种敌对心态也是极有可能的。

那为何雍正要阻止皇太后和小儿子允禵相见呢？很有可能是皇太后清楚雍正是如何得到皇位，甚至知道了一些康熙驾崩、

第五章　登基为帝，九五之尊

雍正夺嫡的秘密，即便没有亲眼所见，但却有所听闻，毕竟在皇宫内，没有不透风的墙，宫中之人都各有眼线，她作为皇太后可能知晓一些秘辛。雍正千方百计阻止允禵和母后相见，是担心她会告诉允禵一些实情和自己的猜测，以允禵桀骜的性格可能会生乱、铤而走险，或是造成更多的麻烦与乱局。

关于皇太后的死因，正史记略有不同，《清世宗实录》中记述皇太后之死的时候，写的是因为康熙归天，一直被宠爱的德妃乌雅氏哀伤过度，开始绝食，打算殉葬。

自圣祖仁皇帝升遐以来，皇太后哀痛深切，每致撤膳。
——《清世宗实录》

毕竟这个时候的乌雅氏，也已经六十三四岁了，韶华不再，也没有多少岁月可活，她十几岁就入宫做宫女，然后得到康熙宠幸，为康熙生育 6 个子女，是生育子女最多的妃子，平安长大的二子一女，都很受重视，乌雅氏对康熙感情很深厚，见丈夫去世，她伤心欲绝，想要殉葬追随，开始绝食，也是有可能的。

最终，皇太后乌雅氏，在雍正元年（1723）五月二十三日，崩逝于永和宫，享年 64 岁，九月附葬景陵。

尽管大儿子做了皇帝，她变成了尊贵的皇太后，可以母仪天下，连皇上都要向她叩首，但是，乌雅氏却这样意外去世了，没有享受到任何皇太后的特权。

皇太后的驾崩，给雍正和允禵都带来了悲痛，毕竟半年之内，就连失两位至亲，尽管兄弟阋墙，但皇太后的去世也给雍正一些打击，让他释然了心中的一些愤怒和仇恨，没有再对允禵赶尽杀绝，让允禵活到了乾隆时期，此乃后话了。

第六章　巩固帝位，铁血手腕

一、瓦解朋党

雍正即位仓促，而且饱受非议，许多党派的满汉大臣对这个平时不显山不露水的雍亲王即位，显然没有心理准备，因此，在雍正即位后，这些皇子和大臣一时间还没有摆正心态，没有想好该如何面对新君。

但雍正经过这40多年的蛰伏，耐心早就到了极限，他已经45岁了，留给他治理江山的时间不多，雍正同样很有才学和抱负，而且这些年他游历山河与地方，对治国理政形成了自己的理解。

他目睹了父皇晚年执政不严，各党派之间相互争斗，导致朝廷从上至下，问题很多，官吏机构臃沉，满汉之间矛盾突出，土地兼并问题严重，国库空虚，等等，这些雍正都已经心知肚明。

以前他没有机会，也没有权力去管理，现在他即位成了君王，自然想大刀阔斧，打造一个盛世，扭转清朝的衰败之势。但是，朝堂之中，他的根基浅薄，这些所谓太子党、大皇子党、八爷党等势力盘根错节，阳奉阴违，实在让雍正恼火。他早就想要整顿了，于是，雍正即位后的首要任务，就是瓦解朋党。

率先成为雍正攻击目标的，就是九阿哥胤禟，也就是如今的允禟。

抄家皇九子允禟

雍正坐上帝位之后，看起来对八爷党中的一些人，都做了很好的安排，但是却对九弟允禟直接下了狠手。雍正是要从内部瓦解八爷党。对八爷党的人有的重用，有的打压，挑起他们内部矛盾。

允禟先是被雍正派到青海的军中，后来又被囚禁在西宁，最后又被押解到保定，直到死去，可以说他是被雍正活活整死的。而且，雍正在收到他的死讯之后，只说了一句："自伏冥诛"，这也是雍正在撇清老九的死和他的关系。

那么，老九到底做了什么呢？让雍正这样讨厌他。

在康熙过世的那一天，允禟娘俩的态度，触了雍正的逆鳞。作为八爷党的死党允禟，看到雍亲王获得遗诏认可，即将做皇帝，他不但不服气，还把不服气尽写在了脸上，他这个举动的确很蠢，简直就是自寻死路。

更让雍正记恨，不能容忍的是允禟的母亲，她的做法更加愚蠢，她居然在康熙的灵堂前，当众挤对雍正的亲生母亲德妃，她觉得自己受康熙的宠爱，居然跑到德妃的前面，无视德妃的存在，尤其见了雍正之后，她非常的不识时务，竟然摆出母妃的架子。

这娘俩一道打脸雍正，真是把雍正气得够呛，记恨在心。

新君初立，这刚好给雍正立威风、杀鸡儆猴的机会。不然的话，以后这皇帝还怎么做？

枪打出头鸟，于是雍正立刻就瞄准允禟母子。

雍正先是拿允禟母子身边的太监出气，没收了郭络罗氏的亲信太监张起用的家产，理由是他违禁做买卖。没收了家产之后，把张起用发配苦寒之地做苦工。如果他不去边地，那就当场自尽，将尸骨发到边地。

允禟的老师秦道然也被下狱，罪名是他仗势欺人，作恶多端，家产过于富裕，并追银10万两送到甘肃充军饷。秦道然是无锡人，其实两江总督清查他的家产时，家产折银不足万两，这是故意整他。

而允禟自己呢，在和雍正做了几番反抗无用之后，被发配西宁，囚禁至死。

因为被这娘俩打脸，就将这娘俩治罪，雍正的心眼就这么小吗？

当然不是，最根本的原因，还是因为九阿哥允禟是八爷党的主要人物之一。允禟势力很大，挥金如土，财产很多，在京城人脉很广。如果留着他在京城的话，他会一直支持着允禩，兴风作浪。那雍正这个皇帝肯定当得很辛苦，所以，雍正肯定要拔去允禟这颗眼中钉。

雍正斥责允禟"文才武略，一无可取"。言下之意，这老九是个草包。但他却对一个草包施以重罚，因为雍正知道，允禟活动力很强，特别会笼络人心，老八身边的很多势力都是他笼络来的，比如他拉拢巩昌知府何图时，刚见面一出手就给何图一套房，对待恩师秦道然，他一直礼敬有加。他为人圆滑，出手大方，八爷党的得力干将几乎都是他笼络来的。

允禟极会社交，交友甚广，门路很宽，甚至"八贤王"之名也有他炒作之嫌。被雍正看作眼中钉后，他却不知收敛，在被发配到西宁后，他居然来了一次才华大爆发，简直把雍正给惊呆了。

那就是精通三种语言的允禟，竟然将满文与拉丁字母相结

第六章 巩固帝位，铁血手腕

合，创造了一种独特的通信密码，专门用于和八爷党传递消息。如果康熙还健在的话，知道这个事情，肯定要拍案叫绝，因为他把每个儿子都培养得很成功，而且康熙是一个崇尚科学的人，他肯定会欣赏九阿哥允禟发明的这种语言密码，只可惜，时过境迁了。

相反，他这才华的大爆发，直接把他推进了绝境，他的语言密码暴露之后，让雍正都暗暗吃惊，雍正绝对没有想到这个草包还会有如此才华，怎么还能让他活下去呢？于是雍正先抄了允禟的家，然后将他监禁，直至他死亡。

允禟命运如此悲惨，不仅仅因为他是允禩的心腹，还因为他是老八的钱包，是整个八爷党的钱包，作为一名皇子，为了赚钱，为了他糜烂的生活，他甚至还买卖过良家妇女，赚钱是他的一个强项。

据说，他在天津开办过木行，在东北倒卖过人参，他做的全是暴利买卖，甚至被发配到西宁后，他还利用一切手段，上下活动，往西宁转移了几百万两的钱财。可以说，八爷党的活动经费，都是由他支撑的。

尤其在康熙晚年，这家伙居然卖官，他曾经以30万两白银的高价，把湖广总督的职位卖给了贪官满丕。然后又利用满丕，陆陆续续地把湖广有权势的人物都发展成了八爷党，自此，他的钱财更是滚滚而来。

为什么雍正痛恨"八贤王"允禩一党呢？不止是因为他们与雍正在九王夺嫡中是对手的关系，主要是这几个皇子聚在一起，看似做的都是贤良之事，实则像蛀虫一样啃食大清王朝的根基。雍正登基时"内外府库无不亏空"。连国库都空虚了，除了必须留作战争用的储备银外，其余可流动银两不足50万，一旦各地出现灾情，国家根本没有钱去赈灾。

归根结底,雍正觉得,就是结党营私动摇了国家基石,尤其是八爷一党,打着贤王的旗号,聚在一起搞腐败。国家的钱都被允䄉给弄走了,这已经威胁到大清国运了,雍正能不恨允䄉吗?历朝有抄家的,很少有连主人的奴才下人也连带着被抄的,这恐怕只有允䄉一份了。因为在雍正的眼里,允䄉和他的下人都是有钱人。

打击皇十子允䄉

允䄉是康熙的第十个阿哥,在康熙晚年的时候,他和允禩、允禟、允䄉组成八爷党,与其他人争夺皇位。他们先是力挺允禩,后来允禩在"献鹰事件"后无缘皇位,于是他们又改为支持允禵。

雍正也特别讨厌允䄉,但是最后却没有将他处死,为什么呢?

有人传言说是因为允䄉这个人比较粗鲁,没有什么政治影响力,对雍正没有威胁,所以他才没有被处死,其实允䄉没有被雍正处死的原因,没这么简单。

八爷党这兄弟四人中,老八允禩和老九允禟最终都死于囚禁折磨,老十允䄉和老十四允禵,虽然是最先被圈禁处理的,但他们最终只是被圈禁,没有因四处发配被折磨死。并且到了后来,雍正死后,他们还得以乐享天年。因为到了乾隆时期,允䄉、允禵都被恢复了爵位和自由,往事如烟,昔日仇敌俱亡,他们平静愉快地活到寿终正寝。

允禵能活下来,因为他是雍正的亲弟弟,有皇太后求情和胁迫,那老十允䄉为何能活下来,没有步允禩、允禟的后尘呢?

首先,是因为允䄉这个人的能力一般,并没有什么政治能力，粗心大意，成不了大事，所以危险很小。

允䄉是一个特别粗鲁甚至粗心的人。八爷党几个人在一起谈事的时候会互通密信，其他三人看过后就立刻烧毁密信，只有他大大咧咧往书桌上一放，也不销毁。结果，后来雍正派人抄允䄉家的时候，抄出了这些密信。这些密信也就成了雍正治罪八爷党的有力罪证。由此可见，允䄉做事能力差，对雍正的新政权没有多大威胁。

其次，雍正不敢置他于死地，更主要原因，是因为允䄉背后的势力。允䄉的血统非常高贵，他祖父的祖父与他外公的外公竟然是同一个人，那就是努尔哈赤。

允䄉的亲生母亲是小钮祜禄氏，他的外公是遏必隆。而遏必隆是清朝开国功臣额亦都的小儿子，额亦都又是努尔哈赤的女婿，所以遏必隆是努尔哈赤的外孙。

由此看出，允䄉外公的外公以及他祖父的祖父，都是努尔哈赤。这表明允䄉的母族和父族都很强大，算是清朝的政治豪门。允䄉又是康熙的儿子中血统出身非常高贵的皇子。可以说，他的血统仅次于太子胤礽。

因为允䄉的后台如此得势，尽管他不优秀，没有任何军功，政治上也没有突出表现，但他却直接获得了敦郡王爵位。

这并不是说康熙分封儿子爵位的时候很大方，相反，康熙的要求非常严格，他对皇子们只分封过两次。之所以封允䄉是间接给他母族面子。从而看出，康熙是比较看重儿子的出身，母族的政治影响、权力地位，直接影响到阿哥们的爵位和地位。

老八允禩就是因为母亲出身低贱，而被轻视，哪怕被拥护，还是被康熙踢出了夺嫡的圈子。

允䄉11岁时母亲过世，被康熙交给五阿哥允祺和九阿哥允禟的生母郭络罗氏抚养，郭络罗氏开心异常，当然也没安好心，不然允䄉也不会被她惯得这样粗鲁。为了讨好允䄉的母族，她对老十非常的溺爱，看似好心，其实另有目的。

或许，郭络罗氏打了如意算盘，既讨好了允䄉母族，又得了康熙的好，还培养了一个比自己儿子强不到哪去的阿哥。他与自己的儿子交好，以后能相互照顾。

果然，老九老十哥俩如同亲兄弟，感情要好，因为他俩的关系要好，所以都成了八爷党的人。

夺嫡过程中，允䄉对老八的帮助不比允禟和允禩少，因为他用上了他所有母族的政治势力去帮助允禩扩充人脉，提升知名度，为老八获取最大的政治资本。

康熙看到这些时，是不会怪老十的，因为他要给允䄉背后势力集团面子，但是，他可以直接把允禩踢开。

允䄉为了帮老八，拉拢了自己的亲舅舅阿灵阿。阿灵阿是非常重要的王公贵族，他和康熙非常亲密，二人的关系可以说是千丝万缕。此人既是雍正的姨父，又是允礼的岳父，但是他没有支持雍正和允礼，而是选择支持八阿哥胤禩，也算是支持了他的外甥允䄉。

允䄉因为高贵血统，他的两任妻子都很厉害，身份高贵，政治影响力很大，比起他的母亲钮祜禄氏有过之而无不及，因为有这些大家族在他的身后支撑着他，不仅康熙看重他，到了雍正朝，也要顾及这些家族的势力，不能真的对他打压到底。

雍正登基之后，清算了阿灵阿家族，但也没敢波及钮钴禄家族其他成员。雍正重点打击阿灵阿家族，但是，却赏赐了阿灵阿的女婿允礼，并且还册封允礼为果亲王，提拔了阿灵阿的亲侄子讷亲，也算安抚了一下钮祜禄家族。

这就是帝王之术，他只能打一个巴掌给一个甜枣，因为人家的母族很强大啊！

第六章　巩固帝位，铁血手腕

　　鉴于允䄉背后的这些政治势力，雍正不能将允䄉真的打压致死。

　　对于这样的允䄉，雍正又是无奈又是嫌弃，在雍正元年（1723），雍正令允䄉送哲布尊丹巴呼图克图的灵龛去喀尔喀，但是老十允䄉不愿意离开北京，找各种借口拖延时间，最后，在雍正的催促逼迫下才离开北京。行到张家口的时候，他就不肯再走了，还说是圣旨让他进张家口，现在他已经进入张家口，算是完成了皇命，于是就居住在张家口城内。雍正看着允䄉耍赖，没有直接去逼迫允䄉，把麻烦丢给了允祹，让他向允䄉施加压力，命令允祹处理这件事情，催促允䄉必须往前进发。

　　允祹无奈，只好写信要求允䄉前行，允祹也因此责罚了不行谏阻的侍卫额尔金。雍正听到胤祹的处理方法后，就说这是老十允䄉不想前行，侍卫长的话，允䄉又不会听，你这样处分，毫无意义。

　　此时的允䄉毫不在意，安心地住在了张家口，也不派人去向雍正请罪。这使得雍正很生气，革了他的爵位，调他回京，下令将他永远监禁。然后他查抄了允䄉的家产，查出金银60多万两，还不包括允䄉的房产和金银器皿。

　　康熙在执政后期，疲于应对党争和皇子夺嫡之争，在政务上有些松懈，导致国库十分空虚。雍正上位之后，查封加入八爷党的皇子和大臣，把他们的银子充公入库，这也是一个填补国库亏空的措施。

　　就这样，雍正为了击碎八爷党，先优待允祀，稳住老八的团队，因为允祀是首领，他的影响力大，抓住他、稳住他，让他在自己的眼皮子底下，这样就比较安全，防止他们造反。

　　然后，雍正把允䄉囚禁在遵化，把允禵发配到西北，又把允䄉拘禁在京城，并且将他们的财产一一充公，这样一来雍正就把四个人分散开，让他们无法联系，又把他们牢牢地掌握在自己手中，让他们的日子都不好过。

当然，在康熙末年的时候，允禩的影响力也很大，有很强的号召力，他的号召力和能力比老八胤禩还要强。但是雍正对他没有优待，没有给他和胤禩一样的待遇安抚他。之所以雍正没有优待允禵，是为了防止在这种情况下，允禵会继续发展势力，到最后不好收拾。

打击允禟是因为允禟之母地位尊贵，也是为了防止他们母子联手，在皇宫内外制造变乱；打击允䄉，主要是为了杀鸡儆猴，让其他的人有所畏惧，不要再追随允禩。

雍正的这一招分化瓦解，有打击，有拉拢，把八爷党的主要成员各个击破，在他上位的初期，取得了比较成功的效果。

雍正在执政初期的时候，因为客观形势的影响，他对自己的对手采取的手段还是比较温和的，他这样做也是为了维护政权的稳定。

他经常责备他的兄弟们任意妄行，故意惹自己，想让自己治他们的罪，然后又指责他这个君王当得不好，想让他杀戮不断，从而失去人心，雍正说自己才不上当，所以对他们态度温和，多加优容。

在这种情况下，他对政敌的态度其实很慎重，人家恣意妄为地搞破坏，他自己却不能恣意妄为的惩罚，否则会引发更大的反抗。所以，雍正在处理这些事情的时候，总是谨慎地找身边的大臣商量。

比如他在处理允禵的女儿和外孙时，想要将母子分开，但是因为孩子还太小，怕招人议论，踌躇再三他向年羹尧请教这件事到底该怎么办？尽量做到两全其美。即便这样，也招到议论，说雍正是挟私报复，大臣们议论得沸沸扬扬，各种说辞甚

第六章 巩固帝位,铁血手腕

嚣尘上,但大多数大臣都在说雍正待亲骨肉不好,并且上书要雍正善待亲骨肉。

雍正对这样的事情,也是冷静地区别对待,看清楚上书者的用意之后,该奖的奖,该罚的罚,对于那些攻击者,雍正说若是再这样不分青红皂白地攻击,将"启朕杀人之端"。

可见当时,雍正在处理八爷党一众时,顶着很大的压力。但不处理又不行,否则雍正将无法真正执掌天下。

其实,反对雍正的人一直存在,而且不惜铤而走险。在雍正即位初期,还出现过两次刺杀事件。一次是他出宫祭祀的时候,隆科多得到消息说有刺客,当即就搜查了祭案的下面,逮住了刺客。

还有一次,雍正到东陵去,隆科多又得到消息,说是诸王生变要有行动,让雍正小心,加紧防范。

雍正上位之后,几乎没有远离过京城,他也没有进行过康熙在世时那种大型的秋狝活动。原因就是虽然他很想出巡,举办游猎活动,却不能进行,因为他的政敌允䄉、允禵等人"密结匪党,潜蓄邪谋,遇事生波,中怀叵测"。

这种不安定的因子,让雍正时时都有防范之心。

雍正自己去不了,但是这是祖上传下来的,又很重要,关系到大清文化习俗的传承和发扬,所以必须得有人去做。于是,雍正就派皇子出巡行围,用于展示训练讲武的意义。

雍正除了去过东陵,没有离开京城半步,就是为了防止八爷党余孽发动政变。

可见,在雍正上位初期,反对他的势力非常强大,他一方面治理国家,一方面满腹心事。给年羹尧去信说,京城内外看似平静,实则波涛汹涌。这也反映了雍正一直在警觉八爷党,担心政敌发动政变。

他一方面严格地管制、封控，避免一切可能出现的问题。另一方面，雍正又采取稍微缓和的政策，将对方势力逐渐地分解，逐一消灭。

雍正这种慎重的措施取得了成功，他就是在这种迂回中，小心谨慎地把握住了当时的政治形势。

打击三皇子允祉

当然不服气雍正的不止八爷党，雍正的兄弟可是多得很，三皇子允祉就是一个，他当时的能力也是很强的，并且在夺储的时候，允祉比雍正还更接近康熙，更受到康熙重用，允祉甚至没有把当时的雍亲王当成对手。如此强悍的政敌，雍正自然不会放过。

三皇子允祉是个集各种才能于一身的能人，不管是带兵打仗，还是行文著书，都是一把好手。康熙年间太平，像允祉这样的人，自然是要发挥他文人的特长，他在编书时，和一起编书的很多大学士关系甚好。

雍正即位后，认为这些编书修书的大学士是允祉的人，需要将这些人解散。

雍正首先向陈梦雷发难，说他是耿精忠叛逆案中的主要罪犯，但是当时，康熙已经宽恩了他，所以自己也就不给他加刑了，但要将他的儿子发往边陲。陈梦雷一生学名远播，弟子众多，影响力很大，所以雍正将他的弟子门生中，有声势的人也严行惩治。

但刑部尚书陶赖等人执法不严，他们将陈梦雷的两个儿子释放了，雍正因此大怒，将陶赖等人降职。

雍正之所以这么做，也就是坚决要瓦解允祉的势力。

因为雍正很清楚三哥允祉的实力以及心思，哪怕他不能再

第六章 巩固帝位，铁血手腕

夺嫡，但是这些文人在他身边形成了很大的舆论影响力，一旦对抗朝廷，将对雍正的名声产生很大的负面影响，所以，对以允祉为中心的文人集团进行不断打压。

对于大阿哥允禔，雍正按照父亲定下的方式，继续圈禁，免得被放出来后添乱。

雍正对太子允礽的态度是十分谨慎的，在康熙过世之后，他放允礽出来哭灵，哭完又立刻关禁如初。

他的这个举动，应该也是遵从康熙的安排，这样也省去很多的麻烦。

但雍正对允礽的儿子弘晳非常好，封他为郡王，并且将太子东宫所有的金银及奴仆，都赏赐给了弘晳。

雍正二年（1724），允礽在禁所去世，雍正亲自去了允礽的丧所，下令用亲王大礼埋葬他。但雍正对于那些拥护过允礽的太子党人，却一直耿耿于怀。

可见，雍正只是沿袭了康熙对大阿哥、二阿哥的安排，没有再花太多的心思，不想沾染太多是非。

雍正打拉结合的策略，大多用在了八爷党人身上。但是他的这个策略后来有了变化。这个变化是因为政治局势的演变，从形势上来说，雍正的皇位在第二年春天得到了进一步的巩固，因为雍正二年（1724）春天，青海罗卜藏石津叛乱被平定了。

朝堂局势稳定下来，内忧外患初步解决，所以这时，雍正觉得时机成熟，可以跟自己昔日的政敌展开厮杀，进行清算了。

雍正在雍正二年（1724）开始对允禩发难。在这之前，他也指责过允禩，说他在他母亲的丧事上，过于奢侈，显得伪孝矫情。如今，雍正召集诸位大臣开了个会，这个会是专门为允禩所开，目的就是要旧事重提。

他言称：自康熙四十七年（1708）以来，他这位无知的八弟，结党妄行，肆无忌惮，惹得康熙生气忧虑，身体生病，行为实在是让人不能忍受。父皇当时身体不好，对他也是百般防范。这个八弟从前作恶多端，朕继位之后，念骨肉兄弟之情，对他予以重任。可是，他却不知痛改前非，对朕不以事君事兄为重，却以同辈诸兄允禟、允䄉为伊出力之故，怀私心，由此可以证明，其大志至今未已也。你们说，他如此肆行悖乱，干扰法纪，朕虽包容，但国法不容，如今，该当如何？

诸位大臣一听就明白了，新皇帝要开始收拾昔日八爷本人了呗。配合，绝对配合！

于是，这些亲近雍正的亲信大臣，一起给允䄉定了罪。同时，雍正让诸位大臣据实揭发允䄉的罪行，不许隐瞒，展开了对允䄉的攻势。

同年五月，雍正以苏努和勒什亨父子袒护允禟和允䄉，说他们扰乱国家之心从无悔改，革去苏努贝勒爵位，命他们一家同去右卫居住。

到了七月份，雍正发布《御制朋党论》，加紧打击朋党势力的步伐。

可以说，从雍正继位到雍正二年（1724）七月，这段时间，是雍正打击朋党的第一个阶段。

但是他这个活动进展得并不是很顺利，因为不时还有其他的事情发生，比如年羹尧和隆科多这两个雍正得力的大臣，其间也闹出了事端。一时间，雍正面对的政局很是复杂，可谓一波未平一波又起。

二、提拔亲信

中国有句老话：一朝天子一朝臣。雍正即位，自然也要扶

第六章 巩固帝位，铁血手腕

持自己的近臣，否则，君臣二心，政令不出，还时刻威胁自身安全，这是新君所不能容忍的。

雍正更是如此，他刚一上位，就大肆提拔自己昔日藩邸的亲信，年羹尧和隆科多立即就成了雍正新政权的主要人物。

康熙驾崩后，雍正赐隆科多爵位。雍正对隆科多颇为信任和依赖，感情上很亲近，每每称隆科多爵位的时候，必要加上"舅舅"二字，还让他做了总理事务大臣。

他如此这般做，就是为了感激"九门提督"隆科多帮助自己夺嫡成功。

雍正对隆科多一直很是重用，他刚即位的同年十二月，就任命隆科多为吏部尚书，依旧兼任步军统领，可谓多种要职集于一身。

到了雍正元年（1723），雍正又命隆科多兼理藩院事，做编写《圣祖仁皇帝实录》和《大清会典》的总裁官。据说在编制这两本书的时候，雍正亲自参与，修改制定了很多内容，尤其在写到康熙皇帝对儿子们的态度时，雍正是做了很多的修改的，就是为了让后世人看起来一切合情合理，真实有效。

雍正还命令隆科多做编写《明史》的监修总裁，对于《明史》的内容，雍正自然也发表了意见。这些重要事情，雍正都交给隆科多去做了，可见对他的器重。后来，雍正还赐予隆科多太保加衔以及双眼孔雀花翎、四团龙补服、黄带、鞍安紫辔等物，这些代表高贵身份和礼仪的贵重物品，彰显了隆科多身份高贵，地位不一般。

这个时候的隆科多是雍正在政权统治中的左右手，真是荣宠备至。

隆科多曾经得到康熙的告诫，在康熙过世的那个晚上，康熙一下子把隆科多定为皇位的宣旨人，并且要他只忠于皇帝，不需接受任何人的拉拢。而隆科多在这件事上做得很专一，他不接受允禩、允禟的拉拢，宣读了皇位继承人是雍亲王，这是不是康熙的真正旨意，也许只有他自己知晓了。

同样，年羹尧也受到重用和宠信。甚至雍正即位初期，在人才任用和官员调动以及吏治方面，雍正都会写密信与年羹尧商量一番，也就是所谓的"相商做事"，并且给了年羹尧特别大的权力，只要在年羹尧的辖区内，不管是文官还是武官，一切都听年羹尧任命。

雍正元年（1723）的时候，雍正想要任命范时捷任陕西巡抚，想把原来的巡抚噶世图调为兵部侍郎，就这样一件事情，原本皇帝就可以轻易做主的，雍正却和年羹尧商议后才决定。

雍正不但和年羹尧商议川陕境内的官员任职调配问题，就连川陕境外的官员任职之事，雍正都会找年羹尧商议，让年羹尧提出参考意见。

比如雍正听到京口将军何天培的为人时，发现似乎对何天培的评价不一致，颇有出入，雍正就问年羹尧可曾听到什么？让年羹尧发表意见，然后雍正自己再定夺。

在官员的任用方面，当时的雍正非常相信年羹尧，只要是年羹尧参奏的，雍正就会降职处理；只要是年羹尧保荐的，雍正就会给他升职。即便年羹尧奏请罢免官员，雍正也会批准。可以说，很多官员的任职、升职、降职，年羹尧只要参与了，都会被批准，这是极高的宠信了。

年羹尧在雍正初年进京两次。

第一次是在雍正元年（1723）的春天，年羹尧进京路过山西，因为山西地区粮食歉收，年羹尧命令山西官员晋抚德音奏请向百姓缓征钱粮，结果德音看年羹尧手伸得太长，居然管自己辖区内的事情，就没搭理他，没有照年羹尧的要求办事。

第六章 巩固帝位，铁血手腕

雍正知道之后，就罢免了德音，宣告天下官员，年羹尧可以越境办事。

年羹尧第二次进北京城，是在雍正二年（1724）秋季，因为年羹尧进京，雍正特意命令礼部草拟一个迎接年大将军进京的迎接礼仪的策划，结果礼部侍郎三泰做出的策划不妥善，入不了雍正的法眼，被降了一级。

年羹尧进京城的那一天，他骑着黄缰紫骝，在京城外，由王公以下的官员跪迎，年羹尧安坐马上招摇过市，正眼都不看一下官员们，王公贵族下马向他问候，他也只是略微点头。其态度甚是傲慢、骄纵，这也为以后他被弹劾留下了把柄。

此时的年羹尧意气风发，大权在握，自然不会将这些放在心上。他在京城待了短短的几日，和总理事务大臣马齐、隆科多等人一起宣读上谕，这时候的年羹尧，已经成了总理事务大臣。

雍正给予年羹尧的这些殊荣，是独一无二的。

雍正认为，像年羹尧这样的封疆大臣对他如此忠心，还有功于国家，若是有十来个这样的人，那么国家就不愁治理不好。甚至等到年羹尧把青海之乱平定后，年羹尧被雍正视作了自己的恩人。

虽然这样说有失体统，但是雍正还是这样说了出来，而且他还对群臣说，像年羹尧这样为国出力的大将军，我的子孙后代及天下臣民都应该倾心喜欢他、仰慕他、赞美他，子孙们若稍有负心的话，那就不是我的子孙。后世皇子们若是对年羹尧有异议的话，那就不是我朝的子民，可见，雍正对年羹尧的宠信至深，甚至到了以一个人对年羹尧的态度来判断这个人的言行正确与否，也不知雍正是真心夸赞，还是捧杀，为以后收拾年羹尧做铺垫。

这个时候，雍正对年羹尧家中的事情也是关怀备至，比如对他的父亲，对他的妻子，对年羹尧的妹妹都特别对待，经常加以恩赐。而且雍正对年羹尧的赏赐，也从不间断，尤其金银之物、食物、药品等。

两人此时真可谓私交甚好，超出了君臣的关系，二人更像是朋友、知己，此时正是这对君臣之间的"甜蜜期"。

年羹尧在外，为雍正安定边境，雍正感谢于他，以各种好处笼络住他，这也是一种手段。年羹尧的家属，基本都留在京城，这也是雍正的刻意安排，在自己的视野范围内，便于监督，赏罚可控。

可以说，年羹尧和隆科多都是雍正登基时的得力助手，也是他登基后的左右手，可是年羹尧却瞧不上隆科多，觉得他不过是一个藩邸元老，靠着祖宗的荫庇到了这个位置。

因此，两个人总是闹不合，这可非社稷之福啊，雍正便想办法，调和年羹尧和隆科多的关系。

雍正为了表达自己对年羹尧的尊重，也为了表达隆科多对年羹尧的尊重，雍正在年羹尧的奏折上写道："有些事舅舅隆科多说必得你来商量。"隆科多是不是这样说？不知道，但是雍正这样说了，这体现出雍正对二人的刻意撮合，也表现出隆科多对年羹尧的尊重，给年羹尧一些面子。

雍正为了让年羹尧接受隆科多，就又说之前的一些事情是因为你不了解朕的舅舅，现在多接触他，多了解，会明白以前对隆科多是有误解的。雍正还说隆科多对先皇康熙绝对是忠诚的，如今对朕不但是忠臣，还是有功之臣，是国家的良臣，当代的稀有大臣，你们当融洽相处。

雍正如此解释，费尽心思，他十分希望年羹尧和隆科多能够做一对好同僚，团结一致。

第六章 巩固帝位，铁血手腕

为了让二人关系融洽，雍正主张把年羹尧的长子年熙过继给隆科多做儿子，隆科多自己已经有两个儿子了，但是他知道这件事情后，也特别希望跟年羹尧做成这样的亲戚，他非常开心说他命中就是应该有三子，如今，皇上赐给他一子，就犹如天赐，给年羹尧的儿子年熙改了名字叫得柱，还向雍正和年羹尧做出今后要好好合作的姿态，年羹尧也就顺势和好。如此，两个重臣开始友好合作，共同辅佐雍正。

雍正之所以这么团结年羹尧和隆科多，也是因为在康熙朝末期留下诸多弊端，长期的朋党之争使雍正认为朝中的大臣不能完全依靠，为了巩固自己的政权，他只有倾向于自己原来的旧臣，然后再从持中立态度的官僚中做选择。还是这些一直支持自己的老臣比较可靠，便于日后的统治。如此一来，年羹尧和隆科多自然而然就成了雍正王朝初期的核心人物。

隆科多和年羹尧一个是雍正的舅舅，一个是雍正的大舅哥，两个人在雍正的授意下，他们的势力和影响力远远地超过了其他官员。

但宠信久了必生祸端。久而久之，朝廷官员被称为隆选，地方官员特别是西北地方官员被称为年选。这两人推荐和选拔的官员都被重用，不是二人选的官员就无法被起用，他们的个人权势已经影响到朝廷官员的任用了，问题可谓不小。如此一来，隆科多和年羹尧也逐渐结党营私，把持朝政，弄得朝堂上一片乌烟瘴气，为他们后来的倒台埋下了伏笔。

雍正会无限制地宠信他们吗？当然不会，雍正这个人冷静睿智，而且性格有些冷淡，虽然看重昔日的关系，但是如果权臣阻挡了他的君王之路，那么，雍正也不会再姑息。发现苗头不对之后，雍正对年羹尧和隆科多并没有一味地宽容，也开始敲打和诫勉。

可即便如此,还是引来了朝臣议论,朝臣说雍正:"凌逼众阿哥,纵隆科多,年羹尧擅权。"就连年羹尧保举的人,都在雍正面前说年羹尧太狂纵。

另一个藩邸旧臣戴铎,也揭发年羹尧用家奴为官,来信说雍正所用重臣皆是亲友。他们任用私人擅权狂纵,这些大臣的进言,开始都被雍正斥责,说他们无知,庸人乱揣测。

但是,不久之后,随着事态扩大,雍正就开始把这些言论作为证据,掉过头来收拾年羹尧和隆科多,甚至还兴起大狱。

三、大兴年狱

年羹尧本身是一个人才,在康熙朝的时候,就得到康熙帝的赏识,后来又辅助雍正夺权即位,作为雍正的大舅哥,他因一直忠于雍正,并且帮助雍正安定西北,平青海之乱,被雍正视为恩人一般。

雍正曾这样朱批过他的奏折:"十年以来从未立此奇功,总之皆你一人的好处,朕此生若负了你,从开辟以来未有如朕之负心之人也。朕前谕字字出于至诚。朕一切赏罚若有一点作用笼络将人犬马待的心,自己也成犬马之主矣。"

随后,雍正又赏给年羹尧一个子爵爵位,由他的儿子年斌承袭;其父年遐龄被封为一等公,外加太傅衔。然后雍正还说:我二人做个千古君臣知遇榜样,令天下后世钦慕流涎就是了。

可以说,雍正此时对年羹尧的宠信已经达到一个顶点。两人频繁互动,书信密集,国事家事都会谈及,二人不像是君臣,更像是父子一般。

年羹尧的权力无限扩大,他忘乎所以,不知检点总是忘了自己是雍正家臣的身份。

可是年羹尧作为一介武将，他自恃在军事上的天分以及雍正对他的宠幸，做出了各种越权枉法之事，即便是皇帝允许了，但也是不合法规的，所以经常引起公愤，再加上他有些时候因为轻狂放纵，还表现出功高盖主的迹象，所以很快就引起了雍正的不满。

年羹尧到底做了哪些事呢？以至于把自己送上了断头台？

年羹尧的第一件可恶之事，是年选的事儿。年羹尧因为擅权用人的事情引起了公愤，不断有人往雍正那里递奏状，虽然一开始雍正是反驳的，但是架不住时间长啊！雍正看着弹劾奏折堆积如山，也觉得有些危险了！

再者，年羹尧的行为也着实猖狂。在年羹尧当总督的时候，他任用的属员，包括巡抚、布政使、提督等地方大员，都是由了他的心意去选任，所谓皇上给的特简任书，也不过是个形式罢了。

年羹尧还以军功保举官员，滥用职权。在吏部和兵部，年羹尧有特殊的待遇，凡他报功请封的名单一律批准。在清朝的时候，凡是奴仆出身的人，都不许做官，但是年羹尧的家奴桑成鼎却以军功做官，先是做了西安知府，后来又身为直隶道员。他家的另外一个家奴魏之耀也官至副将，年羹尧还直接令关系密切之人顶替知县的职位，可谓猖狂至极，不把大清朝的官制当回事儿，想安排谁就安排谁，雍正能看着不管吗？

年羹尧做的第二件很出格的事情是，大行收受贿赂，大开奔竞之门。

年羹尧大权在握，贪污受贿，无所畏惧。有人说年羹尧保举的那些官员多是巨资行贿钻营之徒，年羹尧因此而得的赃银巨万。年羹尧还参奏自己不满意的人，被参奏之人为了不受参奏，也向他巨资行贿以寻求照顾，年羹尧对这样的人也是大开方便之门，前面参奏，后面保举，挣了好多银子，有时候一个人就会向他赠送价值10万两的珠宝。由此可见，年羹尧的生财之道有多可恶？

年羹尧第三个可恶之处，是他妄自尊大，违法乱纪，目无皇帝，没有人臣之礼。

年羹尧身为大将军，但是他出身低贱，雍正在做阿哥的时候，一直把他当作自己的奴才，为了和他拉近关系，鼓励他，娶了他的妹妹，这样他成为雍正的大舅哥。如此，他更加忠心于雍正，可是他的地位再高也不及皇亲国戚高，他的地位没有诸王的地位高，他的军功根本就不能和允禵相比，但是因为他接任西北军的时候，他接过的是允禵的大将军职位，他就以为自己同样是征西大将军了，在权势上要同允禵这位大将军王比肩。

在清朝的时候，大将军和督府的往来文书，用咨文表示平等，但是年羹尧坐上大将军之位后，他给任何人发文，都用令谕，把所有和他同级的官员视为下等，轻狂自傲，无所不及。

年羹尧狂妄到了就连皇帝雍正身边的人被派过去，都不会被以礼相待，而是让他们前引后随，充当下人奴仆。但凡他要出门上街，就要令百姓让道，街道戒严，店铺都要把门关上。若是有人给年羹尧送礼的话，就要称为恭进。而年羹尧自己送别人东西叫作赐，别人感谢他叫谢恩。年羹尧吃饭，叫作用膳，年羹尧的一切排场就仿佛皇帝一样。

因为年羹尧的行为张狂傲慢，不把百官放在眼里，他的下人们也就不把百官放在眼里，甚至他的下人进京的时候，一些官员还要在街道旁行跪礼，如此可以看出，年羹尧的权势之大令人震惊。

年羹尧在处理人事关系的时候也很霸道，在他的队伍里，

第六章 巩固帝位，铁血手腕

有很多中央和外省官僚的子侄，有些是自愿来的，当然是有靠山，是为了跟年羹尧搞好关系；还有一些人是被胁迫的，相当于人质，是为了表示依附和归顺于年羹尧。

年羹尧也开始不遵守君臣之道，比如他在西宁军前时，雍正的恩诏到了，本来应该设香案跪听，他偏偏不遵礼仪，随意一接。在编选陆宣工奏议时，雍正看了说自己要写一篇序言，雍正还没有写出来，年羹尧就草拟一篇，让雍正认可。

年羹尧的种种行为，已经超出了君臣关系的正常限度，而他却不自知，这是他以后被雍正责难的原因。

年羹尧还在雍正的亲信之间挑拨离间，弄得大家都不团结。年羹尧因为自己的权力大，不把别人放在眼里，经常和同僚之间搞出矛盾，隆科多因为一心要和年羹尧交好，所以两人倒也平安无事。可其他人就不一样了，和年羹尧闹了矛盾，还得默默忍着。

年羹尧竟然莫名其妙地妒忌十三爷允祥。而且，他不停弹劾蔡珽，将其革职拿问。怨恨李绂，排斥傅鼎，中伤河南巡抚田文镜，中伤山西巡抚诺敏，年羹尧和雍正亲信的多位大臣关系都不友好，连基本的和气都没有，把自己搞得孤立。

雍正是在什么时候开始不喜年羹尧的呢？

就是在年羹尧第二次进京的时候，这是年羹尧最风光的一次经历，也是他人生噩梦的开始。

当时，年羹尧刚到京城，雍正对年羹尧非常好，态度热情，要给他加恩。过了不久，雍正犒赏三军，结果军中却不感激皇上，说成这是由于年羹尧的建议和请求，反而对年羹尧感恩戴德。还传出雍正处罚阿灵阿也是听了年羹尧的话，一时间各种谣言纷纷，说恩威不自雍正出，而是出于年羹尧！

朝堂内外，京畿之地，都在传言雍正什么都听年羹尧的，是个傀儡皇帝，被年羹尧玩弄于股掌之间，这些话传到雍正的耳朵里，很伤雍正的自尊，而且对于他要成为的明君形象很不符合。这里面，自然也有八爷党暗中推波助澜，但更多的还是年羹尧多行不义，咎由自取。

雍正虽然已经心中不满，却很委婉地告诉诸位大臣，年羹尧不过是总督之才，不具备天子之聪明才智，那些造谣的人，不过是在设计陷害年羹尧。然后，雍正对隆科多说，有人议论隆科多，也不过是嫉妒隆科多。这些话听起来是在责难那些造谣生事的人，实际上是在告诫年羹尧和隆科多不要骄傲狂纵，目无君上，要让他们防微杜渐，自省言行。

在这个时候，诸位官员都是见风使舵，都听出了雍正的意思，于是有人秘密建议雍正，说年羹尧手握兵权，这次一来到京城，可不能再放虎归山，让其返回陕西了。若是放他回去的话，他可就是西北王，威胁大清安危，还是将他留在京城里好控制。

雍正没有听取这个建议，因为觉得不合时宜，但雍正下定决心要惩治年羹尧，正是年羹尧骄纵狂妄，无君臣之礼，恣意妄为所致。

雍正第一步是在诸臣面前警告年羹尧，第二步就开始下旨命有关人员揭发年羹尧的各种罪行，还派人监督年羹尧的活动，亲自在大臣的奏章上批阅问年羹尧这个人怎样？还鼓励大臣据实相告，不得隐瞒。

雍正还在河道总督齐苏勒的奏折上密谕："近日，隆科多年羹尧作威作福独揽权势，若不防微杜渐，此二臣将来必至不能保全，尔等应当疏远他们。"雍正又密谕怡亲王允祥才是当代诸王大臣中的第一人。

高其倬读到的密旨是，内有朕命尔事事问年羹尧之前谕，大错矣！雍正在此期间发出了很多密谕，雍正发密谕是有特殊目的的，也有着特别的含义。他发密谕的人一般有三种：

一种是年羹尧的亲信，雍正要求他们与年羹尧划清界限，据实揭发年羹尧，争取保全自身。这个方法呢，起到从年羹尧集团的内部分化瓦解他的势力，孤立年羹尧的作用。

一种是年羹尧的对手，雍正给他们发去密谕，就等于是通知他们要揭发年羹尧，打击年羹尧，针对年羹尧，忠于皇上。

还有就是第三种人，这种人与年羹尧关系一般，雍正通过密谕提醒他们早点警觉，在雍正和年羹尧双方之间，不要犹豫不决，站错了位置。

雍正在这些批示中要求官员们同允祥搞好关系，也就是点明允祥是这场斗争的依靠对象。就这样，雍正提前给官员们打好了招呼，做好了打击年羹尧的准备。

至此，不得不感叹一句：做人须得有分寸，功高震主，忘了人臣之礼的人，在历史上向来没有好结果，年羹尧竟然不知这个道理，还是读史书读得不到位啊。

到了第三步，雍正自然是不会让年羹尧回到陕西去。当然，雍正在向其他官员知会自己对年羹尧的态度时，对年羹尧本人也是有所暗示，他给年羹尧写了一段话，讲述的是功臣如何保全名节，就是提醒年羹尧得到这些功劳不易，守住更不易，终功更是难，不要恃功自傲招致祸端。

但是，那一刻，年羹尧已经骄傲过了头，张狂到了极点，想必不会把雍正的暗示放在心上。

雍正在打击年羹尧的事情上，可谓是深思熟虑，步步为营。

或许，雍正早就想到了这个结局，所以才写了功臣如何保全名节的那一段话，想必他也是感觉到了："当恩易，保恩难，保恩易，全恩难"。想清楚这些，那一起共打江山的时光也就成了过眼烟云。再面对，就必须君臣有别，实在做不到，就只有

169

用打击告诉你,什么叫人臣之礼。

雍正旁敲侧击之后,就是公开打击,不留情面,雍正公开打击年羹尧是从雍正三年(1725)正月的时候,年羹尧找人弹劾金南瑛事件开始的。

事情是这样的:年羹尧因为妒忌十三爷允祥,从京城回到山西之后,就开始对十三爷推荐的四品官员金南瑛下手。其实金南瑛本人官微言轻,是不会得罪年羹尧的,但是年羹尧却因为他是允祥安排的人,就觉得这是允祥在西北安插的一个眼线,专门监视自己,这让年羹尧很不舒服。

还有一个原因是以前年羹尧给雍正推荐的人,雍正是不会驳回的,但是这一回,雍正却选择了允祥推荐的人,驳回了年羹尧推荐的人。所以,年羹尧无法忍受在自己的地盘,有个金南瑛存在,但他又不能刻意为难金南瑛,因为人家身后有允祥。

所以,当年羹尧回到陕西后,就让胡期恒寻找金南瑛的罪证,通过正规的渠道弹劾金南瑛,可是,这个奏折引起了雍正的警觉。

在此之前,雍正对年羹尧的嚣张跋扈已经很是不满,对他也是各种旁敲侧击,提醒他人臣之礼,但是年羹尧无视这些提醒。此时胡期恒要动允祥的人,雍正立即明白这是年羹尧的主意。因为胡期恒是年羹尧举荐的人,因此雍正立即给年羹尧下了一道朱批:

你实在昏聩了,胡期恒这样的东西,岂是你年羹尧在朕前保举巡抚的人,岂有此理!你忍得如此待朕,朕实愧而下泣,即此字,朕实含泪对灯书成者。时常将头抬一抬,将心抚一抚,朕亦时常如此自问也。

——雍正朱批年羹尧奏折

第六章　巩固帝位，铁血手腕

年羹尧收到雍正的朱批后，十分恼怒。

如果他立即认错，从此不与金南瑛为难，这件事或许能缓和一下。但年羹尧没有认错，反而揪着金南瑛的罪证不放，又写奏折给雍正，建议严查金南瑛以及他背后主使之人，这就相当于把矛头对准了十三爷允祥。

雍正与允祥十分亲密，年羹尧此举已经犯了大忌，以至于雍正对年羹尧更加反感。

雍正责备年羹尧和胡期恒结党营私，还说这是自己最不喜欢的情况，雍正这次直接以金南瑛是由大学士朱轼、怡亲王允祥保荐为由，拒绝了年羹尧。

同年，雍正召见了被年羹尧弹劾、被刑部奏请拟斩的蔡珽，向蔡珽问询四川的情况，蔡珽奏言年羹尧贪婪强暴，诬陷自己。

这时候雍正不问蔡珽逼死人命的事儿，他只说蔡珽是年羹尧参奏弹劾的，如果自己治了蔡珽的罪，判他斩首，那么，人们就会说他又是听信年羹尧的话斩杀了蔡珽，这就是让年羹尧真正地站在了作威作福的台阶上，似乎他可以操控皇帝。

因此，雍正没有将蔡珽治罪，反而起用他为左都御史。

还有一件事，是在雍正三年（1725）二月的时候，传言有"日月合璧，五星连珠"之祥瑞，雍正是个迷信的人，非常重视此祥瑞，朝臣内外都上奏朝贺，恭维颂扬一番，年羹尧也上奏朝贺，他颂扬雍正皇帝朝乾夕惕，励精图治，但是这个年羹尧居然写了错字，把"朝乾夕惕"给写成了"夕阳朝乾"。

雍正一看非常气恼，想来想去觉得年羹尧别有用心，是故意写成这样。于是，同年三月，雍正以此为题发出上谕说年羹尧不想用"朝乾夕惕"这四个字颂扬自己，觉得这四个字不能给朕，既然如此，年羹尧平定青海的功劳，那朕也就在许与不许之间，尚待思考再说。

雍正又说：这件事，可以看出年羹尧自以为功高，不把朕放在眼里了，他就是有了不敬之心。他写这四个字并不是误写，而是有心为之。

雍正说完此话之后，责令其回奏。雍正的这个举动，把自己对年羹尧的态度明朗化了，这是要直接打击年羹尧了。

至此，雍正一面不停地责备年羹尧本人，一面下令调换川陕官员，将年羹尧推荐上位的胡期恒撤职，换岳钟琪兼任，又把年选的四川提督纳秦换回京城，派了銮仪使赵坤前往署理。

这样一来，就把年羹尧的亲信都替换掉了，使年羹尧不能在任所为所欲为。

雍正一面仔细地甄别、整治年羹尧推荐的人，一面考察年羹尧的属吏，或者年羹尧曾经的下属。这样一番操作之后，雍正说道，年羹尧推荐的人，还有那些年羹尧的私党，于朝堂无益且"稂秀不除，嘉苗不长，这班人，即使一人也不可姑息包容"。

随着雍正对年羹尧私党的打击，有些年羹尧私党见风使舵，要和年羹尧撇清关系。如大同总兵马某本和年羹尧关系很好，结果他上奏说自己和年羹尧毫无关系。但雍正早已查清，就朱笔一批说他满口支吾，一派谎词，对君父，岂可如此欺瞒诳骗。

雍正要求年羹尧私党表态的时候，一定要彻底，比如在河南省河北镇的总兵纪成斌的奏折上，雍正朱批问话，让他说说年羹尧是什么样的人？也就是说，让他表个态。纪成斌回奏说年羹尧"背恩负国"。雍正看了不满意，就又朱笔一批，怪他留有余地。于是过了一个月，纪成斌又回奏：写出过去自己受年羹尧压制剥削的种种情况，说得很是详细，甚至还有些夸大，雍正拿到这些证据才原谅了他。

雍正又命令宁夏镇总兵王嵩表奏与年羹尧的关系。雍正这样做，是为了搞清楚这些官员和年羹尧关系的深浅，并进一步促使他们与年羹尧决裂，经过这些周密的部署之后，年党被粉碎了。

于是，雍正就开始处理年羹尧本人。

雍正三年（1725）四月，雍正命令年羹尧交出抚远大将军印，调往杭州任将军，年羹尧谢恩上任。

雍正下了调令之后，就派人密切地监视着年羹尧的行动，过了一个月，年羹尧到杭州上任，他途中所经过的地方的官员，将年羹尧的行为及时地报告给雍正。至此可以看出，中央集权已经加强了。年羹尧在川陕地区数十年，有西北王的称号，他在那里建功立业，可以说是打下了很坚实的基础。但是，如今雍正一纸文书就把他给调走，反映了中央政府的强大和有力，也表明了雍正的执政手段非常高明，让年羹尧无力反抗。

当时，在雍正的近臣中，有人因为雍正屡次降旨责备年羹尧，担心雍正用力过甚，激怒年羹尧，使其在陕西拥兵自重，搞起藩镇政权。雍正非常自信地说此人之语太没有见识，没放在心上。

雍正是这样说的："洞观远近之情形，深悉年羹尧之伎俩，而知其无能为也。"雍正的分析是非常正确的，年羹尧自从到杭州上任之后，就成了雍正的釜中之肉，处处被动，毫无还手之力，任由雍正处治。

年羹尧被调离杭州之后，朝堂内外各路官员看清了形势，纷纷上奏揭发年羹尧，一时之间，打击年羹尧之形势在朝堂上如洪水倾泻，受过年羹尧霸凌的，甚至没有受过年羹尧欺凌的，都纷纷上奏揭发。

李维均对年羹尧本来就很抵触，现在一看形势已经变了，连上三份奏折，控告年羹尧"挟威势而作威福，招权纳贿，排异党同，滥冒军功，侵吞国家财产，杀戮无辜，残害良民"。

朝中诸多大臣如洪水猛兽般先后提笔上奏，揭发年羹尧的各种不法行为，真可谓合了雍正的心意，雍正把这些罪状一一拿给年羹尧看，并命令年羹尧回奏。

紧接着到了六月，对年氏的惩罚就开始了。首先，年羹尧的儿子、亲朋以及跟他关系好的年党，被削籍夺官，籍没家财，或被罚修河，下场凄惨。雍正下令，缉拿胡期恒、桑成鼎、魏之耀、金启勋、严大等人，他们都是年羹尧的幕僚和部下。

紧接着，有大学士奏请将年羹尧正法，雍正却只是革年羹尧的大将军职，以闲散章京之职将他安置到杭州。考虑到此人影响太大，雍正开始进一步地动员社会舆论，各地方大员各抒己见，文诛笔伐将年羹尧的罪行一一详细罗列。

所有的封疆大吏，自然是要依着雍正的脸色去做事，一时间大臣们争相上奏，有的说年羹尧"阴谋叵测，狂妄多端，谬借闲外之权，以窃九重之威福""大逆不法，法所难宽"，有的官员求诛戮年羹尧。田文镜也是如此上奏请求。

大势所趋，雍正很是顺从百官之意，俯从群臣所请，下令逮捕年羹尧。

雍正三年（1725）十一月，侍卫押解年羹尧到京城，十二月罗列年羹尧九十二条大罪，议政大臣请求将年羹尧正法。雍正说九十二条大罪中应判极刑斩立决的就有三十余条，但雍正依旧表示开恩，勒令年羹尧自裁。年家老幼，有的斩立决，有的发配到烟瘴之地充军，年家所有家产抄没入官。

但是年羹尧接到自裁令后，迟迟不肯动手，总是幻想雍正会下旨赦免他，直到最后幻想破灭才在绝望中自裁。

这件事告诉世人，自古伴君如伴虎，一点儿不假。历史上鸟尽弓藏、兔死狗烹的例子很多，如汉朝高祖诛杀韩信，明朝朱元璋除蓝玉等。有功之臣，功高盖主，即便夹着尾巴都难以活下去，更何况像年羹尧这般狂纵之人？

四、剪除隆科多

除掉年羹尧后，还有一个隆科多，在朝中大权在握，作威作福，这也成了雍正的心病。雍正在打算除掉年羹尧时，就产生了剪除隆科多的心思，只不过是先处置了年羹尧而已，接着对隆科多的处置也就随之开始了。

隆科多作为密勿大臣，独断专权，在吏部，官员对他都不敢仰视，所有公事，对他唯命是从。朝堂中，凡他经手的官员，有"佟选"之说。和年羹尧一样，隆科多的手里掌握着用人大权。

在康熙皇帝时，隆科多见到诸位皇子都要跪下问安，但是在雍正这一朝，隆科多见了皇子们居然不行跪礼，只是起立表示恭敬。这件事反映了隆科多因自己是两朝元老而骄傲自满，在皇子们面前居功自傲。

雍正当上皇帝后，喜好抄家，把罪臣财产充公，这可谓一举两得。隆科多觉得雍正不会永远地相信他，他就在许多事情上都留了后手，预料到自己的地位不会长久，他怕雍正有一天也抄自己的家，于是他早早地就把财产分藏到各个亲友家和寺庙里去了。结果这件事情还是让雍正皇帝给知道了。雍正责怪他不守人臣大义。

在雍正二年（1724）的时候，隆科多主动请辞步军统领的职位，雍正把这件事告诉了年羹尧，说都是隆科多自己的主意。言下之意，隆科多做的这些事情，没有考虑到他的意思。接着雍正又说，这段时间隆科多跟他不是很亲近了，想找人换掉隆科多。并且雍正选的是和隆科多对立的巩泰。雍正如此安排，就是想让隆科多不再染指步军统领这个职位,而且有敲打的意味。

雍正说不是他自己要隆科多辞职的,而是隆科多自发辞职,主动提出来的。其实这件事情,也是明摆着的,隆科多感觉到自己和雍正的关系不如从前了,他已经不再适合担任步军统领一职,所以才主动请辞。由此也可以看出,隆科多这个人还是有节制的,不像年羹尧那样肆无忌惮,无所顾忌。

但即便这样,雍正也是容不下隆科多的,所以,他在责备年羹尧的时候,总是把他与隆科多相提并论。这个时候,雍正责备隆科多的次数也比较多了,他斥责隆科多一次又一次参奏八阿哥允禩,这是一心要将八阿哥置于死地。但是隆科多却包庇了鄂伦岱、阿尔松阿、汝福等人。雍正又说,这是隆科多想把八爷党的这些人,网罗成为他自己的党羽。

同年六月,雍正在惩罚年羹尧之子的时候,又撤销隆科多次子玉柱的各种官职。那时,吏部对年羹尧妄参金南瑛之罪,提出了两种处理意见,一个比一个轻。雍正一看,就很恼火,怒斥能讨论出这样错乱的结果,肯定是隆科多舅舅有意扰乱。然后,雍正就令都察院严加议处。

雍正认为,隆科多这样处理,就是在庇护年羹尧,干扰他对该案的审查。于是,他革去了隆科多的太保衔等世职,命隆科多去往阿兰善修城开垦田地,算是将他一撸到底了。

雍正还指示地方官,说隆科多和年羹尧一样都是贪诈负恩的人,揽权树党,这样的人到了地方,地方官员与他相见时不须有丝毫敬意。可见,这个时候雍正其实已经把年羹尧和隆科多都当成了结党擅权的大奸臣。

雍正四年(1726)正月,隆科多被雍正派往阿尔泰路处理两件事,第一件是与策妄阿拉布坦议定准噶尔和喀尔喀游牧地界。第二件是定下游牧地界后,和准备前来的俄罗斯使臣商定

第六章　巩固帝位，铁血手腕

两国边界。

临行之前，雍正对隆科多说："若实心任事，思盖前衍，朕必宽宥其罪。"意思是说，你若认真做事，完成任务，并且痛改前非，朕是可以饶恕你之前犯下的罪行的。

隆科多领命而去，可能还想着把事情做漂亮，得到雍正的宽宥。然而，事情并不像雍正所说的那样，就在当月，刑部就开始审隆科多的家仆，从隆科多的家仆口中，他们知道了隆科多接受年羹尧、总督赵世显、满保等诸多官员的贿赂。

同年八月，隆科多和俄罗斯代表会面，在谈判桌上寸土必争，隆科多坚决要求俄罗斯归还侵占中国的大片蒙古领土，谈判进入高潮部分，这个时候隆科多还在竭力办事，觉得可以戴罪立功，回到京城恢复爵位和官职。

可是京城里，审查隆科多的工作依旧在紧张地进行。有人揭露隆科多私藏玉牒底本的事情，朝堂上诸多大臣奏请等隆科多议界完毕再进行审理。

但是，雍正以议界不必非要隆科多，命隆科多回京受审。隆科多一走，其他代表不能坚持维护国家利益的原则，对俄罗斯做出了让步，签订了《布连斯奇条约》，这个损失是雍正没有料到的。光想着打击异己，没有顾全大局，是这次雍正的失误。

隆科多所藏玉牒是他从辅国公阿布兰处要去的玉牒底本。玉牒是皇家的宗谱，隆科多私藏，犯了大不敬之罪。

雍正于此大做文章，朝中近臣一起拟定隆科多大不敬罪五项、紊乱朝政罪三项、奸党罪六项、不法罪七项、贪婪罪十六项，这些罪名，有的是真实的，有的是虚构的，但是雍正也没必要较真哪些是真实的，哪些是群臣构陷，只要为他所用，达到目的就行了。

雍正下令将隆科多永远圈禁，这个曾经帮助雍正夺嫡，甚至发挥了最关键作用的功臣,才享受富贵和权力不过4年而已,就被雍正无情地囚禁,与世隔绝。隆科多很郁闷,于雍正六年(1728)死于囚禁之地,雍正赐金治丧。

雍正处置隆科多的家人时,还有一个人受了很大的牵连,此人是查嗣庭,是隆科多推荐的内阁学士,后来因为蔡珽的保奏,做到礼部侍郎。此时他因被人告发所出科考试题荒谬,被捕入狱,雍正一看他是隆科多推荐的大学士,大笔一挥,抄了查嗣庭的家,而查嗣庭则在狱中病死。

其实,隆科多的擅权,一是因为他自己居功自恣,二是雍正赏功放纵。

雍正清除年羹尧和隆科多,是雍正按照君臣关系的准则,维护君主的威严,收回重臣不该拥有的那部分权力。像这种臣子越权的事,在历史上常有发生,雍正给了年羹尧和隆科多太多的权力,这本来就是雍正的过失,同时,年羹尧、隆科多失了本分,忘了人臣之礼,自食其果。

雍正惩治年羹尧和隆科多,除了为了将帮助他夺嫡的人灭口之外,更是为了保护皇权、加强皇权。雍正明确指出年羹尧和隆科多的一些特权是违法的。雍正还说"生杀之权,操之自朕。"禁止官员投靠权臣,要以忠于皇上为旨。自那之后,雍正清除掉了专擅的权臣,独揽大权。

雍正利用年羹尧、隆科多巩固自己的政权,推行新的政策,但是他一味放任,造成了权臣擅权的局面之后,又残酷打击,粉碎权臣党团,虽说是为了政治的统一安定,但是不论何时,翻开这段历史,对于雍正来说,都是个败笔。因为处理这两个人的时候,牵连的人太多,这些人的遭遇都是很悲惨的,他们成为倒霉的炮灰。

第七章　强化君权，庙堂一新

一、彻底清除八爷党

雍正上位之后对私交朋党特别忌讳，因为在康熙朝，他就亲身体会到了结党营私的危害性，目睹了父亲康熙在位时诸位阿哥集结的各种势力下对皇权的威胁，所以到了他上位之后，他不仅仅接过了康熙的至高无上的权力，他还接过了那些对皇权抱着非分之想的势力对皇权的威胁。

雍正对结党营私的警惕更甚于康熙帝。

所以，雍正刚一即位，就着手瓦解朋党。雍正二年（1724）七月，雍正宣布了他亲自书写的《朋党论》，他认真地当朝宣读之后，就要求臣下对这篇文告要做到"洗心涤虑，详玩熟体"，他特别告知诸王贝勒及满汉文武大臣，这是为提防朋党卷土重来，威胁朝政。

雍正这样说："朕即位之后，于初御门听政日，即面谕诸位王爷和满朝的文武大臣，必须谨记以朋党为诫，如今一年以来，这种朋党之风还是没有清除干净，圣祖仁皇帝在位的时候，也以朋党训诫诸位大臣和诸位王爷，圣祖仁皇帝最痛恨的就是结党营私，痛恨有人不能仰体圣心，总是有人分别门户，拉帮结派，彼此倾陷，分成两三党，各自拥有一帮私党，还有一些无知之人，不是入这个党，就是入那个派。朕在藩邸时，虽敬慎独立，深以朋党为戒，不入其内，从不向人示好，也不与人结怨，假如朕当年也在朋党之内，今日有何颜面对诸位大臣和王爷降此谕旨乎。"

雍正所写的《朋党论》表达的意思很清楚，第一就是康熙年间流行的朋党习气，在经过他即位以来的一年多时间的纠正后，还有积习未改，现在时机已到，该要彻底地清除积弊了。

第二就是朋党违背君臣大义和臣子事君之道。作为臣子，只能以君主的是非为是非，以君主的好恶为好恶，要绝对忠诚于君主，不能扰乱君上权力的施行。

第三就是雍正批评欧阳修"君子因道同可以结党"的观点，他觉得任何时候，君子也好，小人也罢，都不能结党，因为一旦结党，必然会党同伐异，唐朝的牛李党争、宋朝王安石和范仲淹的新旧党争、明朝的东林党争，等等，虽然都是君子结党，但是结党之后，对国家危害很大。雍正要从理论上说明解散朋党的必要。

第四，指责允禩等人结党营私，祸国殃民。雍正之所以以君主的身份来讲这些问题，一部分是这些问题切中时弊，符合当下的情形。当然也有一部分是强词夺理，只不过是为了表明他彻底反对朋党的立场，这些都表明了他对权力集中于君主的强烈维护。

雍正发布《朋党论》的目的是向八爷党集团发动猛烈的进攻，将允禩彻底打倒。同年八月，他召见了诸王宗室，很是严厉地斥责了允䄉、允䄉、允禩、允禵等，说他们是"俱不知本量，结为朋党，欲成大事"。

雍正的问题提得很是尖锐，似乎是要严惩八爷党，但是因为年羹尧的骄纵狂妄，引起的社会反应很是糟糕，甚至侵犯了雍正的威严，所以他先要惩治年羹尧，不得不放慢了对允禩一党的打击速度。

但雍正还是不时地警告、提醒，责斥他们中的部分人，或者不时地处理他们中的个别人，如发配允䄉，以警告其他人不要滋事胡闹。

雍正二年（1724）十一月，雍正责备允禩，自从允禩受命处理总理事务以来，办事以结交人心为目的，与人为善，却要把恶名加到自己的身上，比如管工部时，但凡应该严追的钱粮亏空，都自行宽宥，以此博得一些人的好感，得到美誉。

同月，雍正又发出谕旨说自亲王以下闲散人以上，若有人与允禩结为朋党，那就是叛国之人，必须加以重罚，绝不姑息养奸。

雍正竟然宣布以叛国罪惩治允禩党人，这种严厉程度可想而知，也可以想象雍正对八爷党的痛恨，因为八爷党人，也就是后来的十四爷党，他们四处宣扬雍正得位不正，被世人议论。这让雍正对他们非常的痛恨，因此，雍正所用的手段也很极端。

比如，以揆叙为允禩党的人为理由，命人在他的墓前竖立一块石碑，在上面刻着"不忠不孝柔奸阴险揆叙之墓"来表示对揆叙的谴责和惩罚。

在雍正三年（1725）二月，雍正召集诸王大臣于一堂，又责备允禩党的人，指责允禩不按规矩迎接圣旨，竟然宣称他自己是已欲出家离世之人，说他不遵守君臣大义，没有人臣之礼。又说允禟在祈祷的文件中写入雍正新君这样的字是对自己的不敬。鄂伦岱在乾清门闹事，当着众人的面，将给阿尔松阿的御纸扔在了地上。

七月，山西巡抚伊都立参奏他的前任诺敏包庇允禩，说允禩的护卫乌雅图等人路过山西平定州的时候，殴打当地生员，诺敏没有据实报告，结果雍正查证后，很生气，责令再次审理，结果，诺敏审理后只追究责罚了打人的护卫，未涉及允䄣的心腹太监李大成。雍正就说诺敏是贝勒满都护属下的人，而满都护和允䄣是邻居，同是一党，因此事情的调查结果就是诺敏有意替允䄣掩饰，然后将诺敏革职。

在这样牵连甚广的旁敲侧击之下，允䄣还是不知收敛，依旧以九王爷自居，于是雍正革其贝子爵位。

总的来说，在雍正上位的那两三年间，允䄣党的人被指责比较多，被处理的比较少，等到他惩治完年羹尧、隆科多之后，他就开始针对允䄣党的人，手段也变得更狠辣。

雍正四年（1726）正月初五日，年还没过完，雍正就发出上谕，历数允䄣的各种罪状。

雍正这样写道：廉亲王允䄣狂逆之极，朕若是再为他而隐忍，实在是对不住圣祖仁皇帝的在天之灵……朕继承大统后，允䄣觉得自己大志未遂，胸中时常怀有怨恨，他诡诈百出，使出各种法子，想要蛊惑众人的心，扰乱国政。这三年以来，朕百般容忍他的各种不法不礼行为，宽免且谆谆教诲训诫，希望他改过自新，可是他知错不改，无心悔过。宗人府及诸位大臣交劾、议罪的参折，以百累积，朕看了一一宽贷，却不想允䄣诡谲阴邪，行事诡异，造成的损害日益加甚。

意思是允䄣的心中已无祖宗和皇上了。像允䄣这般行径就是自绝于天，自绝于祖宗，自绝于皇上，宗姓内岂能有这种不忠不孝大奸大恶之人？

雍正一字字一句句针对的是允䄣对不起祖宗、对不起父皇康熙，而实际是在担心自己的新政权受到允䄣的威胁。解除这种威胁的唯一办法，就是惩罚允䄣，削夺他的黄带子，削去他的宗籍，把他逐出宗室，这样允䄣就再也没有机会给他的新政

第七章　强化君权，庙堂一新

权制造难题。

对于允禩的同伙允䄉、苏奴等人，雍正也同样处治了他们。允禩的妻子乌雅氏因为特别智慧，又能干，雍正觉得是这个女人帮助了允禩，便革去乌雅氏的福晋之位，命允禩将她休回家，每天派人看守，不许他们夫妻往来，干涉人家夫妻生活。

还有允䄉在西北用编造的类似西洋字的十九字头与允禩及家人通信，结果被雍正发现，查抄了他的住宅，并且将他的财产充公。

同年二月，雍正下令将允禩交到他所属的旗内留查观看，日日有人盯着，不得依照宗室诸王例保留所属的佐领人员。贝子鲁宾之前曾允许允䄉与允禩寄信，后来却保持沉默，没有揭发此事，因此也受到连累被圈禁。

还有镇国公永谦因为在办理允禩案子的时候，没有据实陈奏，隐瞒了一些事实，被雍正革去了世袭的爵位。三月，雍正怒斥允禩曾经的罪行和他如今不思悔改的态度，说他不配叫允禩，让他奉命改名为"阿其那"，还让允禩的儿子弘旺改名为"菩萨保"。

"阿其那"是满语，有人说它的意思是狗，有人说它的意思是讨厌的人，也有人说这是雍正为了侮辱这个弟弟，词语有讨厌的意思，比喻将某人视为畜牲，意思就是要把这个畜牲一样的人赶走。

由此可见，雍正这个时候手段偏激，而且有失一个君王的气度。同时也印证了那句"自古无情帝王家"，哪怕雍正已经身为皇上，夺取了皇位，依然对自己的兄弟们不依不饶，迫害到底。

雍正这般惩罚八爷允禩，自然是引起了社会上很多人的不满，有的人说他对兄弟不友，有的人说他不顾念亲情，还有的

183

人说他做事过于残忍。一些同情允禩的人,开始大肆加紧活动,想要营救允禩。社会上到处流传着雍正对允禩不仁慈的流言,引发更多人对"八贤王"允禩的处境表示不满,将矛头指向雍正。

可以说,大清历朝都没有像雍正朝这样一直在争斗的。每天猜忌王公大臣,打压朋党,不论是过去的亲信,还是昔日的仇敌,全部打倒。那些生活在雍正朝的官员,估计每天都得提心吊胆。

雍正面对这种社会舆论毫不退缩,并加以谴责!雍正肯定怒火中烧:还反了你们,敢挑战皇权,那就对抗吧,看谁能扳倒谁!

雍正还这样表达过自己的观点,为自己解释:诸位大臣都被廉亲王蒙蔽了,被允禩用假慈假悲欺骗,然后廉亲王获得了社会认同的好感,诸位同情廉亲王,大家都认为我这个做皇帝的太苛刻,说我不计兄弟情分。你们为廉亲王喊屈喊冤,我屡次降旨训斥廉亲王时观察诸位大臣的脸色,其中总有人认为廉亲王没有错。一年来不少臣子都被他连累,可还是有人心甘情愿,并不埋怨他!廉亲王也不觉得内疚,朕害怕这样下去八爷党永远不会解散,如果大家都认为廉亲王是错的,那八爷党派自然就解散了,廉亲王又何至于如此有恃无恐?

这个时候,滦州人蔡怀玺前往景陵,求见被囚禁在景陵的十四爷允禵,允禵怕惹出事端,不见此人,蔡怀玺就写了张字条"二七便为主,贵人守宗山""以九王之母为太后",扔在了允禵的院子里。他还表示,认为允禵命大,有大本事,将来还是要出来做皇帝,暗示大家一起反抗,内外联合,把雍正赶下台去,让允禵上台做皇帝,让允禟的母亲宜妃做太后。

结果,他这么明显的行径,自然是被监视允禵的人发现了。

蔡怀玺抓住后被投进监狱，下场很惨，被抄家灭门。

与此同时，一个叫郭允进的天津州民说自己见到了洪觉禅师，得到禅师的点拨，写下"十月作乱，八佛被囚，军民怨新主"的传单，以此说明八爷的遭遇，痛斥雍正不仁引起了军民共愤。而浙江人欧秀臣把这几个字刊刻，到处散布，一时间允禩被民间称为佛，而今佛被囚，责难雍正皇帝圈禁允禩，对众多兄弟残暴不仁。

"十月作乱"指的是雍正即位在十一月，得皇位不正。似乎又是在号召支持八爷允禩的人，在本年十月起兵造反。传单里还说如果不这样推翻新王，就会有灾害降临，不信者就会染上瘟疫，口吐鲜血而死。

随后，各地出现舆论新潮，攻击雍正上位以来各处旱涝灾荒不停，就是老天都不忍再看新王执政，像是要把对新王的怨恨和不满表达出来。这些人通过这样玄乎的民间传说，就是想要表达对雍正的不满，争取让允禩、允禟夺得政权。可见雍正当时的铁血手段，确实引起了很大的社会反响，被有心人推波助澜，掀起了暗流。

面对民间的呼吁和反对，雍正恼羞成怒，加速了他要彻底清洗八爷党的决心。他派人调查之后，发现这些言论跟允禵有关，是他撒重金散布流言，这可把雍正气坏了。

杀人诛心，这些兄弟为了对抗他的统治，四处散播谣言抹黑他，让很在乎名声的雍正像是吃了苍蝇一般恶心。他觉得允禟等人不讲道义，明面上不能与他抗衡，就用舆论攻势赶他下台，引发各地民变，对抗朝廷和新政。

"找死，通通找死！"雍正在金銮殿大发雷霆。

雍正四年（1726）五月，雍正向内外的大臣官员以及八旗军民宣布了允禩、允禟、允䄉、允禵四人的罪状，并且令允禩改名为"塞思黑",意为像刺伤人的野猪一样令人憎恨。允禟被发至保定圈禁,当值的总督把三间小房四面加墙砌住,投放允禟入内,将前门封闭,用转桶将饮食送入,如同养猪一样。

外面有军队把守,房子空间特别小,天气又热,还戴着枷锁,允禟经常晕死过去,在这样非人的折磨之下,时至八月,允禟被迫害死了,雍正说他是罪有应得。

同年五月,雍正担心允䄉在外失去控制,就把他移至景山囚禁,让允䄉每日面对康熙帝的画像,让他追思父亲的养育之恩,以便改过自新。

九月,允禩在监所内患病,呕吐不止,生命垂危。得到这个消息的时候,雍正犹豫了一下,似乎有些心软,召集群臣讨论,是否可以饶恕允禩,但群臣此时不知雍正的心意,没人敢轻易表态。而允禩见大势已去,再也没任何希望得到皇位,加上九弟已死,他也不想苟活下去。希望轰轰烈烈的死亡,结束自己的生命。经过了20多年皇帝梦的折磨后,允禩放弃了求生欲望,一心求死。几天后,允禩悄无声息地死去了。

允禟、允禩这对难兄难弟死期如此接近,雍正不得不解释说,二人都是难逃"冥诛"所致。皇宫内的杀伐并没有停止,雍正索性大开杀戒。他直接下令,将早已遣返奉天的允禩死党鄂伦岱、阿尔松阿等人就地正法,蔡怀玺被迫自杀,已死的苏努等人被锉骨扬灰,其子孙数十人中有参与党伐乱语者也都被问罪斩首,未参与者发往荒凉之地充当苦役。

随着八爷允禩和允禟的死,这个经营了长达20年的八爷党彻底被瓦解。与八爷党过从甚密的人都受到了应有的惩罚。只有允䄉因为和雍正是同胞兄弟,关键时刻被雍正放了一马,有幸活命,直到乾隆二十年(1755)病故。还有允裪因为身后势力强大,自身能力不突出,威胁不大,也得以善终。

第七章 强化君权，庙堂一新

雍正不放过几位皇弟，理由是他们在先朝的时候就结为朋党，结党营私，无视父皇，企图谋夺储位，如今到了新朝，这些人依旧团结不散，妄图找机会推翻新政，建立他们自己的政权。

可以看得出，雍正和允禩的斗争，有两个阶段：一个是康熙阶段，他们互相争夺储位，不依不饶。另一个是雍正阶段，八爷党不甘心失败，他们一直在暗中进行斗争，通过各种手段，暗中攻击着雍正的王朝，企图制造机会，推翻雍正。

如此一来，在雍正王朝，雍正和允禩的斗争就成了保卫皇权和夺取皇权的斗争，这一段斗争是前一段斗争的延续和发展。如此一看，其实争夺储位，就是争夺皇位的政治斗争。斗争一直在路上，从没有停止过。

由此，也就可以理解康熙当时为什么对胤禩那么反感，为什么把大阿哥和二阿哥持续圈禁，因为这三个人都想要和他们的父皇康熙夺皇位，所以到了雍正这里，只不过是矛盾的继续而已。

设想一下，不管是哪一个皇子上位，这个矛盾都会延续，对兄弟的洗牌和清除是免不了的。

雍正从康熙帝的时候，就看到了允禩集团的疯狂，看到他们如何扳倒了皇太子，如何权倾朝野、贪污腐败。把国事当成了家事，肆意折腾。而这些并非为了江山社稷，只为一己私欲，单纯地为了皇位。到了他的朝代，允禩集团还是不罢手，总是妄想推翻雍正的王朝，建立新的政权，这是雍正对允禩的新仇。新仇旧恨皆有，雍正肯定是希望他死去。因为皇权的斗争就是你死我活，再没有折中的办法，雍正为了中央集权和皇室稳固，连昔日的得力助手年羹尧和隆科多都剪除了，允禩集团当然难逃厄运。

在雍正统治时期，雍正结束了自康熙王朝就开始的历经两朝40年的储位斗争。雍正的做法，使皇帝和宗室从一些官僚的党争中摆脱出来，把更多的精力投入到有益于清朝政府和社会的政务中去，做更多有意义的事情，也让很多官员全心全意地投入政务，从党派斗争中解脱出来，服务于江山社稷和黎民百姓。

这数十年争夺皇位的斗争，让满洲贵族遭到了一定的打击，削弱了他们的势力。雍正处理了很多皇亲贵族，割断了他们之间错综复杂的关系，击碎了他们牢固的姻亲关系，不许他们结朋党，强迫所有的人围绕着皇帝的意志，从事政治活动，以皇帝的利益为利益，以皇帝的是非为是非。从此不再有其他团体势力威胁皇权。

雍正用残忍的手段，打击了朋党，粉碎了连康熙都头疼的朋党，就他个人而言，有打击报复的成分。他强硬的手段和步步为营的方式，体现了政治家的冷酷和手段，也体现了皇权的不可亵渎。

他主要是为了强化皇权，使统治阶级中更多的人去进行正常的政治活动，而不是整天围着一些人，搞小团伙，打压分化异党。雍正以此来加强清朝的统治，保证清朝前期政治的稳定，这样有利于雍正、乾隆时期社会、经济、文化的发展和边疆的进一步巩固稳定。

二、革除弊政查亏空

康熙帝在位61年，作为一个在中国历史上执政时间最长的皇帝，他博览群书，熟悉历代皇帝的特点，他尤其喜欢和佩服汉文帝施惠于民，尽量不扰民的统治方针。

第七章 强化君权，庙堂一新

在康熙晚年的时候，他推行的政策非常的宽容，导致他手下养起来很多贪官。当时许多官员普遍心存侥幸，滋生了贪污的念头。而康熙执政一生，也想着要泽被天下，博得一个为政宽仁的美誉，名垂青史。他想做一个老百姓和官员都夸奖的仁爱好皇帝，所以他推行的政策非常宽容。

但是，康熙一味地宽容，使得康熙末年的社会积弊非常多，养出了很多骄奢、贪污、狂纵的官员，还由此形成了朋党关系。最后派生出大批量的贪官污吏，使国家钱粮短缺，国库空虚的情况十分严重。

在当时政局下，社会吏治日益败坏，官吏贪污成风。政府官员、皇子、国戚们还大量地从国库中借支银钱，造成国家的钱粮空亏，国库不足。

我们在影视剧《雍正王朝》中，可以看到一些演绎故事。当时黄河发生了水灾，要国家赈灾，但是国库空虚拿不出银两。这虽然只是影视剧的剧情，但完全符合当时的清政府的实际情况。

由于皇亲国戚的上行下效，地方官僚压榨百姓，造成了非常大的贫富差距，百姓生活非常艰辛。另外，地方乡绅官僚势力的扩张，对于一心想要中央集权制的雍正来说，也是非常头疼的一件事情，这些扩张的势力，就是雍正的眼中钉肉中刺。

雍正在继位前，还是雍亲王的时候，他就将这些情况看在眼里，痛在心里。他很清楚这个现实，曾说过一句话："历年户部库银亏空数百万银，朕在藩邸，知之甚悉。"这句大意是说：中央的财政状况，也就是国库里亏空了多少银子，还剩下多少，他都清清楚楚。

正由于雍正在当皇子时，有过一些辅助执政的经历，使他积累不少执政经验。尤其是他曾协助康熙清理过亏空案，因遇到一些麻烦，最后无法推行彻底。这里面牵扯的势力太多，有些连他都得罪不起。但现在不同了，雍正成为最有权势之人，他对中央及地方的财政状况十分清楚。他对下面官僚的贪污手段也心中了然。

所以，雍正刚上位就迫不及待革除弊政，整顿官吏。因为雍正很清楚，吏治腐败是政治上的最大弊端之一，而整顿吏治的最好突破口就是清查亏空。

而且，全国上上下下大小官吏那么多，与新上任的雍正彼此之间都不熟悉，而雍正的亲信除了隆科多、年羹尧等几个可信任的人外，没有什么可以依靠的。雍正正好借助清查亏空这个大运动，撒下大网，借势观察，杀一儆百。他打算用这个运动，来打击对手和对自己有异心的人，以此树立威信。

正如我们之前说的，康熙末年的储位之争非常激烈，雍正登基继位后又难于辩解，因此很多人心中不服，甚至想要赶雍正下台，他的政治基础不稳。

但雍正是个铁血皇帝，不会做个憋屈皇帝，任官员们欺负。他着力发动清查，正可以借机名正言顺地打击诸王的朋党势力，进一步加强自己的地位和皇权势力，巩固自己的统治。同时，清查亏空的好处，有助于雍正清楚自己的家底，真正掌握财政状况。

雍正在他掌权的一个月后，就着手处理这些问题了，并且表现得雷厉风行。他向户部下达了全面清查钱粮亏空的总动员令，细致而又具体地部署了各地清查的方针政策和注意事项。

他指出各地亏空钱粮不是由于受上司的勒索，就是由于自身的侵吞，这些都是非法的。之前的大圣皇帝宽仁，没有将赃官明正法典，追究责任。所谓的勒限追补，形同虚设，根本就没有起到任何作用。各地的库房亏欠依旧，但是库藏就这样因

第七章 强化君权，庙堂一新

此空虚，一旦发生大事急需用钱，会影响国家稳定，所以必须清查。

雍正当即制定方针如下：

> 各省督抚将所属钱粮严行稽查，凡有亏空，无论已经参与，及未经参出者，三年之内，务必如期如数补上亏空，不得苛派民间，不得找借口遮饰，如限满不完，定行从重治罪，三年补完之后，若再有亏空者，绝不宽贷。其亏空之项，除被上司勒索，及因公挪移，分别处分外，其实在侵欺入己者，确审具奏，即行正法。倘仍徇私容隐，或经朕访闻得实，或被科道纠参，将督抚一并从重治罪。即如山东藩库亏空至数十万，虽以俸工补足为名，实不能不取之民间额外加派。山东如此，他省可知矣，以小民之膏血，为官府之补充，地方安得不重困乎？即亏国库，复累民生，大负皇考爱养元元之至意，此朕所断断不能姑容者。

雍正的意思就是说："你们各个省的总督、巡抚要严格地检查自己辖区内的钱粮亏空的情况，一旦发现钱粮亏空的问题，不管你们是否报告给中央政府，你们都必须在三年之内把亏空的数目补齐。在补齐亏空的过程中，你们不得以补齐亏空为借口，再去向民间的老百姓增加苛捐杂税，而把百姓推入重重痛苦之中。比如山东省以前就查明亏空数目为10万两，现在虽然名义上使用官员的俸禄补足，但是朝廷对这其中巧取豪夺、乱摊乱派的情况十分清楚。你们打算如何做，别以为朕不知道，其他省大概也是如此。"

"另外，你们不得趁机掩饰你们的亏空，或者找借口不全力执行，补齐亏空。如果你们没有补全亏空，朝廷就会处罚你们。

还有在三年补完亏空以后，如果你们所管的辖区再出现亏空，朝廷也不会轻饶你们。"

雍正还明文规定：如果地方官员贪污挪移钱财，而督府包庇隐瞒，那么督府就要和涉事官员一起治罪。

这样一来，假如有谁在清查的过程中，徇私舞弊，包庇纵容，一旦被雍正查访到，或者被检察官员举报给雍正，然后经过查实证明的，就会连同该省的总督、巡抚一同惩罚。雍正的这个措施，可谓是把官员们吓得心惊胆战，互相怀疑，互相保持距离，唯恐一不小心被对方连累。

此外，雍正十分明确地规定在地方清理钱粮的方针政策和注意事项。他发出了中央设立会考府的上谕。雍正指出过去钱粮奏销中弊病很多，以前主要是看有无"部费"，如果没有的话，那就是正当的开支，计算也清楚，户部也就没有必要奏销。但凡一有部费，即使靡费钱粮百万，也可准予奏销。现在，雍正要杜绝此事，不再包容了。

雍正强调："从今以后，一应钱粮奏销事务，无论是哪一个部门，都要由新设立的会考府清厘出入之数，一分一毫一厘都要记得清清楚楚。这件事情交由怡亲王允祥、隆科多、大学士白潢、尚书朱轼会一起办理。"

雍正要求允祥严格地推行他的清查政策，雍正对允祥说道："你要是不能清查此事，朕肯定要另派大臣，如果另外派的大臣都不能清查此事，朕就必须亲自去清查。"

雍正一而再、再而三地表示，他绝不宽容贪污造成亏空。他决心从上到下，从内到外罚办贪污，整顿污吏，革除弊政。于是雍正一朝清理亏空的斗争，在雍正的督促下，迅速大规模地开展。

雍正在清查亏空的时候是毫不容情的，不管是王公贵族还是皇亲国戚，还是他的兄弟们，都受到了严惩。

例如，康熙皇帝的第十二阿哥履郡王允祹曾经在内务府做事，贪墨了很多银两，数目巨大。在朝廷追索他的亏空欠款时，他将家里用的陶瓷器皿等，都摆在大街上出卖，以便卖得银钱赔偿亏空。十阿哥允䄉也要偿还朝廷的亏空银两，他拿出了数万两，都没有还够，距亏欠的金额还相差不少，于是雍正就派人抄了他的家产来充公抵债。

内务府的官员李英贵伙同张鼎等人冒支正项钱粮百余万两，雍正下令抄了他们的家，没收了他们的家产。整个京城内，哭声连天，那些权贵不时被朝廷抄家。

因为特别严厉地执行清查补空政策，所有的人都责备主持执行这件事情的允祥，特别是皇室子弟们，都斥责允祥过于苛刻，有些不近人情。

雍正站出来为允祥解释：这跟允祥无关，他只是执行朕的命令，是朕要"清弊窦"，饬令着追。如此，雍正担下了所有责任。

在地方上着手清查亏空，从雍正元年（1723）的时候开始。在这一年被革职查分家产的有很多人，其中包括湖广布政使张圣弼、粮储道许大完、广西按察使李继谟、湖南按察使张安世、原直隶巡道宋师曾、布政使李世仁、江苏巡抚吴存礼、前江南粮道李玉堂、山西巡抚苏克济，等等，这些人均是康熙时的老臣。

在清查亏空之时，有潞州知府加璋告发部分官员，在地方勒索各府州县银上百万两。于是雍正大怒，开始整顿这些官员，没收家产，以赔偿亏空，并责令其家人赔偿银两。如原河道总督赵世显克扣了治理河工的工料，侵吞了钱粮，被抓入狱，家财充公。这种事情多不胜数。所有的赃官一旦被揭发，雍正为了让他们吐出贪污的赃银，补清亏空，采取的主要手段就是抄家籍没。

如此一来，社会上就到处流传着雍正好抄人之家产的传言，雍正的暴君形象被传播开！

出现讹传的原因有两个，一个是官僚们表示反抗，毕竟抄家对于很多人来说是很残忍的事情，有些人表示不满。另外一个原因，允禩党、旧太子党不满雍正过激的管理方式，开始悄然发起舆论攻势，抹黑雍正的形象。

雍正自然也对这件事情做了解释："贪官贪的是国家的财产，是黎民百姓、商家小贩、各行各业人辛辛苦苦交上去的税，所以这些钱要用在国家的安全防御和生产发展上，用在灾难时的救济上，用在军队的壮大上，供养国家机器，为黎民百姓做事。只有国库丰盈了，国富才能民强，可是现在国库被贪官蠹空，他们本来就是有错在先，只有籍没他们的家产充公。如果此时不理不睬，长期任之，让他们贪婪横取国家的财产，损公肥私，那么，国法何在？违法者，当被惩罚，欠债还钱，天经地义，让他们吐出那些赃款，实属正常不过。"

在抄家的时候，还有一个同样重要的手段就是罢官。

但凡是贪官，一经被人告发，经过查证之后，就会被处以革职离任的处罚，不准再像以前那样留任以弥补亏空，雍正趁机整顿官场，革除一些贪官污吏。

雍正三年（1725），湖南巡抚魏廷珍奏称，该省的官员已经被参劾大半，表示如果再查出这种舞弊的情况，将继续纠参。雍正十年（1732），直隶总督李卫上奏说，通省府州县官，在任三年以上的官员寥寥无几，官员的频繁更换，其中一个原因是被撤职的人很多。

这些做法，既保证亏欠的赃银归还国银，又不许赃官再得到好处。雍正还陆续采取了许多的措施，对于那些贪官来说，真可谓是法网恢恢，疏而不漏，逃亦无处可逃，藏也无处可藏。

为了彻底整治官员贪污的情况，雍正采取的措施主要可归纳为以下几点：

第一，让贪官的亲戚帮助赔偿。这样决定是因为有些贪官把赃银藏在家族亲友家中。这些人因为平时跟贪官的关系比较亲密，所以他们平时也用过这些赃银，所以这时就必须帮贪官偿还赃银，更甚者往往还要抄没这些人的家产，这样一来触动了很多人的利益。有些人也是被无辜株连。这项政策株连太广，不得人心，引得民间怨声载道，很多人家破人亡，痛恨雍正，如此实行了四年之后，就停止了。

第二，禁止代赔。在过往追踪清亏空查的时候，清查出一些已经告老还乡的官员的亏空时，有的人想着让地方官和百姓代为清偿，地方官和百姓也愿意清偿，可是雍正一概不许。州县代赔之事，弊病很多，很有可能是不法的绅衿与本地贪官勾结，为贪官补偿，以保证贪官复任，以便后来有利可图，有方便可行，更有可能地方乡绅借着这样的机会巴结贪官，因此不准采用这个方法。

第三，挪移之罚，先于侵欺。一般情况下，挪移造成的亏空都是因公挪移，这样的官员都是有着不得已的原因，但是侵欺造成的亏空就是贪污引起的亏空，是官员私心作祟把国家财产贪污成自己的。这两种情况引起的亏空性质却不同，雍正在处理时也就施以不同的处分。一般的处罚惩治，都是先针对贪污的官员，先把贪污的官员抓了，处理了，才开始处理那些挪移的案子，挪移的情有可原的处罚轻。有些贪官就从中取巧，将自己贪污造成的亏空谎报为挪移亏空，想要逃避重罚，避重就轻。但是雍正明确指出贪污官员的心思。

为了对付这些钻法律空子的贪官，不让这些贪官避重就轻，占了便宜卖乖，雍正改变了旧的法子，雍正在挪移公款和贪污公款两项追责的过程中，不管是哪一个案子先发生，一律是将挪移这一项先令官员清偿，并说明原委。

　　这样处理完一个官员的挪移亏空之后，再查他的贪污亏空，这样一来，就使那些试图以挪移的名头掩饰自己贪污亏空重罪的人就没办法行使他的偷奸技巧，无法逃避法律的重责。

　　雍正的这种方法看上去是本末倒置了，非常不合理，但是却又含有合理成分在里面，那就是对罚治贪官的确有效果。杀一儆百，阻止贪污，这个法子其实是可行的，不过只适合贪污非常严重的时期。

　　第四，对畏罪自杀的贪污官员要加重处罚。在雍正四年（1726），广东巡抚杨文乾参奏肇高廉罗道李滨亏空钱粮。当李滨知道这个消息后，惶惶不可终日，怕财帛散尽，子孙后代吃苦，于是他自杀一死了之。各地陆续有贪官污吏自杀，以保家产的情况发生，一时让办理事情的官员们无法进行查办。

　　雍正得知后更加生气，说道："这些贪官，看着自己的事情一发，官职和家财不保，所以就想着不如一死了之，想用死抵赖，自己揽下罪责，把他的财产留给子孙后代，想得美啊！"

　　为了让这些奸人的诡计落空，雍正下令督抚将贪官的嫡亲子孙、家人亲戚等严加审讯，并且追查其所有的赃款下落，清偿亏空。雍正这样的做法，让很多人打消了以死抵过、逃脱罪责的想法，同时也严厉打击了贪污之风。

　　雍正用这样严厉的方法清查了三年，取得了一定的效果，每一个省份都清偿了一部分亏空，有的省推行非常彻底。

　　但是，雍正对此并不是很满意，因为他非常深刻地知道，一些封疆大吏并没有很好地执行自己的政策。他们在开始纠察

第七章　强化君权，庙堂一新

属下责任的时候，都表现得很严厉，执行得很好。可到了审结之时又从宽结案，宽容属下，让他的属下对他心怀感激，又怕又敬，从而团结了下属，结党营私。以至于三年清查期满，清偿亏空的事情没有完成，请求放宽时间。

这种"藏奸"手法也被雍正看出，予以驳斥。雍正清查的决心是很大的，这关乎大清江山社稷，清查不彻底，绝不罢休。

他以清查的方式认识和摸清这些官员的底细，辨识他们到底是拥护自己的政权，还是反对自己，站在自己的对立面。在清查的过程中，有些省份的督抚开展得特别积极，他们清查补偿亏空的效果也比较好。雍正就知道这些人是非常拥护自己反贪补亏的行为的，雍正把他们记下并重用他们。

在雍正执政时期，清朝此前积累的国库亏空，基本全被追缴上来了。

由此，我们可以看出雍正皇帝在革除弊政、清查亏空、整顿吏治方面的决心和力度。纵观康熙后期，官场腐败成风，而当时负责管理国库的人，正是八阿哥允禩和太子允礽。

这两位皇子的做法都很过分。比如，八阿哥允禩为了博得官员们对自己的支持和拥护，便利用国库的银子走人情，谁来开个借条，借用国库的银子，他都一口答应，慷慨地拿国家的银子为自己博取人脉关系。

而太子允礽本就是个贪婪的人，他简直是把国库当成了自己的库房，取用无度。所以，才会出现上行下效，从中央到地方贪污成风的情况。康熙当时睁一只眼闭一只眼，希望大家认为他是个政策宽仁的皇帝，因此才会导致国库如此大的窟窿。

正因为雍正清查亏空的铁腕手段，强硬严格的治理政策，将那些被各级官员贪污的亏空，用杀伐的手段补回来，才延续了清朝的国运，为后来的乾隆盛世打下了基础。国库充盈，政

197

治清明，赏罚有度，是任何一个王朝强大的基础。

综上，雍正算是一位明君，他的铁腕手段对清王朝的稳固起到了很大的作用。

三、耗羡归公和养廉银制度

雍正的高明之处，在于他在清查的过程中除了以抄家、罢官作为手段以外，他还建立了另外的两项制度：耗羡归公和养廉银制度。

雍正在清理钱粮亏空时，一方面搜查赃官及其亲友，没收他们的财产充公，以清偿国库的亏空。还采取了另外一个办法，就是用耗羡来弥补。

那什么是耗羡呢？在历史上贪污有各种形式，但是，都比较隐晦，可是在明清时期，有一种官员们贪污的合理合法的办法，那就是火耗，即耗羡银。

官员们在向民间收税的时候会收来很多的碎银子，那这么一大堆碎银子怎么办呢？官员们会将这些碎银子融化，重新铸成银锭再上交给国库。可是碎银子在熔铸的时候是有一定的损耗的。

那么，这些损耗怎么处理呢？难道是让官员们自己掏腰包补上吗？当然不是，官员们在收税的时候就会多收出这部分损耗的银子，来弥补税收银子铸锭的损耗。

但是要多收银子就得政府同意，所以，朝廷就允许了官员们征收损耗银。

乍一听，似乎有些道理，但这些官员在真正收税的时候，他们收的损耗银和朝廷规定的损耗银数额并不一样。朝廷如果规定他们一两银子收一钱损耗，但是他们向百姓征收的时候可

第七章　强化君权，庙堂一新

能会收到三四钱。

据说，在收耗羡银子的时候，有的官员任意妄为，只要他们收的多，那么减去朝廷收的，剩下的就进了他们的腰包。因为征损耗银是朝廷同意的，老百姓有苦难言。

"三年清知府，十万雪花银"说的就是这件事情。

在顺治、康熙的时候，收损耗银已经成了官员们的正常收入，因此想要让地方官员放弃这样一笔丰厚收入是不可能的。

中央朝廷一再强调，不能过多地增加百姓的火耗，可是完全无济于事，因为火耗是朝廷让收的，收多少都是合适的，贪官们打着国家的幌子，肆意敛财。

火耗及与其相关联的差役的滥征滥派，雍正早就看在眼里，因为在征收火耗的时候，从上级官员到下级差役，层层盘剥。

雍正很清楚这个过程，在雍正元年（1723）的元旦，雍正在给地方官员的文书中说道：

> 如今的钱粮火耗，日渐增加，重者每两加到了四五钱，剥夺民脂民膏，州县的地方差役在征收时，又巧立名目，任意增加苛派，竭尽小民百姓衣食钱币，供官司奴隶之用。在康熙时，有人上奏请加收火耗以补亏空，先帝都没有答应，所以现在耗羡断然不能再增加。

在康熙的时候，就有人提出了耗羡的银子一部分归公这个办法，但是没有得到康熙的批准，所以没有施行。

在雍正元年（1723）五月份，湖广总督杨宗仁再次提出了耗羡银子部分归公的办法，他上奏说道，地方上的公事开销，都是地方上官员勒派百姓供应，不如令县州的官员在原有耗羡的银子内节省出两成，交到布政司的库房，以充一切公事之费。

这样子就不用再向百姓捐派，耗羡本来是地方官员私征私用，多少由他们自己定，就如康熙所说，这些是地方官的私事儿，杨宗仁要地方官拿出一小部分耗羡作为公用，实际上就是提出了耗羡归公的建议。

雍正见到他的奏折龙颜大悦，立即加以支持。雍正表扬杨宗仁，说杨爱卿所言太对了，鼓励杨宗仁好好地实行这个建议。

同年，在山西的巡抚诺敏，因为该省的耗羡亏空问题比较严重，要求山西各州县全年所得的耗羡银全部上交布政司，一部分用做抵偿没有着落的亏空，一部分用作各位官员的养廉银。他的奏折一递上去，雍正欣然同意，批准他在山西实行这个办法。

雍正二年（1724）初，河南巡抚石文焯上奏说：他们河南省共有耗羡银40万两，给全省各级官员的养廉银只需若干，各项杂用公费又分区若干，这样，还有余下的十五六万两银子可以交到藩库，弥补国库的亏空，因此，办公费用都出自耗羡，建议不再向老百姓捐收，不再搜刮百姓。

雍正原本看不上这个石文焯，但此时他一见到石文焯的这封奏折，就开心地朱笔一挥，洋洋洒洒写了不少表扬石文焯的词语，嘉勉石文焯，让他继续努力。作为封疆大吏，本来就应该如此为国为民盘算。在雍正的支持下，山西、河南两省率先实行耗羡归公的措施。

雍正要推广诺敏提出的"耗羡银全部归公"的建议，于是，他召开了九卿会议，想要号召更多官员同意，可是结果不理想，被号召的官员们大多都不赞成，因为这动了官员们的利益。

在清朝，雍正提出这个建议之前，耗羡这一部分银子相当于官员们的正常收入，现在耗羡被削减了，等于福利待遇减半，大家自然不会同意。

第七章 强化君权，庙堂一新

内阁立刻上了请禁提火耗的奏折。他们的理由是：一、耗羡是州县官员应该得到的银子，上司不得提解。二、把不是正税的火耗当作正税征收、提解上交，会让人觉得增加了赋税。三、督抚公开允许州县官征收耗羡，使火耗之私征合法，这就是允许下属官员增加一些收入。内阁的这封奏折发出之后，山西布政使高成龄立刻表示不能同意，为了推翻内阁的理由，他随即写了一封奏折，对上面三条理由一一辩论。

高成龄文采很好，而且善于雄辩。他写的奏折也是有理有据，他是这样说的：州县的地方官员私征火耗，补偿了他官俸上的不足，但是他的上司又没有收到火耗，导致上层部门一部分公事没资金办理，就只能接受州县官员孝敬的节礼，这样收礼就类同于贪污受贿，而且这笔送礼的钱还是出于火耗，不如由全省征收，然后从上而下给各个官员分发养廉银。

若是如此执行的话，上级官员也就没有借口再勒索下级官员，这样也就免得州县等地方官员找借口再向百姓征收苛捐杂税。他还认为耗羡归公即便多征也和州县无关，这样下层地方官吏也就没有必要滥加成数，过多收取了。

与其下官层层送礼，贿赂成风，还不如把钱征收上来，然后公开分发养廉银，一起接受皇上和朝廷的恩赐，这样也就免得再有贪污之风形成，官员的福利待遇未必会减少，而且光明正大。

他的结论是：耗羡银并不是州县官员自己的财产，所以应该听从上面的分拨，提解耗羡，然后光明正大地下发。明确官员的俸禄和福利，待遇透明化，才是万全之善策，这并非故意削减官员收入。

他针对当时耗羡滥征的实际情况，讲解了耗羡归公的好处。同时，还指出内阁九卿之言论看似有道理，想不增加百姓的负担,还让州县的官员们满意,其实就是沽名钓誉,说得好听。其实质是听任州县的官吏们滥收滥派。

高成龄的反驳非常有力,迅速伸手打了九卿一个耳光。雍正听了高成龄的辩解词之后,对他的观点很看重,将奏折交给总理事务大臣及内阁九卿的官员们讨论。

雍正希望大家能够心平气和、虚心公正地执行政策,认真地讨论一下,然后及时上奏给自己。雍正还强调,若是有人心怀私怨,淆乱是非,不从朝廷角度考虑大局,对于此事不能高度且正确认识,那么,肯定会受处罚,以警示大家端正态度。

雍正的意思就是,朕非常支持高成龄,你们看着吧,都认真学习研究,然后接受,如果谁再敢混淆视听,朕将处罚他。雍正虽然很明确地表明了自己的态度,但是这件事涉及很多内外官员的切身利益,也涉及百官的政治观点,所以反对的声音很大。有人挤破脑袋去当官,就是为了能获得权力和钱财,若是当官很清贫,他们还当什么官啊!有人为了这几两银子,什么都不怕。

吏部右侍郎沈近思认为耗羡归公使用与耗羡之外加征耗羡没有区别,不是好方法,他说今天在正税之外再加收正税,他日必定在耗羡之外再加收耗羡,如此循环,反而加重了百姓负担。

雍正问沈近思:"你做过县令,那你是否也收取火耗?"

沈近思回复说:"是的,为了养活妻儿,我收过。"

雍正又说:"那还是为了一己之私,不考虑国家大局!"

沈近思辩解:"妻儿不能不养,否则就绝了人伦,若没有了这碎银几两,官员生存堪忧。"

他的观点不外乎是私征有理,归公无理,官员需要它养家糊口呢。

第七章　强化君权，庙堂一新

雍正深思起来，杀一个贪官很容易，但是，全天下贪官那么多，杀是杀不完了，杀掉一个，会又滋生出一个新的，而且，都杀光也没人干活儿，政府也要停摆了。

各级官僚心里都很清楚，这个改革一旦实行，就会损坏官僚整体利益，于是他们不肯妥协，不肯接受，一起站出来反抗。

左都御史、吏部尚书朱轼也以耗羡归公不便于民，反对诺敏和高成龄的主张。

山西太原知府金汝湖直接在京城找人引见面见雍正，当面反对他的上司诺敏和高成龄提出的耗羡归公的建议，这位贪官莽夫真可谓胆大包天。

雍正问他是否是出于地方官员的私心而反对耗羡归公的提议？

金汝湖居然回奏说："非也。臣并不是为地方官员游说，要维护他们的利益，根据以往的经验，从来都是财在上，不如财在下，州县的地方官员们为亲民之官，他们和百姓走得近，宁使留其有余，让他们知道廉耻才好。"

这让雍正脸色阴沉，觉得他的观点荒谬。

此时，山西的御史刘灿上奏，他也反对诺敏耗羡归公的提议，在这众人反对声中，诺敏被孤立，他感到重重压力，工作无法进展。

雍正为了支持诺敏，杀一儆百，把刘灿调为刑部郎中，将他两个弟弟的举人头衔废掉。意思很明显，他就是偏袒诺敏要继续推行，胆敢反抗者，要么调离职位，要么撤职罢官，免得他们在山西妨碍耗羡归公的实施。

就这样，耗羡归公在大臣们的讨论声中被反复否定，得不到支持，雍正看到讨论得不到统一的意见，就强行推行，他发出上谕批评官员们见识短浅，只知道出于私心维护自己的利益，不为朝廷着想,不为黎民百姓着想,不懂得火耗归公的重要意义,所以才会这般反对诺敏和高成龄。

雍正还要求,行政立法要根据不同的时间、不同的地点有所不同,不能墨守成规,强求一致,各个省份可以因地制宜,灵活处理,全国各地各省可以分不同时期进行。雍正还提出,没有长久而不会有弊病的方法,耗羡归公和养廉银政策也是如此,所以这只是暂时应急的措施。唯今之计,就是先实行耗羡归公并限制耗羡提成,一旦弥补了亏空,国库得到充实,官吏变得廉洁,就逐渐减少耗羡提成,到最后全部取消。另外,每个省的州县有大小之分,钱粮有多有少,事情有烦琐简单之分,官吏政务也各不相同。所以不能定死耗羡的提成,要符合当地的实际。最后雍正提出耗羡全部提解藩库,不准州县扣存。

雍正的观点依旧是坚持"与其州县存火耗与上司,何如上司提火耗以养州县"。雍正认为实行耗羡归公,由上司发放养廉银,这样有利于澄清吏治。地方上不能支配那些多征的耗羡,这样一来,火耗不但不会增加,反倒会比原来总共征收的数目还要少。

雍正这是在三番五次旁敲侧击要耗羡归公,如此一来,官员们都看清了,胳膊拧不过大腿,再反抗下去,就是丢官丢爵了,这才陆陆续续地学着山西、河南两省的做法尝试仿效,推行耗羡归公,并在实践中解决耗羡太重和养廉银等问题。

雍正坚决执行耗羡归公后,他对于耗羡及耗羡率又有新规定。他明确规定,耗羡只许减少,不许增加,倘若地方官员在应取之外稍有加重,让朝廷探访知晓,必重治其罪。

自从耗羡提解之后,各省火耗率均有所变动,总的状况就是耗羡率降低了,这样对百姓比较好,并且也扭转了康熙统治后期,地方官员疯狂征收、乱摊派的局面,改变地方官员征收

第七章　强化君权，庙堂一新

苛捐杂税的情况。

耗羡归公之后，雍正就规定了耗羡银两的用途：一是给官员们分发养廉银，二是用于弥补地方亏空，三是留着地方办公用。

所谓养廉银，就是给各级官员的生活工作补助费。养廉银的含义是他们的薪水足够生活开销，就不许再贪污，要求他们在平时廉洁奉公。

开始实行耗羡提解政策后，相当于绝了地方官员的一条财路，朝廷若不给他们增加薪俸，他们肯定会另辟发财之路，仍然搜刮民脂民膏，雍正很清楚这一点，他不想让官员们饿着肚子办公，怨恨朝廷，于是雍正给他们增加了一个具有合乎他们身份的经济来源——发放养廉银，来解决这个问题。

地方官员的问题解决了，但京城的官员俸禄也很低，如果不解决他们的问题，这些高官还是会去勒索地方官员，让他们给自己送礼，这样还是没有办法改变这种行贿、索贿的问题。

雍正考虑到这些问题，于雍正六年（1728）下命令给吏部、户部、兵部、刑部、工部等五部尚书、侍郎，每个月发给他们双份的工资，新增的那一份叫作恩奉，那些兼管部务工作的大学士也得到双份的工资和俸米，那些在清朝的汉人京官原来每年支领的俸米只有12石，大多数人家的口粮都不够养家属，小官们更苦不堪言。

雍正于是下令提高汉官俸禄待遇，由此可见，雍正对汉官也是体恤的。

耗羡银按照比例，有一部分也用作地方上的办公费用和修筑公共设施费用，比如修河堤、修桥等。杨宗仁在湖广任职时，他一开始提取耗羡银的20%作为衙门的办公费用，后来又增加到30%。山东的巡抚以正税的百分之一用来做地方办公的经费，

205

他把这些银子从耗羡银中提出,用来做办公的费用。

田文镜在河南也实行这样的办法,从耗羡银中提取办公费用,按照各级官员官职的大小按不同份额等级分给官员们办公用。

河南信阳州衙门,除知州有公费银240两外,还有地丁、黄腊、河银、漕粮等项解费银,在《清朝文献通考》中,对耗羡银用作地方公费的事实均有记载。

耗羡银是按照地丁税的一定比例征收的,地丁税基本上是固定不变的,耗羡银也是固定不变的,各级官员的养廉银数额,和各个衙门的办公用银数额,是根据该地方事务的繁简状况确定的,是按照实际需要情况确定的,一般情况下,不再变更。也就是说,地方政府除去上交国库的钱粮,他的收入和支出都是固定的,基本上保持着收支平衡。

养廉银制度没有之前,地方每年都要按照规定送礼金给上司,若是这个上司身兼数职,就要奉送好几份礼物,可见这个规矩的弊端很严重。

雍正上位之后,着手改变消除规礼银这一弊病,革除陋习。雍正元年(1723)就发出上谕,雍正禁止钦差接受地方官的馈赠,省上督抚也无权向县州胡乱摊派。随着耗羡提解的广泛实行,各种陋规陋习渐渐被取消了。这一点河南做得很彻底,田文镜继任之后,更是以身作则,不收受任何人的礼物,对他的家人或者吏役约束得也比较严格,真可谓正气凛然。哪怕是一些丝绸、瓜果、竹器等,田文镜都一概拒绝,严行禁止下辖地方官交送。

在严厉打击地方陋规的同时,雍正还加强了对中央官员的约束,原来地方官向户部交纳钱粮,每1000两的税银,要加送余平银25两、饭银7两,雍正在他即位初期,下令减去十分之一余平银。

后来耗羡银实行提解之后，总理户部三库事务的允祥建议取消收纳钱粮时的加平银和加色银，不允许地方解送官员短交或以潮银抵充足色纹银，不许库官通同作弊，私分银钱，允祥的这个建议得到了雍正的批准。

耗羡归公、清查亏空、养廉银三事同时进行，官员恣意加派、接受规礼、贪婪勒索、败坏吏治的恶劣风气有所改变。耗羡归公和养廉银制度，使地方的正税和附加税都成了制度化税，所有的支出都按预先计划的进行，这是朝廷在财政管理上的进步。

乾隆初年的内阁学士钱陈群说："初定耗羡，视从前听州县自征之数有减无增，这个政策奉行以来，吏活肃清，民亦安业。"

大学士这样说，不免有溢美之词，但耗羡归公，确实有益于民生民计。

以上种种说明，耗羡归公和养廉银制度表面上肯定了封建政府的加派，实质上有益于整顿吏治，相对减轻人民的负担，从而有利于社会生产力的发展。

纵观雍正的改革措施，可以看出，按雍正的改革思路，先是改革赋役，吏治败坏的根本就是在于此，为改革赋役，又先清查亏空，以此为契机，清除掉政治上的弊端。

雍正对出现重大问题的官员毫不手软，通过对一批身居要职的贪官污吏进行坚决打击，使得雍正一朝的改革取得了显著的成效。

在此基础上，出于长治久安的目的，雍正采取新的手段，对官吏进行管理，如实施养廉银制度，士民一体当差纳粮制度等，这些都有利于改革成果的巩固。

雍正改革吏治取得初步的成功之后,接着改革经济制度,其基本目的是对一部分官绅进行严格打击,减轻老百姓的负担,增加中央政府的收入,随后,雍正开始实行其他配套改革。

雍正是一个有着很大政治抱负的君王,他最终的目标,是为了实现国富民强。只要国库富足了,什么事都好办,许多古代社会的改革家都有这样的幻想,无论他是改革派的大臣还是皇帝,都想着通过自己的改革实现国富民强。

对于雍正来说,他力争做皇帝,不是为了贪图享乐,享受荣华富贵,而是为了列祖列宗打下的江山,他要追求的是国库充实、吏治澄清、社会稳定,其他都是次要的,仅仅就这一点来说,雍正的统治思想与一些皇帝的统治思想不同,与其父亲康熙藏富于民的统治思想很是不同。

对中国历史上的历次改革进行考察,就会发现,只要是由政府发起的改革,有一项不可缺少的内容,那就是对吏治进行整顿。这是改革当中最为关键也是最艰难的一环,但是改革的核心就在于此。

谁都知道,完成改革不可能依靠旧的官僚体系,因为旧的官僚体系本身就是被改革的对象,如果用了他们,就会使改革陷入困境,必须要提拔新秀,拉拢思想开明的官员,站在朝廷一方,推行改革,因此,雍正出手改革吏治也是时代必需的任务。

四、节制绅衿

其实这世间总是存在着诸多不公平的现象,而雍正能够为百姓考虑,减少官吏对百姓的剥削,这本身就很有意义。他推行耗羡归公,这个中间也包含着解决绅衿和平民耗羡负担不合理的问题，也就是富人和穷人交税不合理的现象。

大学士钱陈群说："在康熙年间的耗羡，完全放任州县官员私自征收，往往乡愚多输，而缙绅士大夫以及胥吏豪强听任他们自便交纳，输纳之数较少于齐民。"

这个意思是说，在之前官僚们私自征收耗羡的时候，那些富人交多少由他们自己决定，他们交纳的数额往往要比平民百姓少。

田文镜强烈指责某些地方官员在征收钱粮时，滥加火耗，绅衿上役不令与平民一体完纳，任其减轻，而大多赋税取偿于百姓小户。这种地方官不按田粮数目向绅衿征收火耗，把他们的耗羡银转摊到平民百姓身上，这种不合理的现象出现，是因为官吏在施政过程中，给予绅衿不成文的特权。

大清朝在入关之初，为了获取地方士族和读书人的支持，对官员绅衿推行一定的赋税优免特权。所谓绅衿，是指有官职而退居在乡者（绅士）和读书的生员（青衿）的合称。朝廷在征税时，会优免地方乡绅一定量的丁役，免除读书士人的差役和一切杂办。

但是，大部分地方官员绅衿贪得无厌，利用优免特权隐漏人丁，甚至有奸猾之徒，又托为客籍用于规避，而丁银项目仍然存在，于是便落在贫苦农民的身上，加重了底层百姓的负担。

出入官署，包揽词讼，或武断乡曲，欺压平民，或抗违钱粮，藐视国法，或代民纳课，私润身家，种种卑污下贱之事，难以悉数。

——雍正朱批

雍正也指出这个不合理的现象，这些绅衿应有的徭役负担，尽数落在了平民百姓的肩上,这就造成了在赋税问题上平民与绅衿之间的矛盾丛生。

在雍正看来,官吏、绅衿、平民三者之间的矛盾,完全是因不法的绅衿而起,所以,雍正把矛头指向了绅衿,企图剥夺和限制他们这个阶层的非法特权,让他们和贫民一样当差,赚得多又富裕,还不交税,哪有这等好事。

雍正二年(1724)二月,雍正下令革除儒户、宦户的名目,不许生监包揽同姓钱粮,也不准他们自己拖欠钱粮,如敢顽抗,即行重处。雍正特别清楚地方官容易和绅衿勾结,所以特别告诫地方官,要他们认真落实这项政策,一旦发现他们徇私枉法,被人参奏,或被人告发,查出并治以重罪。

为了推进这项方针,雍正还制定了一些具体的政策:

第一条:士民一体当差制度。

在雍正元年(1723),河南巩县的县令张可标发出告示,要求生员与百姓一体当差,这个命令引起当地生监的不满,与他不和的同县县学教官杨倬生,为了煽动生员们控告张可标,说他借过属民的银两,表面上是在控告张知县,实质是在反对士民一体当差的政策。

这件事情被内阁学士班第奏报给雍正,雍正让石文焯调查张可标是否有贪赃枉法的事情,同时将那些闹事的生员绳之以法。

雍正惩治他们,主要是为了维护社会秩序,也是为支持士民一体当差政策。

雍正二年(1724)河南因黄河堤防须用民工,定出"每田百亩出夫一人,计工受值的办法,让有田人出夫,绅衿也不例外"。这就是绅衿平民一体当差精神在河工事务上的体现。

田文镜进一步规定:在大堤一二百里内有田土的地主,照佃户多少，认夫几名，俟防汛工程的需要，随传随到。

第二条：严禁绅衿包纳钱粮、抗粮的政策。

雍正四年（1726），贡生张鹏生将一众民人的应纳钱粮包揽入己的案子发生，刑部将张鹏生枷号三月，责四十板，本该事了。但雍正拿他做典型加重处置。

同时，命令大臣重议生监包揽钱粮治罪法。次年批准朝臣建议：凡贡监生员包揽钱粮有拖欠的，不论多少，一律革去功名。如此一来，打击了那些闹事的士子、乡绅，掐掉了他们在地方起祸乱的苗头。

第三条：加强了对绅衿纳粮的管理。

雍正六年（1728）规定："凡是绅衿钱粮，在税收印簿和串票内注明绅衿姓名，按限催比，奏销时所欠分数逐户开列，另册详报，照绅衿抗粮罪治罪，若州县隐匿不报，照徇庇例议处。"

这个意思是做好绅衿钱粮税收情况的记录，逐一查验，免得他们浑水摸鱼、弄虚作假。如果有不缴税，不参与徭役的，都要受到处罚。若是被地方官吏包庇，地方官吏要一起受罚。

第四条：对拖欠粮赋的绅衿，雍正严惩不贷。

在雍正五年（1727），甘肃阶州有生监抗粮不交，署理巡抚印务的钟保，以署知州陈舜裔激变士民的罪名，奏请将其革职。但雍正不准，而是将无端生事抗粮不法的人犯严加审讯，还责备钟保沽名钓誉，不让他参与这件事情。

在湖广地区也发生了士民抗粮事件，雍正下令将犯事的人革去功名。予以拘禁。有官员找借口请朝廷宽限，庇护绅衿抗粮的，被判庇护罪。

第五条：严禁官绅勾结包揽词讼政策。

雍正二年（1724），雍正在山东巡抚陈世倌的奏折上批示：

"凡地方上顽劣绅衿贡监之流，宜严加约束，毋邀虚誉而事姑息，以滋长刁风。"雍正容不得官官相护，官绅勾结，对于这类人全部严格审查，严厉处罚。

第六条：雍正为防止乡绅干政，不许士民留任地方官。

朝廷对于地方官任职问题也有要求。若离任的地方官员有政绩，或者是被冤枉去职的，百姓怀念地方官或为地方官鸣不平，会要求他留任，朝廷会考虑继续让其留任，为地方百姓做事。但是后来雍正发现，有些劣绅为讨好去任官而提出保留申请，这是一种刁风恶习，雍正下令严行禁止。

第七条：制定主佃关系法令。

雍正在处理主佃关系的问题时，也注意到有绅衿不遵守法规，虐待佃户，属于非法行私刑。朝廷严厉打击这种不法绅衿。如广西有生员踢死佃农，雍正指出肯定是佃农害怕生员，不敢还手，才被踢死。

雍正指出，读书人打死人，与其身份不符，不能和常人一样判定，应该加倍治罪，因为他这是欺凌百姓殴人致死，明知故犯。

田文镜说要将衿监吏员革去职衔。雍正得知后，告诫田文镜也不能只考虑绅衿欺压佃农的一面，不顾及佃户拖欠地租及欺慢田主、引发矛盾的问题。于是，定出了田主苛虐佃户及佃户欺慢田主的条例，做到有法可依。

第八条：镇压监生罢考的政策。

雍正镇压不法绅衿政策的执行，引起了绅衿的不满，有生员拦截知县唐绥祖，不许他实行按田出夫的政策，强烈要求维持他们的特权。不久，有些地方的生童罢考，以示对士民一体当差政策的抗议，事情发生以后，田文镜和石文焯迅速上报雍正，雍正认为，这些地方上的事情应该整治一番，申明国宪，将为首之人严加惩办，以儆效尤，该处斩的处斩，该收监的收监。雍正和田文镜采取坚决打击不法生监的政策，永远停止罢考生童的考试资格，即便是全县生童罢考，也照样处理，绝不姑息。

第九条：雍正还采取加强对监生管理的措施。

在清朝，捐纳监生不法的比较多，而清朝政府的监生，由吏部负责，不利于地方官和学政加强对他们的约束。田文镜想改变旧的规则，请求把捐纳监生交由学政管理，与生员一并约束，雍正批准了他的建议。

于是雍正一朝形成了这样的规定：衿监凡涉及诉讼，即革去功名，听候审理。同时还规定，生监被斥后，不许出境，以免他们滋事。

雍正用以上的办法调节绅衿、贫民和清朝政府的矛盾，雍正对绅衿有所节制，对不法绅衿有打击，但并不与他们为敌，他是区别对待的，对品行端正的加以礼敬，以为四民之表率。有一般过错的，则劝解，令他改正。对于不肯改过的，依法惩罚。

可以说，雍正为保护政府和平民的正当权利，用剥夺绅衿的非法特权，平均赋役的办法，使平民、绅衿、朝廷三者之间的矛盾得到一定程度的缓解，维护了清朝的统治。

五、赋役改革，摊丁入亩

差徭和田赋是广大臣民对清廷政府应该尽的义务，历来分别征收。在雍正当政之前，徭役非常沉重，没有田地的人，根本就不能负担这个重负，再加上绅衿规避丁役，差徭不均，这样就迫使劳动者隐匿人口，逃避差役，这种不合理的徭役制度，是雍正当政之后必须解决的问题。

早在明清之际，就有官员鉴于役制的弊制，开始在自己主管的地区进行改革。

比如明末的时候，陕西户县实行了丁归于粮的办法，就是把丁银归入田粮征收，不再按人丁完纳。明崇祯八年（1635），汉中府城固县也实行了"丁随粮行"的新法。在清顺治十三年（1656），南郑县也推行这一方法，由此可见明末徭役很重，地方官员开始自行改革求生。

到了康熙统治时期，农民以上书的方式表达了反对以丁派役的想法。在浙江宁波府，有农民提出"随地派丁"的主张，可是这个主张却遭到了富豪的反对，贫富两个阶层相持不下。钱塘、仁和两县把有产业的称为乡丁，没有产业的称为市丁，或叫作门面光丁，外来流寓之人称为赤脚光丁，各自承担丁役。光丁无产应役，承受不起，要求从田起丁，人不纳丁，布政使赵申乔不允许，贫民愿望得不到实现，斗争不辍，经常爆发抗议冲突，这样严重地影响了社会的安定。

在这种情况下，有些官僚深刻地认识到了这种丁役问题的严重性，主张改变役法。

曾王孙提出了丁随粮行可以去三弊收三利的见解。他说，实行丁差，必须不停地清查人口，但是也摸不清楚人丁数额，出现了很多弊病。地方官吏舞弊，使素封之家不任丁役，贫苦人家无丁而有丁徭，穷人交不起，就逃亡或者拖欠，如此恶性循环，官府得不到实惠，还要害得里甲赔偿，官员被惩罚。

曾王孙认为，实行丁随粮办有三个好处，买田的人增加田赋随着增添丁役，卖田的则粮去丁役去，没有包赔的痛苦，以粮派丁，官吏不能放富差贫，可以澄清吏治，无税粮的人口不再受丁银的拖累而逃亡，可以安心在乡从业。

当然反对丁随粮办的官员也很多，邱家穗讲出两条理由，一是丁并于粮，将使游手之人无所管羁。二是穷人富人都是人，都应有役，并丁入粮，使贫者躲过，让富人代赔他们的丁银也是不公平。他是站在富人的立场上，坚持丁粮分担。

  康熙当年实行滋生人丁，永不加赋的政策之后，丁役的问题更加突出了。

  康熙当时宣布，以康熙五十年（1711）的人丁数为基础标准征收丁银，以后不论增添多少人口，也只收那些丁银，不再增税，康熙的这项政策在中国赋役史上具有重要的意义，他把人口税固定下来，减轻了丁银负担。

  但是原来的丁粮分征，丁役不均地积弊依然如故，而且出现了新问题，因为人口总是不停地变化，有的户人口有死亡，有的户人口有增加，这项政策实行之后，怎样确定每户的丁银数额呢？

  死亡和新增人丁数目绝不会相等，往往总是新增的多，这样就不能用一个新增的人丁接替已死人丁的差徭，而且由于人丁增多，原有人丁的负担也相对减少，这就需要重新计算每一个人须承担的丁银数额，随着滋生人丁永不加赋政策的实行，必须寻找落实丁银的具体办法。

  各种声音此起彼伏，也就是说在康熙的时候，这样的弊端已经很严重了，一直延续到雍正上位。这个问题很棘手，但必须要改革，否则，贫民佃农等已经快要活不下去。

  首先触及这个问题的是山东巡抚黄炳，他在雍正元年（1723）六月奏请按地摊丁，以减轻百姓的负担。他身为封疆大吏，经常在民间调查，他察觉到丁粮分征政策，使得贫民逃亡问题非常严重。他认为有地就缴纳丁银，无地就不用交了，这样才能使贫富负担均平，这才是善政，他主张丁银摊入地亩征收。

但此时雍正刚即位不久,政局不稳,党争问题还没有解决,管理朝政遇到很大阻力。这个摊丁之议关系重大,而且黄炳提出的办法还不成熟,雍正无法轻率决定,让他暂时不要提,等候时机成熟。

一个月之后,直隶巡抚李维钧以有益于贫民为理由,奏请摊丁入亩,他深知阻力很大,户部只会按老规矩办事,不会赞同,因此他直接去了京城,面见雍正,请求雍正决断,批准他实行摊丁入粮。

这次,雍正看到李维钧的许多观点已经成熟,所以态度也就随之改变,他没有像拒绝黄炳那样将此事压下去,而是把他的奏章交给户部讨论,并且说此事尚可稍缓,但先完善着,择机试行。

同年九月,雍正同意李维钧的建议,还指定李维钧详细规划此事,一定要做到对国课无损,对穷人有益,让人挑不出毛病来。

李维钧回奏说他准备把地分为上中下三等,丁银按地亩等级摊入,不至于好坏地亩负担不均,雍正称赞他筹度极当,准许他在雍正二年(1724)开始实行。但是,李维钧害怕皇上中途反悔,举棋不定,于同年十一月向雍正上奏,说自己担心遭遇官员排挤。雍正明白了他的担忧和忌惮,批示让他尽管去做,你要相信朕,朕不是那种容易改变决定的人。

丁归田粮的问题历时半年得到解决,雍正之所以从反对变为支持,是由于雍正做事比较务实,不会光听一面之词,而是会仔细考虑,在这期间,他很可能写了很多朱批给各地方大员,询问意见,又让朝中大臣讨论,汲取了正确意见,才作出果断的裁决。

在丁归田粮制度的建立和实行过程中，雍正起了积极的作用，解决了康熙时代就悬而未决的问题。

可以看到，摊丁入亩政策从康熙统治期间萌芽到雍正时期实施，再到乾隆中期全国彻底实现，历时数十年，这一过程表明，它的实现是斗争的结果，土地改革与赋税改革，不是一件容易的事情。

推行摊丁入亩，使拥有土地者增加了赋税，而贫者无土地者免役，贫民无毫厘之费，这是利贫损富的办法，对于这一点，雍正很清楚，实行摊丁入亩是雍正压制富户，扶植贫民，改变过去丁役不均放富差贫情况的策略。

最重要的是丁粮合并征收，使政府的丁银收入有了保证。因为纳粮人完成交纳丁银的能力远远超过无地的农民，保障丁银的征收，这才是雍正真正的目的。

当时这个政策的确是缓解贫富分化的利国利民之策。摊丁入亩制度的确立，是中国赋役制度史上的一次重大改革，是值得重视的历史事件。

六、重农抑商发展经济

雍正继位后不久，就意识到人口繁多、耕田有限、粮食不足的情况，因此，他设法推动农业生产，并采取了许多措施。

雍正五年（1727），雍正颁布要禁止奢侈之风，谈到各行各业人户在社会中的地位时，他强调农业为天下之本务，而工贾皆其末，这就是"士农工商"的基本国策。

雍正重视农业，因为农业能生产粮食，牵扯到国本，一旦闹饥荒无粮，可是会出大问题的，若爆发农民起义，朝廷就要面临崩塌之危险。雍正为稳固农业，不愿意社会上多出现工商业者,他指出市肆之中多一些工作之人,农田中就少一个耕作之人。封建社会,农业是最主要的生产部门,所以,他能够深深体会到农业的重要,他和所有以往的统治者一样,具有重农业、贱工商的观点,并且实行重本抑末的政策。

为此,雍正采取了一些措施,来稳固农业经济和农业规模:

第一个措施:推广耕藉礼。

雍正行耕藉礼,在春季时亲自开犁,和先代帝王一样,表现了他对农业的重视,先农坛原来设于京师,雍正四年(1726),雍正下令,各州县设立先农坛,备置藉田,每到春天,由地方官举行耕藉礼,让他们学习皇帝注重农耕的精神,劝百姓力田务本。让官员们看重农科。

雍正五年(1727),各地开始举行耕藉礼,若有些地方举行不力,雍正得知后会严加处罚。雍正为了推行重农政策,将荒芜藉田的知县杨询朋革职,还罢免了对藉田不重视的陈桂,雍正的这些做法,表达了一个信号,就是严格要求地方官重视农业生产的决心。推广耕藉礼起到了促进农业生产的作用,提高了农民耕种生产的热情。

第二个措施:限制经济作物的种植。

在耕地有限的情况下,如何解决粮食作物和经济作物争田地、争劳动力的矛盾呢?

比如说南方种植经济作物多,种植粮食少,引起了粮荒,雍正采用了两种处理方法,第一,凡适合种粮食的地方,让农民生产粮食不要种经济作物,尤其是不要栽种烟草。第二,在不适宜生产粮食作物的土地上,鼓励种植各种经济作物。

雍正二年(1724),他要求在房舍边、荒山旷野,因地制宜,栽培桑柘、枣栗等,以便饲养蚕、佐食。在不可以种植五谷的地方,不妨种植其他作物以取利。

第七章　强化君权，庙堂一新

同年雍正令州县官员劝农民在村坊种植枣树、栗树，在河边植柳，在池塘里种莲藕、养鱼凫，在适宜种桑麻的处所栽植桑麻，而且他要求地方官员每年都奏报种植的情况。

雍正竭尽全力提高粮食生产，是出于形势的需要，除此之外，农耕文明之下，也不可能有更好的办法。

但是人口渐多，田地不够当如何？雍正便提出垦荒。解决粮食问题，对于百姓来说，最有好处，这是尽人皆知的。但是，朝廷要克服垦荒中的一些难题，比如过去民间报垦，官员勒索费用，以至于垦荒之费比买田价格还要高，导致农民不愿意报垦。

所以，雍正下令允许农民自耕自报，官吏不得勒索和阻挠，从前报垦，水田六年、旱田九年起科，耕作完就要交给朝廷了。但雍正推行开垦荒田之后，农人无力开垦的，官方给牛具，永为世业，不再收回。

在垦荒中，雍正设立了营田水利府，下辖四个营田局，委派允祥、朱轼总理其事，兴办直隶水利田。营田工程有两项内容，一是修治河道，疏浚建闸；二是造田，主要是水田。

由于北方的农民不懂得种水田，雍正就命招募江南的老农来进行教授，所需水田农具和水利工具，调派江南的工匠制造并命直隶工匠跟从学习，以便把技术传下来。如此，营田很快收到一定效果。

在营田的过程中，雍正处理了一些贪官污吏，阻挠营田的地方官被革职。雍正也奖励了一些表现积极的官员，给他们升官。

雍正坚持直隶营田，营田贯穿雍正一朝，但在乾隆的时候被撤销了。由此比较，雍正对水田是很重视的，历代帝王和地方官都很关注直隶水田的问题，但是对此倾注最多精力的帝王当数雍正皇帝了,仅仅这一件事情,就看得出来,他对农业生产十分上心。

雍正除了关心农业生产之外,他对民间河渠、堤坝、洪灾防御等也十分看重,即位之后,一直专心治理国事,是一个兢兢业业、勤于政事的皇帝。

雍正元年(1723),他指出康熙年间修的浙江海塘,官员没有实心办事,仍然使海潮妨害民田水利,他派朱轼筑浙江海塘、松江海塘,分别拨银15万两、19万两。

雍正还提倡社仓。这是救荒的办法,但很难实行。因为富有的人家自有储粮,即便是遇上荒年也不会依赖仓谷,所以富有的人家不愿意参与。可是贫穷人家希望社仓办得好一些,但是又无力交纳谷粮,官吏对这些有关考成的常平仓都有挪用之弊,对不计考成的社仓更不会用心办好。

但即便是这样,雍正还是强力实践,一方面说明他办事,以主观为主,有些超脱客观实际。一方面说明他对救荒很在意,关心百姓,不管办法可行与否,他都想有备无患,多为荒年做考虑。

至此,可以看到雍正自从上位之后,一边消灭朋党,一边发展农业、整顿吏治,这就说明两个情况,一是雍正为了巩固自己的统治,从经济、政治、农业几个方面都入手,稳定国家,安抚百姓,让自己的政策可以普惠更多人。

还有一点,康熙留给雍正的这个摊子很难收拾,这也是当时他要面对的客观局面。雍正想要坐稳皇位,就得把每一件事情都做好,否则,随时有累卵之危,可是做好每一件都需要尽心竭力,要把旧的一切打碎重组。由此可以想象,雍正当政期间的辛苦。雍正在位13年来,可谓是天天伏案劳作。

第八章 政治改革，影响深远

一、三打朋党

"朋党"一词，古今通用，指为争权夺利、排斥异己而结合起来的集团。康熙末年，各皇子夺嫡，进行党派争斗。在雍正执政期间，他也一直在跟朋党做斗争，从没有停歇过。

雍正刚即位，就开始打击朋党，在雍正四年（1726）的时候，雍正完成了两场大规模的反对朋党的斗争，彻底击垮了允禩集团和年羹尧集团，在这个斗争结束之后，又出现了直隶总督李绂弹劾河南巡抚田文镜的案子，引出了第三次打击朋党事件，也就是反对科甲官员朋党的斗争。

康熙废太子的时候，允禩朋党浮出水面，其中的汉人官僚大多数是科举出身，因为允禩的宽仁深得他们的心，这样就造成了雍正对科甲官员的隐恨，并在他的施政政策中表现出来。

在雍正三年（1725）六月，长芦巡盐御史莽鹄立奏请禁止官员投拜门生，他说这种钻营附势之徒投机取巧。这些人本来素不相识，一拜师生，关系就非同一般，每至以直为曲，偏徇庇护，罔顾法纪。

科举制度下的师生关系很特别，这种师生关系的形成隋唐以来就出现了，到了雍正时期已经有千年之久，积习深重，根本就不用莽鹄立说明，而尽人皆知。而且这种关系也是官员们挪移亏空的一个原因。

雍正听了莽鹄立的建议，命九卿会议，禁止内外官员投拜门生。田文镜是雍正的忠实拥护者，所以率先在地方执行。但雍正和田文镜等官员的这些举措，产生"天下方轻读书人，不齿举人进士"的对士人不利的势头。

田文镜是监生出身，年轻时做过县长，他在官场拼搏40年，升为地方大员，他不入朋党，只知道感激雍正的赏识，竭尽全力以图报效。田文镜特别讨厌师生结成纽带的朋党关系，他对科甲出身的属员并不特别礼遇，而严格地以他们所任官职的职责要求他们。

于是有些人就认为田文镜因不是科甲出身而排斥士人，他不让读书人在省做官。李绂上奏弹劾田文镜，写了很多对田文镜的看法，但田文镜是个官场老手，只是轻描淡写地说，皇上多次宣旨要解散朋党，他们这样属朋党行为，违背圣意，性质严重。

雍正重视田文镜的话，但他却不偏信，他派人查明事实，证实了田文镜在被弹劾的案子中存在偏袒，但是，雍正作出了有利于田文镜的审判，雍正怕再出现年羹尧那样的朋党，他支持了田文镜，而田文镜继续贯彻雍正的方针和政策，打击朋党。

在李绂与田文镜的互参中，李绂败，田文镜胜出，这也是因为雍正内心担心再起朋党专权之事。但还是有人参奏田文镜。雍正认为，这些人受了李绂的指示，他将李绂和田文镜的互控案进行重点调查。

他要查清这些人和李绂的关系，结果查来查去，发现他们什么关系都没有，雍正却不罢休，将李绂革职。结局暂时胜负已分：李绂因为参田文镜而入了监狱，田文镜受到嘉赏。

这二人本来都是雍正初年的宠臣，两个亲信刚刚开始相争的时候，雍正是打算调和的，他对李绂说，过错在你不在田文镜，你就不要再辩解了。可是，随着事态的发展，尤其支持李绂的人参与进来，一起攻击田文镜，这瞬间惹怒了雍正，从而导致了他们的悲惨命运。

打击科党

雍正提出科甲人结党，师生同年之联络声气，徇私灭公，惑人听闻之邪说，其害于世道人心者更大。如果科甲出身者互相结党，互相排陷，肯定扰乱国正肆行无忌。

有九卿大学士詹事科说：科甲出身的人作弊，还不如非科举出身的，因为后者易于败露，而前者巧诈隐秘，互相袒护，不易识破，他表示，要把官场中科甲人的唐宋元明积染之气尽行洗涤。

雍正支持此观点，接着，有更多的人发出这种观点，获得雍正认可，由此可以看出，雍正以为科甲人的朋比是唐宋以来的积习，必须清理，他明确了反对科甲朋比的态度。

因此，雍正采取擒贼先擒王的办法，有计划地打击了科甲人的领袖，惩治李绂，蓄意打击杨明时。

雍正对由一般科举晋升的官员，也搜寻他们的过失予以惩治。

雍正还从措施上压抑科甲人，比如给事中、御史和吏部司官，历来从科甲中选拔，雍正为杜绝党援的弊病，于是变通旧例，被授予这些官职的人，不一定非要从科甲中选拔。

在清朝任用官员时，有许多的回避规则，但是没有师生回避规则，雍正就提出若为师生自应回避，希望通过这些办法，能够防止科甲官员结党营私。

雍正惩治科甲人除结党以外，还有其他原因。雍正讨厌科甲出身的官员，讲假道义，不务实，只能因循苟且，博个安静持重的虚名，不利于贯彻他革新的政治方针。

反对朋党、反对积弊，这是雍正的方针政策，可有人容易犯互相包庇的守旧毛病，这是他所要清除的积弊，他重罚李绂，并不是有意袒护田文镜，而是他们反对田文镜就是反对自己的政策，而他们这一群人正好代表科甲人，所以雍正要把他们当作结党营私之人加以打击，以推行自己的政策。

雍正反对允禩集团、年羹尧集团，他打击的对象，一部分是满洲贵族，一部分是官僚，这些官僚中，有科举出身的，也有非科举出身的，而雍正的第三次整治朋党，是以反对科举入仕者为目标。

所以第三次反对朋党与前面两次相比内容性质各不相同，而问题最多的则在这第三次，这是因为他在前两次打击朋党胜利的情况下不够谨慎，也忽视了文人集团笔锋的力量。

曾静投书

雍正六年（1728），打击科甲朋党的事情还没有结束，湖南秀才曾静上书岳钟琪策动他反清，这引发雍正的猜忌，便以此事大做文章，对涉案人严加审讯，株连很广，引出了赫赫有名的吕留良文字狱。

曾静选择岳钟琪作为上书对象事出有因，首先岳钟琪是汉人，是四川人，年羹尧出事以后，他接任川陕总督。这个职位一直是八旗人员的专缺，岳钟琪一个汉人得了这个职务，说明他深得雍正的宠信，然而却招来了很多人的嫉妒。

在曾静投书以前，向雍正密参岳钟琪的人就有很多，岳钟琪做总督的时候，蔡珽就说，岳钟琪，这个人不可深信。岳钟琪要进京的时候路过保定,蔡珽又挑拨,说怡亲王允祥对岳钟琪非常的恼怒。允祥是雍正最信任的兄弟,蔡珽这样说就等于是向岳钟琪说雍正不相信他。这些言论让岳钟琪惶惶不安,不知怎样做才好。当时还有人说岳钟琪是岳飞的后人,而雍正是金人的后代,岳飞抗金,岳钟琪就应该反对雍正。当时社会上下都这样认为,甚至民间有人在大街上喊,岳公爷带川陕丁造反。

社会上到处传言,岳钟琪已经造反,岳钟琪深感不安,不想再当总督了,雍正安抚他说这都是蔡珽、程如丝等人的阴谋诡计,他让岳钟琪继续供职,当时的雍正准备向准噶尔用兵,他暗示岳钟琪,这些事情还要和他商量,雍正对岳钟琪信任如初。

但是民间继续传言岳钟琪和朝廷的关系很不和谐,因为岳钟琪是汉人,朝廷中的人忌防他,而民间认为他是忠义爱民,反对皇帝暴政的人,对他寄予厚望。岳钟琪当时成了焦点人物。

曾静中年时放弃科考,教授生徒,人称蒲潭先生。他有自己的政治观,他觉得岳钟琪能够实现自己的目标,于是就派他的学生带着信去陕西策动岳钟琪造反。

他信中的意思是,岳钟琪是岳飞的后人,希望他利用手中的兵力,反对清朝,为自己的祖宗岳飞报仇,替汉人雪耻。但是,岳钟琪哪敢有这个想法,他抓住了这个学生张熙,严刑逼供,牵扯出了曾静。

曾静被捕后,指控雍正是失德的暴君,给雍正列了十大罪状:谋父、逼母、弑兄、屠弟、贪财、好杀、酗酒、淫色、怀疑诛忠、好谀任佞。

这曾静是一个比较清贫的读书人,他敌视政府,不满意贫富不均,他看到了争议颇多的雍正实行的政治措施,听到一些抹黑雍正的传闻在民间的演绎，激化了他心中的反抗意识，所以他将矛头对准了雍正。

雍正在储位斗争中，坐上皇位，只是取得了初步胜利，接着是反对朋党斗争，打击不甘心的政敌允禩、允禟、允䄉等，巩固自己的统治。后来年羹尧和隆科多擅权出现尾大不掉之势，雍正就灭了他们。如今又是打击科甲朋党，压抑读书士子结党，推行摊丁入亩，整治吏治，打击不法绅衿，这些事情他都取得了很好的效果。

可以说，在政治上，他是个胜利者，但是被他打击的人对他进行各种反抗，怀疑反对他的人大有人在，曾静列的十大罪状，并不是他自己的发明，而是对社会上流传的攻击雍正的观点的归纳总结，曾静就是利用这些观点，反对满人掌权，企图恢复汉人的统治，使得这件事情闹大了。

审曾引吕

岳钟琪得到曾静的书信之后，立刻上奏给了雍正，雍正极力夸奖岳钟琪的忠诚。但是，雍正心中已经起了猜疑，他对岳钟琪起誓，就如同对当年的年羹尧一般，他的目的是进一步将岳钟琪稳住，调查一番再看。

雍正派人对曾静严加审讯，最后曾静供出，他是受了吕留良的影响。

雍正六年（1728）十月，在岳钟琪的奏折上，雍正批示道："朕览逆书，惊讶堕泪。览之，梦中亦未料天下有人如此论朕也。亦料其逆情如此之大也，此等逆物，如此自首，非天而何？朕实感沃祖之恩，昊天罔极矣。此书一无可隐讳处，事情明白后，朕另有谕。"

雍正解释自己受到莫大的冤枉，但这却是好事儿，虽说他

第八章 政治改革，影响深远

没料到有人那样议论他，但他通过强大的情报网，很快获得各种消息，他知道关于即位，处理允禵，处理年羹尧、隆科多，朝廷内外，朝野上下，有很多私议。只是他自己不便挑明，公开发起论战，只有隐忍不发。

现在正好曾静站出来，雍正要顺藤摸瓜，清其源，塞其流，他要重点追查关于他失德言论的根源。雍正认为，民间的传说肯定来自官场，而本源必在皇室内部，具体来说就是允禵。

关于这十大罪状的民间议论，让雍正内心很愤怒，他一向爱惜羽毛得很，受到这些非议，他如何能不恼怒？雍正经过多番查证，查到竟然是服侍允禵的太监在发配途中大声宣扬关于他的各种谣言，添砖加瓦，虚构抹黑。

雍正勃然大怒，他利用曾静的案子，对外宣布找到了污蔑他失德的舆论的根源。

他还在曾静与吕留良关系的问题上大做文章。

这个曾静言语中透露出他和他的学生最崇敬的人是吕留良，而且他去过吕留良的家里，见过他的诗文，但岳钟琪从吕留良的诗册里，看不到有什么反清的思想，张熙便给他一一指明，曾静对吕留良佩服得五体投地，在他的观念里，他认为明末之后，皇帝应该由吕留良来做。

那么，吕留良是个什么样的人呢？

吕留良是浙江崇德县人，顺治十年（1653）中秀才，后来思想大变悔恨考了清朝的功名，他在著作中强调华夷之分，他教人不能效忠于夷狄政权。

他认为，清朝统一全国，是一件不幸事变，是特大的灾难，他怀念明朝，反对清朝的暴政，不承认清政府，为了和清政府撇清关系，他便削发为僧，出家遁世。

他的立场，加上作为理学家的声望，使他成为具有一定影

227

响力的学者。

吕留良的门人继承他的思想，敌视清朝，希望发生变故。他们是吕留良的后继者，坚决秉承师学。

雍正为了反对吕留良的观点，他提出了不以地域作为区别君主好坏标准的理论。帝王之所以成为帝王，是生民选择有德之人，而不是挑选哪个地方的人。他的分析为少数民族政权能否统治全国确定了一个标准，即合不合生民的需要。

雍正还用汉典，举例说明虞舜是东夷之人，文王是西夷之人，并不因地域而不能做君主，并不因地域而损害他们的圣德，因此，他得出一个结论，清朝之为满洲，犹中国之籍贯，自然可以做君王。

雍正还列出了清朝统治的好处：

第一，清朝使中国疆土开拓广远，是中国臣民之幸事。

第二，清朝创造了太平盛世。

第三，清朝是从李自成手中夺得天下，不但不是夺取了明朝的天下，还是为明朝报仇雪耻，汉人专以朱明后裔为反清旗号是叛逆的行为。

第四，清朝统治是顺应天命，来主导中华大地的新发展、新形势。

经过对案情的审查，雍正结案。

一年之后，雍正下令将论述这个案子的上谕编辑在一起，再把曾静的口供和忏悔录《归仁录》，集成《大义觉迷录》一书，加以刊刻，颁行于天下，使读书的士子观览知悉，凡是不知此书的，教官就要从重治罪，这就是《大义觉迷录》的由来。

紧接着，雍正为表示自己的大度，把曾静和他的学生张熙免罪释放，并且说自己的子孙后代也不会追究他们的责任。其实，雍正的用意是要用他们为自己现身说法，宣传《大义觉迷录》，他派人带着曾静到江南等地宣讲，这是用舆论攻击舆论。

雍正对吕留良及其门人的处理要复杂一些。首先是焚禁吕留良的著作，接下来命大学士朱轼等人批驳吕留良的四书讲义、语录，将吕家的后代，斩立决的斩立决。籍没吕留良家产，充浙江工程费用，凡是收藏吕留良作品和与吕留良交往的人，重者秋后处决。吕留良的部分门人被流放边外，吕留良案件牵者甚重，甚至还牵扯出后来的"文字狱"。

由此事可以看出，雍正在维护自己的皇位和清朝政府的统治时，可谓是用心极深，也很有手段。

二、整顿六科

雍正上位之后，一边整顿吏治，一边变革行政机构和管理制度。

雍正元年（1723），雍正说六科的掌印给事中责任非常重大，人选交都察院共同拣选保奏。雍正的这个决定，就是把六科给事中的考核交由都察院掌管，使他们成为该院的属吏。

给事中归都察院考核后，都御史将他们和御史一体对待，巡视城、漕、盐、仓等。

六科，原是一个衙署，职责是"传达纶音，稽考庶政"。也就是他要把皇帝批过的臣工题本从内阁领出，誊写清楚再发给有关部门去执行。但是六科不仅仅转发皇帝的文件，还有权驳回皇帝批准的奏折，六科认为有不妥的地方，就会驳回。

六科还有一个功能，就是稽查六部、核查奉旨事件完结的情况，如果事情有迁延迟误的，即行参奏。六科的职责，其实是从唐朝开始就有的，在唐朝属于门下省，是执宰机关的事情，清朝的时候虽然沿用元、明的一些旧制，但清朝没有设门下省，不过给事中有封还奏章之权，职位虽不高，但地位却很重要。

但是，也有一个让雍正觉得很不方便的功能，就是会妨碍自己的一些旨意的执行，所以有些尴尬。雍正是一个集权专制的皇帝，他要推行很多政策，不喜欢自己的政令被驳来驳去，他要一言定生死，拥有绝对的权力！

给事中被归到都察院之后，分外事多了，没有太多的时间去管理原来的事情。看到这里，雍正不由得会心一笑，给他们安排的工作变多，他们就不会向他找麻烦了。给事中的权力被削弱，这就是台省合一。

这个制度被一些人反对，甚至在乾隆时期有人说这是轻重倒置，但是，雍正执意这样做，这样做可以加强集权，他不允许给事中违背帝王的命令，他要享有绝对的权威。

雍正这样做法，是因为接受了明末党争的历史教训。

明朝的六科，比较能实现"制敕宣行，大事复奏，小事署而颁之，有失，封还执奏"的权力，言官们过多地干预朝政。

到清朝，虽说有些改正，但是到了康熙后期，储位斗争严重，很多给事中和王爷勾结，会限制皇帝做事。所以，雍正上台后为了打击朋党，就对六科进行了改革。

雍正限制了给事中的职能，却加重了监察御史的职责。向地方派遣了各种类型的巡查御史，比如黑龙江船厂等处人口增多，贸易繁华，原来设的将军料理不开，雍正便派出御史巡查吉林和黑龙江。

雍正三年（1725），雍正向山东、河南各派一人，两湖派一人，江宁、安徽两布政司共一人，这些官员到各省处理一些政事，监察地方官吏。为了考察农民生产，重视农业，雍正还会特派巡农御史。如此一来，地方上的许多问题被雍正及时察觉。

台省合一的做法削弱六科谏议权，加强都察院对臣工的监

第八章 政治改革，影响深远

察，两者相辅相成，是强化皇权的两个侧面，雍正对这些做出改制，最后使得皇权得以加强。

雍正还有一个创造性政策，就是向地方委派观风整俗使。比如浙江文化活跃，人才济济，浙江士人与江南士人垄断科闱，官员散布朝堂内外，幕客布满各衙门。浙江发生多次事故，比如反对摊丁入粮，给雍正种下特别坏的印象，所以要重点监控。

浙江巡抚李卫也不断给雍正写奏折，说江浙之地，民风彪悍，喜欢经商和占利，十分滑头，不够忠诚朴实，不值得重用。李卫可是雍正的爱臣，听他这样描述，那雍正对浙江之地更加反感了，他觉得恩德无法感化他们，都是一些狼子野心之人聚集在那里，所以他决定对浙江地区加大整顿。

朝廷派专员到浙江："查问风俗，稽查奸人，应劝导者劝导，应惩治者严加惩治，应交于地方官审结者，即交于地方官审结，应该参奏提问者参奏提问，务使绅衿士庶有所警戒，尽除浮薄嚣陵之习。"

几经整顿，浙江地区税务积欠、绅衿包揽等各方面的社会乱象的确有所改观，一直到了雍正八年（1730），雍正才表示浙江的风俗已经逐渐改移，可不派遣观风整俗使过去了。

曾静案发后，湖南也被朝廷认为"风俗不端，人情刁恶"，于是，雍正也向湖南派遣了观风整俗使。后来，像广东、广西、云南之地，雍正也设置观风整俗使加以整训。

可以说，这个做法是为了整顿民风，改变地方各种不利于思想统治和政治统治的因素，加大统治力度。

雍正在执政期间，用人唯贤，或者因事授权，不拘定制，督抚设置时常会有变化。比如他比较宠信的田文镜同时兼河南、山东两省的总督。巡抚历来在各省只有一个，雍正在有的省派人协理，比如在山东省，王国栋是巡抚，刘於义任协理。还有很多地方大员的官职也会经常变动。

雍正对官制的变动，有的成为定制，有的根据当地的特殊情况所需，临时安置，事情结束就撤销。

由此可见，雍正执政用人，特别灵活，不拘泥于旧制，只为当时需要。这既体现了皇权的无上崇高，又体现了雍正的心思多变。

三、行密折制度，设军机处

康熙当政的中期，天下太平，国家富强，康熙为了加强对各级官员的统治和及时了解当地的情况，特别命令他的亲信官员，用密折方式奏报情况，这就是清朝特有的奏折制度。

就是由皇帝特别指定的官员，将要上奏的事件亲手写成密封，直接派人送达由皇帝亲启，皇帝批示后，再直接发于具奏者执行。这个制度提高了清朝政府的行政办事效率。不过，密折制度形成一套完整的运作制度，还要从雍正王朝开始算起。

清朝的时候，大臣和皇帝沟通主要有三个言路聚道，"题本""奏本""密折"。

前面的两个渠道，手续很烦琐，由各个机构转送，过目的人太多，容易泄密，保密性不强。

但是密折就不一样了，它不拘形式可以自由书写，而且直接交到皇帝那里，不用通过其他机构，由皇帝亲自拆阅，保密程度十分高。这条君臣互动的快速通道，强烈地冲击了中国封建社会的文官言事制度。

康熙处理密折特别小心，一般都是亲手书写。而且他为人特别坦诚，凡是经他批阅过的密折，他都会还给本人，官员们不必担心写给皇帝的密折被曝光，也不必担心变成被打压的资料。

但是雍正和康熙的作风截然相反，他刚上位，就规定："所有先皇康熙爷朱笔批阅的御旨，全部认真恭敬地封起来交上来，如果有人敢抄写，私下留放，收藏起来不交，焚烧或丢弃，以后被发现一定不会宽恕，一定要从严处置。"

雍正还规定，不但前朝的奏折要收回，本朝的朱批在本人捧读后，也要交回。不得私自保留，如违反，必须追责。

在康熙统治的61年里，写密折的总共只有100多人，而在雍正统治的13年中，写密折的有1100多人。

雍正还要求封疆大吏有事没事都要给雍正写密折，汇报一些重要的事，哪怕没有事，也要密报一下。但如果这些人遭到了处分，他们就无权写密折了。

雍正的密折制度，从表面上看，加强了君主专制，但是在一定程度上，他却推动了君臣之间的交流，使彼此的工作更加彻底，更加符合实际情况，节省了时间，减少了政策实施过程中的阻碍，推动了雍正改革的进行。

密折制度在应用方面还是很成熟的，雍正当政的时候，他的许多重大政策都是通过密折与大臣反复协商讨论通过的。凡是推行改革政策，都应该雷厉风行，讲求高效率，密折制度提高了行政效率，让政治改革快速实现。

雍正在很多事情上都通过密折制度，收到了很好的效果，就好像一个人掌握一个强大的情报组织，每天都有从不同地方送入城内的密折，带来来自天南海北的重要情报。

比如雍正曾经通过河臣的密折研究治水政策。

李绂曾向雍正提出疏通淮阳运河的建议，雍正接受李绂的建议，让他和总督齐苏勒商议，但是齐苏勒认为，疏通淮阳运河的工程量很大，他准备进行实地考察，再提出具体意见。

雍正直接朱批回复：你不用看了，朕都知晓了，按朕的说法去办吧。

这让齐苏勒感到皇上的情报组织之可怕。河工事务复杂，学问甚大，雍正早年就参与过永定河工程，但因为永定河工程不是他亲自负责，所以他了解有限。雍正拿出治理淮阳运河的办法，就需要多方考察，臣工的密折就成为他考虑决策参考的一种材料。

可见，雍正的密折制度主要是用来处理政务，而并非纯是私人揭发、密告那一套。雍正的密折所涉及的，概括起来就是："地方吏治和民情"。

雍正是一个非常聪明的决策者，他非常善于倾听多种意见，并给出恰如其分的总结。虽然雍正是很少走出京城的一个皇帝，但他使用密折制度汲取的内容极其广泛，可以说是从天文地理到风土民俗，十分丰富地反映了各地的情况。

雍正在给宁夏道鄂昌叩谢"允许他上奏汇报情况"的折子后批示，说明了他的目的，也表明了他要独揽天下事的雄心大志：

"现在允许你们这些下级官员也能上密折言事，只不过是朕想扩大耳目，得到更多的消息。在你的职责之外，一切地方上存在的利与弊，全省官员是否勤于职守？上司谁公正谁徇私枉法，下属官员，谁优秀谁不合格？军备是否整治？雨水是否充足，百姓的生活怎样，风土人情是否淳朴，即便是邻近的省份或者京城内外，凡是令人惊奇的事，不一定要有什么深刻的见解，都可以告诉朕，只要在奏折中将是否确切根据或者是否仅仅是道听途说，把这些地方加以分析说明，便于朕进一步查访，能够得到实际情况就行，这些事情不是你们职责范围所管辖的，你们也不必考虑从中要得到什么真知灼见，所以当你们的奏报

第八章 政治改革，影响深远

中有错误不切实际的地方，朕也不会加以责备。"

从这段话中可以看出，雍正要了解的事情很多，如此就形成了一张包罗万象、不分远近、没有界限的情报网。对于地方官吏的考察，是密折的一项重要内容，而且考察的方式、内容角度变化多端。

当年争立太子的斗争，一直延续到雍正初年，这使雍正对官员和百姓的动向非常的关注。设立密折制度的一个目的就是让官僚们在职责范围以外互相告密，互相监督，互相戒备，不敢擅自专权，对雍正心存畏惧。

雍正可以从密折中观察分析臣下的动态，然后按照实际情况予以鼓励开导，这样通过多方联络，上下互通，对臣子们实行更充分的控制。

比如当李卫去云南上任时，雍正就在云南马会伯的奏折上批示说："听说最近李卫行为张狂，行为品德不如以前，确实是这样吗？你不必顾及他的面子，也不要有报恩，或者报复积怨的心理，你按照实际情况给朕汇报。"这是雍正在调查李卫的品质。

而李卫做浙江巡抚的时候，雍正在他的折子上批示"仔细地把董一隆的品行优劣观察寻访清楚了，秘密地汇报上来。"这是让李卫去调查其他人。

还有通过田文镜调查李卫，虽然李卫是雍正年间的模范督抚，但雍正也在时时派人探听他的动向，这说明雍正是一个多疑的人。

雍正对那些遥远外省的大员，也有着自己的一套"考察吏治"的管理方法，他让官员们通过密折，互相告密行踪或者品德以及在日常生活中的琐碎事情，雍正就是通过这些事情，验证自己对一个人的判断。

比如在千里之外的广东，雍正也是派了人互相监督，把那些封疆大吏牢牢地掌控在自己的手中。比如广东的王绍旭，雍正觉得此人思路敏捷，办事也值得信任，但是喜欢小恩小惠，工作上有些拖泥带水。于是他就让王绍旭的上司孙毓珣评价王绍旭，并且让傅泰到基层调查王绍旭。后来密折上的回奏和他的想法一样，验证了他的判断。

傅泰监督了好几个人，但是他自己也是被人监督的，比如雍正让傅泰监督王士俊，又让王士俊反过来监督傅泰，结果王士俊说傅泰做事没有原则，没有表现出一个封疆大吏的智慧。言论也不出彩，并且还勒索下级。所以傅泰的人品值得怀疑。雍正看了王士俊的密报，觉得符合自己对傅泰的看法，就把傅泰批评一顿，将他降职调回京城任职。

从现存的清宫密折中，可以看到雍正对官员的考察是很精细的，大臣间相互掣肘，彼此制衡。雍正善于听取不同的声音，对许多大臣的行为品德都了如指掌，从政绩到品质，事无巨细。

有了密折之后，雍正对地方上百姓的情况也十分关心，他希望从密折中得知一些实情。

雍正六年（1728）三月，苏州织造李秉忠密奏风调雨顺，蔬菜粮食长势良好，物价平稳，百姓安居乐业。雍正看密折后批曰："看到苏州风调雨顺的情况，朕深感宽心，但凡地方上这样的奏报，定要件件如实，不得隐瞒伪装，苏州处交通要道，在那里来往的官商，如果碰到重要事情，也要留心查访明白，如实地用密折禀报。"

雍正就是通过对这些内容各异的密折的仔细批阅，准确及时地了解各地的民风习俗以及生产生活和吏治情况。

第八章 政治改革，影响深远

军机处设立

雍正即位一年，他是这样说的"国家政治，皆皇考所遗。朕尚年壮，尔等大学士所应为之事，尚可勉力代理，尔等安乐怡养，心力无耗，得以延年益寿，是以朕之惠也。"如此，雍正代行臣下之事，除朱批奏折外，就是设立军机处，躬理庶务。

表面上看是让大臣们去安乐怡养，不过度劳烦臣子们，实际上是对一些人不信任，将他们架空，以便观察、考核。

雍正七年（1729），雍正对准噶尔策妄阿拉布坦用兵。为了打胜这场战争，他做了很多准备，设立军机处就是其中一项。

> 两路军机，正筹算着久矣，其军需一应事宜，交于怡亲王、大学士张廷玉、蒋廷锡密为办理。
> ——《清世宗实录》

至此，军机处正式设立，允祥、张廷玉负责主持大事。

军机处设有军机大臣，军机大臣是军机处的主官，下属有军机章京。军机处没有定员，由雍正自行从翰林院、六部、理藩院、议政处等衙门官员中，选择自己信任的人担任，可随时更换。

军机处设在雍正的寝宫养心殿附近，这样便于沟通，雍正初设军机处的时候，办公的地方是用木板建成的，后来才改成瓦房，建筑一般，甚至不起眼，但是决策了清朝中期许多大事。

军机处只有值房，没有正式衙门，有军机大臣和军机章京，但并不是专职。这些军机大臣都有本职工作，除了在军机处工作，他们本职的工作仍然照常办理，他们的升转也在原衙门进行，有官员说军机处"无公署，大小无专官"。

军机处的职责就是面奉谕旨，书写成文字，并转发出去，让人执行，以最快速度将有关军机大事的命令推行下去。

雍正每天都要召见军机大臣几次，这说明雍正比较勤政，所以，军机处就比较忙碌。比如张廷玉在圆明园内军机处值房中工作，雍正不分昼夜地召见他，以至一二更后才返回住宅。在鄂尔泰入阁之前，张廷玉是雍正最亲近的朝臣，他的繁忙程度和一般官员相比又有所不同，他每日被频频召见，反映了军机大臣很重要。

雍正让军机大臣处理的都是重要的事，比如西北两路用兵、八旗等事务。军机处设立之初，主要是处理军事事务，然后范围扩大到处理所有的机要政事。

军机大臣当面聆听皇帝旨意，草拟文书。军机处草拟文书的内容是"诰诫臣工，指授兵略，查核政事，责问刑罚之不当者。"由军机处撰拟、抄写、密封发出文书，叫作"寄信上谕"，因不由内阁，而是由朝廷直接寄出，故又称"廷寄"。这是雍正当政期间最为重要的一项文书。

文书封口处盖有军机处印信，保密度很高。

军机处有一项任务是保存文件，没有决定政事的权力。军机大臣不过是奉旨办事，所以军机处似乎是皇帝的秘书处，只对皇帝负责，他的下属军机章京，因为是由其他部门的官员兼任，所以他们之间虽有上下级关系，但后者又不是前者的绝对属吏，很难结成死党。因此，军机大臣不可能对皇帝形成威胁，只能是绝对地秉承君命。

军机大臣的设置侵夺了原来内阁的职权。在军务方面，内阁无由问津了。

雍正用的是满人军机章京，是从议政处调来的，这样等于给议政处来了一个釜底抽薪，使议政处名存实亡。

第八章 政治改革，影响深远

雍正统治期间，军机处的性质，可以从军机大臣和军机章京的任用显示出来，任军机大臣和军机章京的大臣包括怡亲王允祥、大学士张廷玉、蒋廷锡、鄂尔泰等雍正亲信，雍正亲笔给军机处书写"一堂和气"的匾额，就是希望和他的亲信们同舟共济，不要相互敌对，希望大家共同对他负责，安心地做他的忠心臣子。

军机处办事效率非常高，不问大小事务"悉以本日完结"，绝不拖延。哪怕是长途传递的文件，也会标明"马上飞递"的字样，凡是路途遥远的，就会标明日行里数，比以前办事的效率高出很多，提高了行政效率。

军机处的官员，虽然在机要之地，但是没有什么特权，每天可以面见皇帝，可是又没有什么实质性的好处。雍正授予他们一种荣誉，就是允许军机处章京和军机处笔帖式挂朝珠，表示宠信，这是雍正给军机处的特殊荣誉。

在军机处执勤做事的官员，非常注意保密，不与不相干的人员来往，而且不允许闲杂人等到军机处溜达，哪怕亲王、贝勒、贝子、皇子等，没有特殊允许和召见，都不得到军机处同军机大臣议事、闲聊，违者重罚。

军机处的设立是行政制度的重大改革，它让议政处名存实亡，内阁形同虚设。军机处主要是秉承皇帝的旨意办事，没有议政处的议决权、内阁的票拟权，这些权力都归于皇帝。所以，行政机构的改革加强了皇帝的权力，削弱了满洲贵族和满汉大臣的"相权"！

至此，天下庶务皆归于雍正一人处决，可以看出，雍正的专权和明朝的朱元璋类似，但是又有区别。一个主动，一个被动。当时朱元璋因政务忙不过来，找几个学士做顾问，在皇帝的指导下处理政事，只是强化了皇权，但行政效率却不高，并没有越过内阁等部门。

但雍正设立军机处,不仅加强了皇权,还提高了行政效率,使得皇权能够充分集中在手,所以他的权力实际上比朱元璋还要集中,比他之前的所有帝王的权力都要集中。

三、修改律令整旗务

清朝入关之后,定鼎中原,顺治三年(1646),由顺治皇帝定了大清律,内容多沿袭明朝律法,后来到康熙时有所更改,以《现行则例》颁发执行,对律文未作正式变动。

到了雍正时期,雍正采纳御史汤之旭的建议,修改《现行则例》,指令吏部尚书朱轼总裁主持这件事。雍正认为此事有关国体,对此非常重视,朱轼所拟内容,雍正要一字一句亲自观看审查,还同诸位大臣讨论,加以裁定。

雍正三年(1725),修改的新律法书成,于雍正五年(1727)公布,律文436条,附例824条,卷首有《五刑图》《六赃图》《丧服图》《狱具图》《纳赎诸例图》等。律文有正文和注释,合并一些内容,这次律文没有太大变动,只是增加附例,到了清宣统年间才做了较大更改。

雍正朝在变动律法的时候,废除割脚筋的刑法,还修改了对家奴监守自盗的处罚。又提出盗贼家属处分律,凡自首者均准免罪,连本犯也会照律减免。若不出来自首,不分赃而知情的,杖一百,知情而又分赃的,照本犯罪减一等判。

雍正从维护宗族制度出发,改定有关律例,增加"留养承祀"一类。

对于宗族内成员犯罪,也有所改动,既维护了尊长权力,又不允许他们任意妄为,使刑律合理,使宗族实际上具有一定

第八章 政治改革，影响深远

的司法权，这是维护宗族制度的法律手段。

雍正十二年（1734），雍止规定"不管旗人还是民人，凡罪应斩，绞而情有可原的，按官阶定下赎罪银两数额，交钱即可减死罪，其他重罪的交钱也可减刑轻判"。

这时，西北正在两路用兵，军费大增，雍正用这个办法增加财政收入。各地官员和富人用金银赎免死罪，这本就是件坏事，雍正自知理亏，在实行过程中要求严格，对有些罪行特别恶劣的人，不准捐赎抵罪。

在司法方面，雍正对于决囚之事颇为关注。自雍正二年（1724）起，雍正令地方秋审情实人犯要三复奏闻。次年秋天，雍正亲自决求，勾决范受德等斩犯，对一些斩犯未予勾决，雍正强调每年秋审时，朕先检阅一遍，到勾选之日，再与大学士、刑堂官往复讲论，然后再降旨决策，对于地方决囚，也实行三复奏，这样就把处决权收归中央，加强皇帝的司法权。

"八议"是封建等级制度在法律上的反映，历代相沿，被统治者视为不易之法，简单来说，就是贵族王公犯法，要反复讨论，尽量从轻处理，雍正却对它很有意见。雍正认为刑法应该是公平的，不能随意忽轻忽重。

更何况这些人平时已经享受了国家的优崇，更应当带头守法，要是他们犯了罪，还要得到宽宥，那让别人怎么信服？怎么达到惩恶劝善的目的？并且这些人反倒可以放肆作恶，这样的律文不可为训，雍正在执法的过程中，对多位宗室贵族功臣用刑，他其实就是在否定"八议"。

雍正派人修改律法之后，目光又盯上了八旗的旗务，因为满人入关已经几十年，满汉融合到一定程度，许多满人到了中原，也没有了在关外的锐气，变得开始安逸享乐、纸醉金迷，跟中原人没多大区别了，雍正开始整顿旗务，具体举措如下：

第一条举措：削旗主权。

努尔哈赤的时候后金创建了八旗制度，由子侄分任各旗旗主。旗下隶属旗主，旗下和旗主有着严格的主从关系，皇帝要调发旗下人员，必须通过旗主。皇帝和旗下是间接关系，这就说明旗下有两个主人，一个是旗主，一个是皇帝，各旗内亲王、贝勒等是世袭的，他们世代掌管所在的旗下。

在对旗民的统治上，皇帝要直接掌管旗下，加强皇权，旗主要加强自己的所有权，类似割据的藩王一样，因而皇帝和旗主产生矛盾。从皇太极开始，皇帝就谋求削弱旗主的权力。

康熙派七皇子允祐管理满洲、蒙古、汉军正蓝旗三旗旗务。康熙还派儿子下至五旗中作主管，代替原来的旗主，实际上就是削弱旗主权力。

在雍正当朝的时候，八旗逐渐衰微，无力和皇权抗衡，但他们还拥有一部分权力，妨碍皇权在八旗中的行使。雍正继续承袭康熙的方法，任用亲信弟兄和王公管理旗务。比如康亲王崇安管理正蓝旗三旗事务、果郡王允礼管理镶红旗事务。雍正在管理的过程中，还是发现八旗的管理制度妨碍皇帝对旗民的直接统治，影响和耽误国家公事，这是雍正所不能容忍的。

雍正为了直接掌管八旗，对八旗的管理进行了一系列的调整，最后，八旗事务人员经过了三个阶段的变化：旗主、管主、宗室贵族管理都统事务，每一次的变化都是对旗主权力的削弱。雍正用皇室贵族管理都统事的办法，将八旗旗主权力终结。

削弱八旗王公与属下的私属关系，在雍正初年有特别意义，收回王公任用属人的权力，这是他打击宗室朋党的一个内容，是和整顿吏治紧密结合的。

雍正直接管理八旗之后，下令设立宗学，按八旗的左右两翼各立一学，从而招收宗室子弟学习，他们学习的内容很多，有满文、汉文,骑马、射箭等,有政府按月发给他们银米纸笔,每年考试,他们进行奖励和惩罚。

雍正这样做,也是为了改变八旗子弟骄奢淫逸的不良作为,他还把办宗学与削夺诸王权力、打击宗室朋党同时进行,以巩固他在政治上的统治地位。

第二条举措:关注旗生。

满洲人初入关的时候,八旗人口很少,他们都在做官为宦,或当兵吃粮,而且有旗地可以耕作,不存在生计问题。但是随着人口增长,到了雍正朝,官缺和兵额都有限量,土地也没有增加,清政府又不允许他们自谋出路,于是新添人口生活出现问题,而且旗人长期养成追求奢华的习气,雍正对此深感担忧。

尔等家世武功,业在骑射,近多慕为文职,渐至武备废弛,而由文途进身者,又只侥幸成名,不能苦心向学,玩日愒悃时,迄无所就,平居积习,尤以奢侈相尚,居室器用,衣服饮食,无不备极纷华,争夸靡丽,甚且沉湎梨园,遨游博肆,不念从前积累之维艰,不顾向后日用之难继,任意糜费,取快目前,彼此效尤,其害莫甚。

——《清世宗实录》

这是雍正对八旗官员和民人的训诫,他清楚地看到旗人逐渐丢掉了尚武精神,向追求生活享乐方面发展,这等于自废武功。本来满人就少,如果天下的满人都荒废掉了武力,变得贪图享乐,一旦天下局势大变,后果不堪设想。

为此,雍正针对一些旗人生活糜烂的现象进行整顿,并采取种种措施,维持他们生活。他希望自己国家的根本——八旗军不至于为生活问题而减威,要让他们加强训练和学习,不然将来会出现危险。他告诫旗人要"量入为出,谋百年之生计"。

雍正下令严厉禁止旗人过分奢靡享受,让旗人崇尚节俭。为了安排没有职业的八旗子弟,就用扩军的方法将他们放入军中去历练。即便财政有限,他还是适当地增加了八旗的兵额。

雍正还力图保持八旗的产业,不让这些产业流落八旗之外,比如限制出卖甲米和旗地,不让汉人染指关外的土地等。

雍正很关注八旗井田问题,雍正二年(1724),雍正设立井田,在京南霸州、永清、固安、新城等县拨田200多顷作为八旗井田,在京城八旗子弟中选择16至60岁之间、没有产业的人去耕种,每户100亩私田、12亩半公田,八家共有公田一百亩,私田在外,公田在内。还给他们建房屋,按人口分配。

由此还设置井田管理处,但是实行以后,愿意去的人很少,哪怕给每户发银子50两,购置耕牛、农具、种子,私田收入归井田户,公田收成在三年后全部交公。首先,那些已经在京城生活的人,见惯了京城的繁华,让他们下乡去耕田,他们已经不适应了。这些八旗子弟由于已经长期脱离生产,要改变他们的习惯很难。

其次,在封建土地私有制的情况下,井田是不能长期存在的,肯定会出现把井田租出去或者卖掉的现象,这样井田就难以维持。

最后,井田地太少,农户也少,要想扩大就得增加开垦,这种小规模开垦根本解决不了旗人的生计问题,只能说,雍正的井田制还是过于脱离实际,有点异想天开了,最后当然以失败告终。

彪悍的八旗子弟入关立国不足百年就彻底脱离生产,追逐享乐,生活窘迫。尽管雍正尝试努力挽救这个危机,劝他们节俭,并为他们塞钱堵漏洞,还为他们提供生产资料,增加他们的财源，可是他的种种努力收效甚微，当年那些骁勇善战的先人早已老去，后面的八旗子弟无法避免地陷入腐败和贪图享乐，旗人生计的问题依然是清朝的大问题。

五、重用汉人

雍正当政后镇压汉人的反清势力，为了缓和与汉人的矛盾，又以优待明朝的后裔来感化汉人，力图处理好围绕清朝统治是否合法的斗争问题。

因此，雍正为了让汉人心服，承认清朝的统治，非常严肃地处理那些以权仗势，欺压汉民，造成严重旗汉冲突的八旗子弟。

旗人和汉人在刑罚上向来有所不同，汉人犯罪照律充发，旗人却可以改为枷号，杖责结案，从轻发落。雍正认识到律令不一致会造成满汉冲突问题无法改变，于是，他召集九卿商讨，命大学士及众臣共同商议，可否将旗人的准折之法取消，一律按照统一的刑律将旗人与汉民一样处置。

大学士等众臣认为准折之法是不好，容易让旗人犯罪，但是满人蒙古人不会营生之术，发遣无法生存，暂时还是应维持旧例不变。

在旗民与汉民的关系问题上，雍正也想做改革，但是因为照顾旗人的方针没有改变，所以在法律上就不得不遵守旧制。但在实际上，打击不法旗人，尤其是作恶多端的恶霸旗人，这些都在一定程度上缓和了旗汉关系。

由此可见，雍正一方面维护旗人的特权，但又约束他们，这同他对待汉人中的绅衿一样，既承认其法定权利，又不允许他们非法虐民，有利于缓和满汉百姓之间的冲突和矛盾。

同时，雍正也积极起用汉人做官。清朝大学士、六部尚书、侍郎等官职实行满汉双轨制，即满汉兼用，以满人主事。

雍正五年（1727），他规定大学士主事者，以满人中居首的充任，其余大学士的行走秩充，不必分满汉，要依补授时间排列名次，由皇帝临时决定，并指定汉人大学士张廷玉行走在旗人官员孙柱之前。六部中满人尚书在汉人尚书之上，但张廷玉主管吏部，做尚书的时候，雍正不顾旧制，命张廷玉行走在满人之前。

雍正一面执行以满人为领班的制度，一面重用一部分汉人。满汉官员在政府中的地位不同，就会有矛盾，互相排斥。雍正见状，积极疏导，任何的不公平将会影响政事的治理，应该加以警惕。

如汉人孔毓珣在广西做巡抚时，汉军刘廷琛做按察使，雍正对他说："凡百处不可越分。毋因巡抚系汉人遂失两司之体，而主张分外之事，朕如有所闻，必加以僭妄处分也。"雍正要求官员们团结一致，他告诉官员们，应当满汉协心，文武共济，一起治理这天下。这是雍正的真实思想，他想让汉官发挥作用，所以他尊重汉人，不过分地歧视他们。

天之生人，满汉一理，其才质不齐，有善有不善者，乃人之常，用人唯当辨其可否，不当论其为满洲为汉也……朕惟望尔等习为善人。如宗室内有一善人，满洲内亦有一善人，朕必先用宗室。满洲内有一善人，汉军内亦有一善人，朕必用满洲，推之汉军、汉人皆然。苟宗室不及满洲，则朕定用满洲矣。

——《清世宗实录》

如此可以看出，同样都是人才，在任用的时候，先宗室，

第八章 政治改革，影响深远

次满人，再次汉军，最后才是汉人。

所以说，雍正遵循的还是清朝的传统——依靠满洲、团结汉人的用人方针，但是他比较重视人才，所以给某些值得自己信任的汉人较高的地位和特殊的荣誉，这样有利于汉人在政治中发挥一定的积极作用。譬如：张廷玉、田文镜、李卫、杨文乾等人。

不过，雍正同时也在防止汉化。雍正一直认为，满洲八旗为当朝之根本，要牢固根本，就要对满洲的现存问题，逐一解决改变。他下令限八旗大臣于三年之内整改陋习，重新开始训练骑射、修整武器等，如果有偷懒顽劣的旗人阻挠，一定会加大处罚。

八旗的军事训练在长久的和平时代逐渐废弛，雍正知道八旗训练不过是走形式，管旗大臣到校场只是饮茶聊天，有人担任侍卫内大臣三年，竟没有看过侍卫骑射。军械损坏，官员无视，维护费也被私吞，政府虽定期检查，但到了检查的时候各旗就互相挪借，到了雍正无法容忍的地步。

为此，雍正特意增加驻防外省八旗军的人数，增设驻防福州水师营、浙江乍浦水师营、广州水师营，设甘肃凉州八旗兵2000人、庄浪八旗兵1000人，添设驻防山东青州将军、副都统，八旗兵2000人。他希望通过训练和扩大防区，维持和增强八旗军的战斗力。

雍正为防止满人汉化，在语言上非常注意，他发现满洲兵士废弃满语不讲，用汉语互相玩耍交往，雍正便命他们专心学习满语。雍正还下旨，侍卫护军，不许讲汉语，只讲满语，如果侍卫有说汉语的，定将主管的大臣官员治罪。雍正给八旗办官学，以满文为主要课程。不许满人忘掉本民族文字，雍正令把《孝经》译成满文后发行，亲自为它写了序。

雍正起初不许满人和汉人结婚，然而，汉化是社会潮流的趋势，雍正极端地保持满族的语言文字、风俗习惯，禁止满汉通婚，防止满人的汉化。如此不利于民族融合，不符合历史的潮流，他如此强制，只是想让满人以本来的面貌，维持其对全国的统治。但是他却没有意识到中华文明历史悠久，多民族互相融合，而且许多的文明思想也在更新迭代，雍正这种思维很容易导致后人的故步自封。

六、改土归流

雍正四年（1726），云南巡抚、云贵总督鄂尔泰再三上奏，奏请把西南的土司制度变为流官制度，雍正认真思考后，同意了他的建议，并任命他主持这件事。于是，在云南、贵州、广西、四川、湖广等省，清政府开始大规模地推行改土归流，这是雍正时期的一个重要历史事件。

西南地区是少数民族分布最多的地区，在这里集中有20多个少数民族，而且历史悠久，但是和内地相比生产力水平比较低下，再加上特殊的自然地理条件以及民族习俗、生活习惯的差异，历代政府都对西南少数民族地区，实行特殊的统治方式，统治政策和内地差异很大。

秦汉时期，在这里设置了官吏。到了唐宋，设置州县，其中大的地区作为都督府，由他们的部落首领担任，而且是世袭制，这就是土司制度的雏形。

元朝的时候蒙古统治者实行的是安抚政策，当地最高官员是可以世袭的，享有和普通官员不同的特权，土司制度也就由此开始了。明朝的时候沿用的是元朝旧制，明朝的土司制度比元朝的更为完备。清朝沿用明制，继续实行这样的土司制度。

顺治刚入主中原时，为了稳固新政权，就沿用了以前的制度，承认以前的土司地位和特权，想着天下大定之后再对土司进行约束。但是土司们的要求很高，土司不仅只是个空名号，他们归顺后，武装反抗也随时爆发，但是清朝政府正忙着巩固新政权，所以对于土司问题采用的是怀柔政策，并在一些地方实行了改土归流。

在清朝初期，土司问题还不是社会的主要问题，所以清朝政府没有大规模地进行改土归流。

康熙在位期间，四海安定，国力强盛，西南地区与内地的联系进一步加强，又由于内地人民南迁，西南地区民族成分变化很复杂，各族人民杂聚在一起，各民族交融，互通有无，进行贸易往来，各民族之间还进行通婚，这样促进了民族大融合。

到了雍正时候，湖广的汉、苗通婚现象比较流行，这种民族间的通婚，无形间打破了少数民族地区和内地的界线。同时，西南地区和内地经济上的贸易往来，已成为各族人民生活中不可或缺的一方面。

但是土司制度的存在，限制了各族人民在经济上互通有无，有些土司对汉苗富足的商户进行抢盗劫杀，往来商旅也不能幸免。这时多民族国家的发展受到严重的阻碍，雍正统治期间，土司制度的弊端更加暴露，西南地区在土司的管辖下，人民生活苦不堪言，这些情况表现在几个方面：

第一，土司反叛和土司间的斗争不断。

土司本身就是割据一方，土司势力在这种割据状态下发展得很快，出现了许多像云南丽江的木氏、车里刀氏，贵州水西安氏，四川乌蒙禄氏、容美田氏，广西泗城岑氏等颇具实力的大土司。这些土司管辖的地域范围广泛，统领兵数多达10万，土司们骄横跋扈，统治一方水土，在那里恣意妄为，过着世袭不变的日子，有自己的监狱和法庭、官吏，他们名义上归朝廷管，实际上个个都是土皇帝。

土司势力的发展毫无节制，使得他们和中央政府之间的矛盾渐渐剧烈、突出。许多土司不服朝廷政令甚至反抗朝廷，而且问题相当严重。康熙时期就发生过云南土司的叛乱，叛乱的土司一举夺取了清朝政府的很多城邑，惊动了整个云南。

除了叛乱，土司之间也经常为了争夺土地和世袭地位互相残杀，甚至有的土司互相结盟对付其他土司，在更大范围内烧杀抢掠，没有多少公平和律法可言，给当地民众的生活造成很大压迫和威胁。这些不仅使当地百姓的生命财产受到重大损失，而且威胁到清王朝对这些地方的统治，这是清朝政府不能容忍的。

第二，农奴制的残酷压迫和剥削。土司制度是一种落后的世袭分封制度。土司在他的管辖区内有绝对的权力，任意转让买卖辖区内百姓或者用辖区内百姓来祭祀祖先，当地百姓所有的东西都是土司的，包括他们的牛马甚至他们的子女，土民的孩子要上报，长大后为土司做事。除极少地方外，这些孩子不许读书，也没有资格参加考试，这是为了达到土司对土民的长期永久的控制。若是土司家里儿子娶媳妇，一般土民三年之内不许谈婚论嫁，若是有人违反，就会被抄没家产卖去做了奴隶，或者直接处死，而且处死的方式也极其残忍。在土司的王国里，只有土司的法律，根本就没有国法。生活在这种环境里的土民，生不如死。

土司对土民的盘剥特别严重，官府因为对土司地区的管理比较特殊，收的赋税比较低，使他们借口向封建官府上交税赋，对土民的盘剥增加了好多倍。

土司们在当地除了占有自己的世袭领土以外，还对农民的

第八章 政治改革，影响深远

土地进行疯狂的掠夺。他们抢占的土地，不仅有当地土民的，还有附近的很多汉族农民的。由于土司疯狂抢占土地，使得许多良田落到他们的手中，而他们自己又以守院抗敌为借口，不许土民们再开垦土地，百姓走投无路。

所以在雍正时期，土司制度不仅破坏了地方经济文化的发展，还破坏了社会安定，更是使清朝政府的政令不能顺利地贯彻执行。改土归流成了势在必行的措施。

康熙末年，云南永北人刘彬写出《永昌土司论》，指出土司制度的危害，建议改土归流。雍正二年（1724），幕客兰鼎元提出削弱土司的办法，根据土司所犯罪行的轻重，削减他所控的村落，如果他的罪行非常严重，不便改土归流，就除掉当地为恶的土司，分掉他的领地，借此分化他的势力。

正因为土司制度一步步地危害封建统治，雍正认识到推行改土归流的必要性。

雍正二年（1724）五月，雍正批谕写道："愿天下同享安乐，而土民却在受苦，朕实在于心不忍。"但他并没有立刻改土归流，雍正也是心里忌惮土司们的势力，怕考虑得不周全，生出乱子，直到鄂尔泰任云贵总督后，雍正才下定决心针对西南地区推行改土归流。

鄂尔泰的仕途比较曲折，为此他心情很郁闷，当雍正还是亲王的时候，曾让人带话给鄂尔泰，求他给自己办事，结果鄂尔泰严词拒绝。他理直气壮地说皇上健在，并且皇上令臣子不得和皇子们来往，所以不能答应雍亲王。雍正不但没有怨恨鄂尔泰，反而敬重他，觉得他不逢场作戏，对朝廷忠正不阿，认为他现在能够忠于父皇，以后肯定就能够忠于新君。所以，雍正即位之后，便重用鄂尔泰，短短的三年时间里，鄂尔泰就由一个小小的郎官被提拔为封疆大臣，由此可见，雍正对他很器重。

雍正四年（1726）二月，鄂尔泰对广顺土司用兵。四月又设立了长寨厅，对长寨用兵，标志着雍正时期大规模改土归流的开始。

鄂尔泰在长寨用兵时，那些土司的蹈袭阵法令鄂尔泰头疼，鄂尔泰一用兵，土司们就逃跑或者假装投降，等军队一走，他们又恢复原样，鄂尔泰想要找出一个从根本上解决问题的办法，到了同年九月，鄂尔泰正式建议改土归流："计擒为上，兵剿为下"，雍正接受了他的建议，同年派鄂尔泰为云贵总督，并兼兵部尚书，让他推行改土归流。

镇沅土知府刁瀚及沾益州知州安于蕃势力很大，占地很广，作恶多端，雍正四年（1726）六月，鄂尔泰发兵活捉刁瀚和安于蕃。在其地分别设镇原州、占益州。冬天，乌蒙土知府禄万钟对东川烧杀劫掠，镇雄土知府陇庆侯与他狼狈为奸，鄂尔泰命人率军征讨禄万钟，大获全胜，清政府就改设乌蒙府和镇雄州。

广西泗城土知府岑映宸势力较大，经常领兵在南盘江以北地区横行作恶，看到乌蒙改土归流之后，他撤走了他的军队收敛起来。鄂尔泰准备讨伐他的时候，他一害怕就投降了，鄂尔泰就把南盘江以北划归贵州省，设立永丰州。又把泗城改为府。

梧洲、柳州、庄远等地土民，因为憎恨土司的残忍和任意妄为，准备粮食，请朝廷派兵，因此，广西的改土归流开展得很顺利。

雍正六年（1728），鄂尔泰开始处理贵州东南的土民问题，他提出清理贵州东南土民问题的关键在都匀府，其次是黎平府，再次是镇远，一旦这三个地方定下来，就好分清主次逐个解决，于是鄂尔泰派兵镇压顽固土司势力，在此基础上设厅，设流官管理当地百姓。

云贵和广西改土归流成功，影响了与这两地交界的湖南、湖

第八章 政治改革，影响深远

北、四川等省。这些地方的土司，和内地的联系比较紧密，土、汉人民经常交往，在云贵、广西两地改制声势下，土民们纷纷逃向官府，请求改土归流。面对这样的形势，土司们不得不交出世袭的印信，并将自己的领地让出来，表示真心归附官府。

雍正六年（1728），湖南永顺的土司彭肇槐主动提出改土归流，雍正答应了他的请求，封他为参将，赐给拖沙喇哈番之职，赏银1万两，允许他在祖籍江西置办产业，买房买地。雍正七年（1729），设永顺府，设桑植、保靖二县，归永顺府管。

四川在总督岳钟琪、巡抚宪德、总督黄廷桂等人的努力下，实行改土归流。雍正七年（1729），天全土司府改为天全州，土汉民杂居的黎大所改为清溪县，原来的雅州直隶州改为雅州府。

经过多年的努力，改土归流在西南各省大部分地区实行，雍正八年（1730），鄂尔泰在云贵边界筑桥，因为这一年是戊戌年，雍正给桥起名为戊戌桥，纪念鄂尔泰改土归流的功劳。鄂尔泰在改土归流中，对实行改革的地方，先用兵进行镇压，再进行安抚，软硬兼施政策得当，使得云南、贵州、广西、四川、湖南、湖北六省的改土归流成功推行。

改土归流成功后，清政府废除原来土司征收赋役的制度。按照政府正常的赋税额，由各家上报田产，然后按亩征收，无田的土民不必交纳赋税，并且取消了原来土司的土供。这样土民在改土归流后所受的剥削减轻。为了减轻负担，清政府采取一些措施，没收土司的田产，分给兵士，每人30亩，实行军屯，所给土地为军田，允许兵士按民田价格买卖，对于土司强行购买去的土地，土民可以按价赎回，有些地方，甚至允许土民占有原来土司的部分土地。但是耕地不足的问题没有得到根本解决。

同时，清政府取消土司世袭制，在那些地方设置厅、州、县等地方政权，派遣可以调换的流官进行治理，这样就使原来

253

的地区与内地的政治经济联系加强，促进了文化的发展。

改土归流将几百年以来的土司制度废除，必然会招致敌对势力的反抗，雍正十二年（1734），贵州等地设官后，原来的土司势力还是比较强大，总想恢复原来的局面，他们暗中勾结，蠢蠢欲动。到了雍正十三年（1735），古州发生叛乱，雍正派兵讨伐，命前线将领务必斩草除根，彻底解决叛乱，并派刑部尚书张照为抚定苗疆大臣，管理贵州。

当时在贵州地区，董芳和哈元生二人不合，张照支持董芳，他们认为之前的改土归流存在失误，现在应该实行招安优抚，恢复旧日格局。结果因为意见不统一，将领失和，没有取得成功。雍正十三年（1735）八月，雍正驾崩，乾隆继位，将张照召回京城，命张广泗为七省经略，出兵继续讨伐，于次年成功平定祸乱。

改土归流是雍正巩固自己的统治，打击地方土司势力的措施之一，但并没有将土司制度彻底废除，在雍正年间，在大规模改土归流的同时，清政府又设置了许多新土司。清代的土司总数比明代多，土司制度也更完善。清朝在西南和西北少数民族地区一直实行这一制度，对当地产生了重要影响。

朝廷推动改土归流的策略，严重打击了土司割据势力，促进了当地的稳定，减轻了土司凌虐属民的现象，促进了少数民族地区的社会经济文化发展，有利于民族团结。因此，可以肯定地说，雍正时期实行的改土归流，巩固了我国多民族国家的统一，促进了经济文化的发展。

七、雍正对后世的影响

雍正在自己统治几年之后自我评价："朕返躬内审，虽不敢

第八章 政治改革，影响深远

媲美三代以上圣君哲后，若汉唐宋明之主，实对之不愧。"雍正给自己的评价并不夸张，反而贴近事实。

在雍正帝统治的 13 年中，他每日兢兢业业，勤于政务，坚持改革旧制，在实施政策的时候，制定了很多具有个性化的方针。不管是国家事务，还是社会问题、民间生活，雍正都按自己的意愿去改变，他的政治主张，有积极意义。

第一，相对地调整了生产关系，处理了纳税人与清朝政府的矛盾，实行地租再分配的办法，适当减轻了贫苦农民的负担，削弱地主对农民的人身控制，缓和了农民与清朝政府、地主阶级之间的矛盾，局部地调整了生产关系。

第二，雍正整顿吏治，使当时政治比较清明和稳定，形成比较廉洁的政权。

第三，巩固和发展了统一的多民族国家。雍正致力于边疆民族问题的解决，巩固了少数民族政权与中央政府的隶属关系。

雍正在这几方面的努力，对我国统一的多民族国家的巩固和发展作出了不可磨灭的贡献。

但是尽管如此，他的治理也存在很多问题，因为他维护统治阶级导致他的一些措施治标不治本，比如他打压科甲出身的官僚，但是封建的官僚制度和科举制度不变，那么，封建统治中的贪污腐败等败坏吏治的顽疾很难根除，这属于同一个阶级内部的打压，所以他的革新不可能深刻地改变社会面貌。

雍正改良政治，很多项目是从务实出发，收到了很好的效果，但是短期之内，涉及的范围太广，他调查的情况不够，凭主观愿望去办理，所以就会失败。他在实施的过程中，对一些不清楚状况的事情，是试探性地实施，不成则放弃，没有坚持到底，直到造成无法挽回的局面。

权衡雍正对历史发展的影响，肯定是功大于过。他的历史地位，若和历代帝王作比较，在中国历史上，商汤、周武王、秦始皇、汉高祖、汉武帝、汉光武帝、隋文帝、唐太宗、唐玄宗、宋太祖、宋神宗、元太祖、元世祖、明太祖、明成祖、清圣祖等帝王，有的消除混乱，统一中国；有的内政清明，社会经济发达；有的加强民族联系，巩固边疆；他们对于中国历史有不同的有益影响，都是杰出的，或者说是比较优秀的帝王。

雍正改革弊政，巩固边疆，在中国历史上产生重要影响，他也算是这些优秀帝王中当之无愧的成员。要改变祖宗之法，进行改革，实属不易，哪怕那些优秀的帝王中，能做到大刀阔斧地改革，起到中兴效果的，也并不多。因为变法图强，必须先冲破祖法的束缚，和守旧的势力斗争，这些帝王想要有所成就，自有困难。

雍正正是这样的一位皇帝，所以他的贡献难能可贵。他是对历史发展做出了贡献的帝王，是为数不多的比较杰出的帝王之一，他的政绩值得肯定。

雍正统治的时候政治清明，国家统一稳定，生产力缓慢发展，前接康熙，后承乾隆，在关于农民、农业生产、民族对外关系等国家主要政策方面，这三代一脉相承，康熙、乾隆两朝的历史地位，已被相当多的人所认同，在这两个功业显赫的帝王之间，雍正的统治时间虽然短，但是，他的功劳不可磨灭。因为在康熙后期，有很多弊端，若不是雍正继位之后，励精图治大力改革，大清王朝可能会很快地衰落。而雍正一系列的行之久远的政策，又为乾隆朝兴旺发达和清朝长治久安创造了条件。雍正，用自己的努力，巩固清朝的统治，这才有了后面的乾隆盛世，所以，当人们谈到康乾盛世的时候，应当肯定雍正的功业，雍正起到了不可忽视的承前启后的作用，只是，他在位时间太短了一些。

第八章 政治改革，影响深远

纵观大清王朝的整个历史，雍正朝处于清朝前期，在这个阶段，雍正除旧布新，政治清明，国内较为强盛，他为清朝后续的发展创造了很好的历史条件。

雍正的历史功绩，决定于他个人的因素和他所处的时代，他的时代，给他的政治舞台到底有多大？他本人所做的活动，到底有什么影响？

雍正的时代，有下面的特点：

第一，农民抗租抗赋及争取永佃权的斗争频发。明清之际，长江中下游奴仆反对人身奴役，要求"铲除主仆贵贱贫富而平之"。清朝前期，农民隐匿人口、逃避赋役、隐瞒田地、拖欠钱粮。农民发起斗争，反对封建土地所有制和人身依附关系，反对地租赋税剥削的斗争最为突出，清朝政府的赋役改革，正是为消弭农民的这种反抗斗争。

第二，封建吏治的顽疾和其不可改变性。

捐粟拜爵在清朝是一项固定收入，这项政策秦汉已兴，历代相沿，清代盛行，这种卖官制度是一项积弊。而科举制度到了清代百弊丛生。衡量吏治的好坏，官吏的清廉与否是重要标志，但是清朝有"三年清知府，十万雪花银"的恶浊局面。这种现实说明，雍正的挽救政策只是暂时有一定程度的效果，封建统治的弊病和陋习无法根除，而雍正本身又是统治集团中的一分子，所以他的改革是不可能彻底的。

第三，雍正时期，皇权的集中统治，到了无以复加的程度，历代皇帝无人能及，所有政令由他一人所定。他设立的军机处就是皇帝意志的集中体现，雍正通过密折制度和军机处总领天下庶务，让封建皇权到了登峰造极的地步。雍正使封建专制统治达到了顶峰，皇权的加强对国家统一政治清明很有意义，但他是维护衰落中的封建统治，他强化的是对人民的统治，有扼杀新生事物的反动作用。

第四，过度重农抑商，制约商业发展。在康熙中期，商业经济有所发展，如太湖地区的丝棉业、景德镇的制瓷业、江宁广州的丝织业等。但雍正在位期间，认为这些商业发展会挑战封建的租佃关系和雇佣关系，冲击封建王朝的经济体系，于是下令严格控制商业的发展规模，继续坚奉"士农工商"的政策，保障耕农经济的稳固。但这样的限制，进一步扩大了华夏与西方的发展差距。

同时，雍正开始重用汉人，实行一系列改革，经过自上而下剧烈的争斗，取得一定成果。雍正在局部上调整农民与政府、地主的关系，这是在封建制晚期所允许的范围内实现的。但他尝试的许多改革，大多以失败告终。因为他有些想法无法突破那个时代和阶级固化的限制。

雍正的个性和成长因素也影响着他的政绩。他自幼好学，经过系统的学习，培养了综合处理政务的才智。他性格刚毅，但又暴躁残忍。他有政治抱负，有改革的能力，雍正的思想和性格，使他做事果断彻底。他的政治行为，具体表现如下：雍正分析时势，决断改革内容和范围。他办事果断，加快了改革的速度。他卓越的政治思想，又决定改革的深度。

在清朝数百年的历史中，前朝许多帝王，只是在极小范围内做过一些改革。而雍正的改革大刀阔斧，表明他政治气魄宏大强势，敢于革除积弊。而且，他的个性果敢决绝，不会被俗理旧情牵绊。所以，雍正的改革很深刻，在历史上，他是一个值得肯定的封建帝王。

附 录

雍正年谱

康熙十七年（1678），（胤禛）雍正出生。

康熙二十二年（1683），虚龄6岁的（胤禛）雍正入尚书房读书。

康熙二十五年（1686），康熙北巡塞上，9岁的（胤禛）雍正随同出行，自此，（胤禛）雍正经常奉命侍从。

康熙三十五年（1696），康熙亲征噶尔丹，19岁（胤禛）的雍正奉命掌管正红旗大营。

康熙三十三年（1694），（胤禛）雍正随同康熙出京，沿北运河到天津，西行至霸州的信安镇等地，了解无定河下游情况。

康熙三十九年（1700），（胤禛）雍正随康熙和皇十三子胤祥观察永定河南岸工程，胤禛拔出木桩发现工程不合格，要求返工。

康熙四十一年（1702），（胤禛）雍正与胤礽、胤祥侍从康熙南巡，至德州住下，胤禛展示书法，与康熙字体颇为相像，受到嘉奖。

康熙四十二年（1703），（胤禛）雍正再次侍从康熙南巡，此行雍正了解了黄淮河道的工程及江南民情，这是雍正终身仅有的一次大江南北之行。

康熙四十七年（1708），康熙出巡塞外，第一次废太子事件发生，（胤禛）雍正奉命在京办理事务。废太子胤礽被禁，康熙命（胤禛）雍正参与监视，在废太子的问题上，（胤禛）雍正具有一定的发言权。

康熙四十八年（1709），康熙复立太子，胤禛（雍正）封亲王。

康熙五十一年（1712），太子再次被废，诸皇子纷争加剧，雍亲王胤禛为自己的未来奋斗，进行有计划的经营，但他表现得与众不同，以富贵闲人的态度应对纷争。

康熙五十五年（1716），迷信的雍正（胤禛）问卜道士，表明他追求储位。

康熙五十九年（1720），隆科多出任理藩院尚书，管步军统领事，胤禛接近隆科多，将他收入自己的集团。

康熙六十一年（1722）春天，康熙到圆明园观花，胤禛告诉康熙有弘历这个孙子，康熙很开心，把弘历接到宫中养育。

康熙六十一年（1722）十月二十一日康熙去南苑打猎，十一月初七日身体欠安，回畅春园，初九日命胤禛代行南郊冬至祭天大礼。十三日病情加重，急召胤禛于斋所，戌刻，康熙死于寝宫。雍亲王皇四子胤禛继承大位。十一月二十日，胤禛于太和殿登基。重用年羹尧和隆科多。

雍正元年（1723），雍正瓦解朋党开始，给八阿哥众人加官晋爵，埋下将来开罪的因由。

雍正元年（1723）三四月，雍正命允䄉看守景陵。同年发允禟去西宁，将允䄇永远拘禁京师。重用允祺，使他不得脱离自己的控制。

雍正二年（1724），允礽死，雍正亲临丧所，以亲王礼埋葬。但是对允礽党的人不重用，且耿耿于怀。

雍正三年（1725），雍正大兴年狱，年羹尧绝望自缢而死。同年除去隆科多。

雍正四年（1726），雍正历数八爷允禩的罪状，清八爷党。以此强化政权，进一步巩固康雍乾盛世。

雍正五年（1727），雍正清查福建亏空。

雍正七年（1729），雍正躬理庶务，开始对准噶尔用兵，设立军机处。

雍正十年（1732），河南学政俞鸿图纳贿营私，被雍正斩立决。

雍正十二年（1734），雍正以因循庇护将甘肃顺庆知府潘祥革职。

雍正十二年（1734），在雍正改土归流的政策下，酉阳土司改置县制。

雍正十三年（1735）八月二十一日，雍正于圆明园生病，二十三日与世长辞。

参考文献

《康熙起居注》，中华书局，1984 年
《清圣祖实录》，中华书局，1985 年
《清世宗实录》，中华书局，1985 年
《康熙朝汉文朱批奏折汇编》，档案出版社，1984 年
《雍正朝起居注册》，中华书局，1993 年
《康熙朝满文朱批奏折全译》，中国社会科学出版社，1996 年

《清圣祖御制诗文》，海南出版社，2000 年
《清世宗御制文》，海南出版社，2000 年
《清代起居注册·康熙朝》，中华书局，2009 年
《朱批谕旨》，文津阁四库全书本
《上谕内阁》，文津阁四库全书本

《永宪录》，萧奭著，中华书局，1959 年
《朝鲜李朝实录中的中国史料》，吴晗辑，中华书局，1980 年

《澄怀园自订年谱》，张廷玉著，台湾商务印书馆，1982 年
《大义觉迷录》，载《清史资料》第 3 辑，中华书局，1983

年

《抚远大将军允禵奏稿》，吴丰培编纂，全国图书馆文献缩微复制中心，1991 年

《年羹尧满汉奏折译编》，季永海等翻译点校，天津古籍出版社，1995 年

《全祖望集汇校集注》，上海古籍出版社，2000 年

《耶稣会士中国书简集——中国回忆录》，大象出版社，2001 年

《清代档案史料选编》，上海书店出版社，2010 年

《吕留良诗文集》，浙江古籍出版社，2011 年

《明清史讲义》，孟森著，中华书局，1981 年

《雍正传》，赵晓梅著，煤炭工业出版社，1985 年

《雍正继位之谜》，冯尔康著，中国人民大学出版社，1990 年

《清朝文字狱》，郭成康、林铁钧著，群众出版社，1990 年

《康熙皇帝一家》，杨珍著，学苑出版社，1994 年

《天出血——雍正继位之谜》，郑宝凤、郭成康著，中国人民大学出版社，1995 年

《康熙写真》，陈捷先著，浙江文艺出版社，2003 年

《雍正帝及其密折制度研究》，杨启樵著，上海古籍出版社，2003 年

《乾隆正传》，郭成康著，中央编译出版社，2006 年

《清朝皇位继承制度》（修订本），杨珍著，学苑出版社，2009 年

《雍正王朝之大义觉迷》，史景迁著，广西师范大学出版社，2011 年

《雍正篡位说驳难》，杨启樵著，上海书店出版社，2012年

《雍正帝——中国的独裁君主》，〔日〕宫崎市定著，社会科学文献出版社，2016年

《雍正十三年》，林乾著，中信出版集团，2017年

《雍正简史：被误解的皇帝》，傅淞岩，华文出版社，2021年